宇佐八幡神社のお御供 (鳴門市)

徳島市の阿波踊り(徳島市)

＊津田の盆踊り (徳島市)

西由岐のうちわ踊り (海部郡美波町)

暮らしのなかの伝統

うだつの町並み
（美馬市脇町）

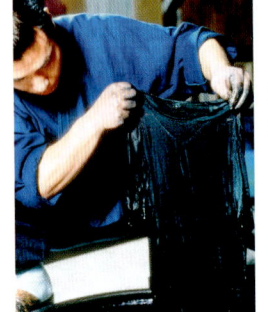
藍染め
（徳島市・板野郡藍住町）

落合集落＊
（三好市）

高開の石積み段々畑
（吉野川市）

阿波人形浄瑠璃＊
（徳島市ほか）

大谷焼寝ろくろ
（鳴門市）

犬飼の舞台
（徳島市）

和三盆研ぎ
（板野郡上板町）

文化遺産

段の塚穴＊
（美馬市）

阿波国造墓碑
（名西郡石井町）

郡里廃寺跡（美馬市）＊

一宮城跡
（徳島市）

海部刀（海部郡海陽町）

突線鋸歯流文銅鐸
（矢野遺跡出土, 徳島市）

旧徳島城 表御殿庭園
（徳島市）

丈六寺三門
（徳島市）

＊渋野丸山古墳
（徳島市）

太龍寺
（阿南市）

自然

吉野川と高越山
（吉野川市）

黒沢湿原
（三好市）

大歩危渓谷
（三好市）

祖谷の蔓橋
（三好市）

阿波の土柱＊
（阿波市）

鳴門海峡
（鳴門市）

吉野川と眉山
（徳島市）

剣山
（三好市・美馬市・那賀郡那賀町）

宍喰浦の化石漣痕
（海部郡海陽町）

もくじ　赤字はコラム
徳島・鳴門・板野・名東

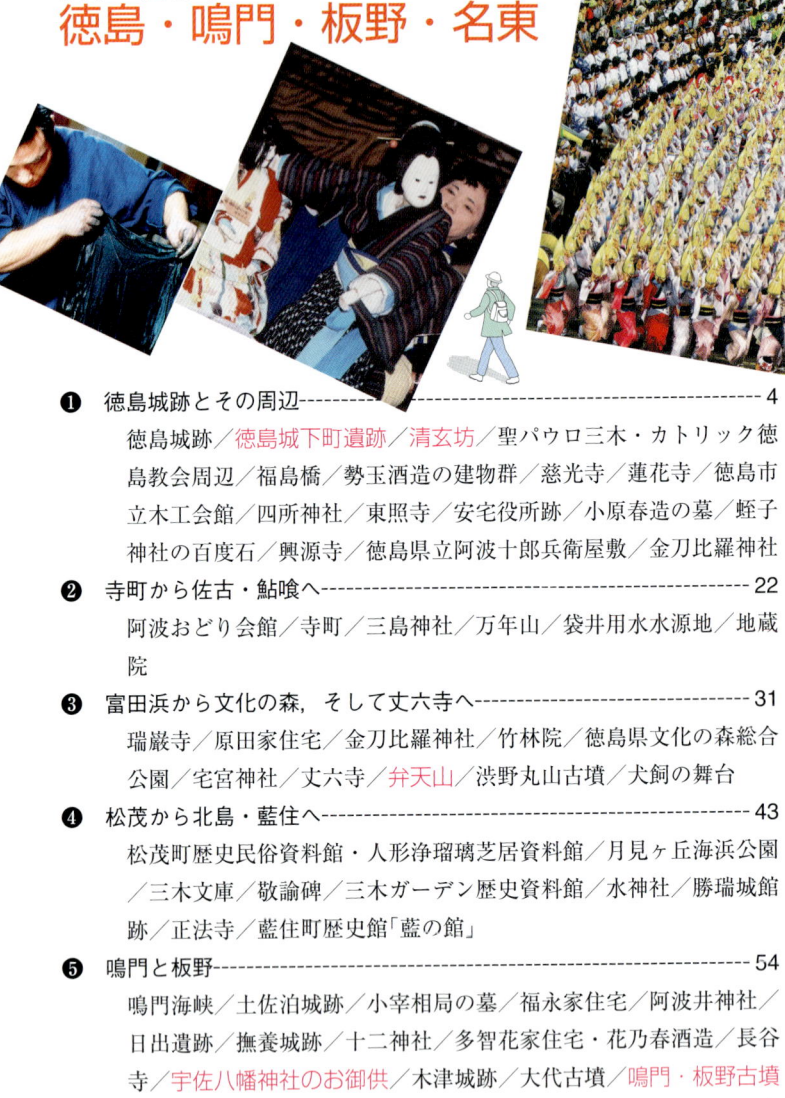

❶ 徳島城跡とその周辺-- 4
　徳島城跡／徳島城下町遺跡／清玄坊／聖パウロ三木・カトリック徳島教会周辺／福島橋／勢玉酒造の建物群／慈光寺／蓮花寺／徳島市立木工会館／四所神社／東照寺／安宅役所跡／小原春造の墓／蛭子神社の百度石／興源寺／徳島県立阿波十郎兵衛屋敷／金刀比羅神社

❷ 寺町から佐古・鮎喰へ-- 22
　阿波おどり会館／寺町／三島神社／万年山／袋井用水水源地／地蔵院

❸ 富田浜から文化の森，そして丈六寺へ-------------------------------- 31
　瑞巌寺／原田家住宅／金刀比羅神社／竹林院／徳島県文化の森総合公園／宅宮神社／丈六寺／弁天山／渋野丸山古墳／犬飼の舞台

❹ 松茂から北島・藍住へ-- 43
　松茂町歴史民俗資料館・人形浄瑠璃芝居資料館／月見ヶ丘海浜公園／三木文庫／敬諭碑／三木ガーデン歴史資料館／水神社／勝瑞城館跡／正法寺／藍住町歴史館「藍の館」

❺ 鳴門と板野-- 54
　鳴門海峡／土佐泊城跡／小宰相局の墓／福永家住宅／阿波井神社／日出遺跡／撫養城跡／十二神社／多智花家住宅・花乃春酒造／長谷寺／宇佐八幡神社のお御供／木津城跡／大代古墳／鳴門・板野古墳群／森崎貝塚／東林院／大谷焼の里／本家松浦酒造場／土御門帝火葬塚／光勝院／大麻比古神社／鳴門市ドイツ館／鳴門市賀川豊彦記念館／霊山寺と極楽寺

もくじ

❻ 郡頭から和三盆の郷へ-- 74
　金泉寺／義経伝説／大坂峠／徳島県立埋蔵文化財総合センター／大山寺／安楽寺

名西・吉野川・阿波

❶ 阿波国府の周辺-- 84
　井戸寺／大御和神社／観音寺／阿波国分寺跡／一宮城跡／気延山古墳群／鮎喰川流域の遺跡群と東阿波型土器／阿波国分尼寺跡／山の神古墳群／阿波国造墓碑出土地／清成遺跡／石井廃寺跡／武知家の藍寝床と田中家住宅／第十堰

❷ 神山の里-- 100
　二之宮八幡神社／勧善寺の大般若経／上一之宮大粟神社／神山町郷土資料館／粟飯原家住宅／焼山寺

❸ 鴨島から川島・忌部の里へ-- 108
　玉林寺／藤井寺／河辺寺跡／川島城跡／善入寺島―阿波の粟島／上桜城跡

❹ 名峰高越山の麓をめぐる-- 116
　山崎忌部神社／境谷古墳／阿波和紙伝統産業会館／川田八幡神社／高越山／美郷ほたる館／高開の石積み段々畑

❺ 吉野から市場・阿波まで-- 123
　西条城跡／西光屋敷跡／大野寺／野神の大センダン／北岡古墳／岩津

❻ 土成から市場・阿波まで-- 129
　神宮寺／熊谷寺／秋月城跡／切幡寺／阿波の土柱／やねこじき

もくじ

美馬・三好

❶ 脇町から美馬へ -- 140
　　脇町南町／旧長岡家住宅／脇城跡／岩倉城跡／稲田氏と庚午事変／
　　舞中島／段の塚穴／願勝寺／重清城跡

❷ 穴吹川に沿って剣山へ -- 152
　　穴吹川／三木家住宅／森遠城跡／剣山

❸ 貞光川・半田川に沿って -- 156
　　貞光の町並み／御所神社／土釜／多聞寺／木地師の里

❹ 吉野川に沿って三好市へ -- 162
　　瀧寺／三村用水／館山城跡／三好市三野総合支所(旧三野町役場)・
　　太刀野の中央構造線／足代のナギの林／美濃田の淵／東山城跡／長
　　善寺／鍛冶屋敷のお地蔵さん／丹田古墳／加茂谷川岩陰遺跡群／加
　　茂の大クス／稲持遺跡／地福寺／八石城跡／内田弥八之碑

❺ 阿波池田から祖谷山へ -- 176
　　池田城跡／雲辺寺／黒沢の湿原植物群落／箸蔵寺／大歩危渓谷／祖
　　谷の蔓橋／西祖谷の神代踊／落合集落

勝浦・小松島・阿南

❶ 勝浦郡・小松島 -- 190
　　徳円寺／鶴林寺／慈眼寺／小松島港／日峰神社／桂林寺／成願寺／
　　建島神社／東八幡神社／豊国神社／地蔵寺／金磯砲台跡／旗山と弁
　　慶の岩屋／恩山寺／立江寺／櫛淵八幡神社／立江八幡神社

❷ 那賀川・羽ノ浦 -- 208
　　西光寺／平島公方館跡／拳正寺／羽浦神社／美馬順三墓所／取星寺
　　／阿州足利家の守札

❸ 阿南市北部-- 214
　　牛岐城跡／正福寺／学原剣塚古墳／桂国寺／隆禅寺／西方城跡／八
　　桙神社／石門公園／上大野城跡／若杉山遺跡／太龍寺／貫名菘翁と
　　阿南
❹ 阿南市南部-- 227
　　津峯神社／塩竈神社／野々島塁跡／伊島の観音堂／海正八幡神社／
　　伊島の潜水器漁業／伊島の海軍基地跡／蒲生田のアカウミガメ／弥
　　勒庵／曲り銅鐸出土地／森甚五兵衛屋敷跡／国高山古墳／梅谷寺／
　　萬福寺／平等寺／岡花座／後世山

那賀・海部

❶ 那賀川を遡って丹生谷へ------------------------------------ 244
　　茨ヶ岡城跡／萬福寺／古屋岩陰遺跡／白人神社／坂州の舞台／阿波
　　の農村舞台／阿波太布の里
❷ 由岐の港から牟岐の港へ------------------------------------ 251
　　貞治の碑・康暦の碑／由宇の九州型板碑／田井遺跡／阿波沖海戦小
　　公園／赤松神社の吹筒花火／薬王寺／日和佐城跡／天神社／大島
❸ 海部下灘地域を南へ-- 261
　　大里古墳／大里八幡神社／吉野城跡／刀匠海部氏吉之碑／寺山古墳
　　跡／海部城跡／『兵庫北関入船納帳』にみえる海部の港／鞆浦／八坂
　　神社／大山神社

あとがき／徳島県のあゆみ／地域の概観／文化財公開施設／無形民俗文化財／おもな祭り
／有形民俗文化財／無形文化財／選定保存技術／散歩便利帳／参考文献／年表／索引

もくじ

[本書の利用にあたって]

1. 散歩モデルコースで使われているおもな記号は，つぎのとおりです。なお，数字は所要時間（分）をあらわします。

   ················· 電車　　　　　══════ 地下鉄
   ─────── バス　　　　　▪▪▪▪▪▪▪▪▪▪▪▪▪▪▪▪ 車
   ------------- 徒歩　　　　　〜〜〜〜〜〜 船

2. 本文で使われているおもな記号は，つぎのとおりです。

   | 🚶 | 徒歩 | 🚌 | バス | ✈ | 飛行機 |
   | 🚗 | 車 | ⛴ | 船 | 🅿 | 駐車場あり |

   〈M ▶ P.○○〉は，地図の該当ページを示します。

3. 各項目の後ろにある丸数字は，章の地図上の丸数字に対応します。

4. 本文中のおもな文化財の区別は，つぎのとおりです。
   国指定重要文化財＝(国重文)，国指定史跡＝(国史跡)，国指定天然記念物＝(国天然)，国指定名勝＝(国名勝)，国指定重要有形民俗文化財・国指定重要無形民俗文化財＝(国民俗)，国登録有形文化財＝(国登録)
   都道府県もこれに準じています。

5. コラムのマークは，つぎのとおりです。

泊	歴史的な宿	憩	名湯	食	飲む・食べる
み	土産	作	作る	体	体験する
祭	祭り	行	民俗行事	芸	民俗芸能
人	人物	伝	伝説	産	伝統産業
‼	そのほか				

6. 本書掲載のデータは，2013年9月末日現在のものです。今後変更になる場合もありますので，事前にお確かめください。

Tokushima
Naruto·Itano
Myōdō

徳島・鳴門・板野・名東

徳島城大手門

鳴門海峡

◎徳島市・鳴門市・板野郡・名東郡散歩モデルコース

徳島城跡および東部周辺コース　JR高徳線ほか徳島駅_5_徳島中央公園（徳島城博物館・鷲の門・城山貝塚・清玄坊神社）_10_福島橋・勢玉酒造_10_蓮花寺_10_四所神社_15_JR徳島駅

徳島城跡および北部周辺コース　JR徳島駅_5_徳島中央公園_10_県立文学書道館_5_興源寺_15_県立阿波十郎兵衛屋敷_20_JR徳島駅

①徳島城跡	⑱三島神社	㉞敬諭碑	㊿木津城跡
②聖パウロ三木・カトリック徳島教会	⑲万年山	㉟三木ガーデン歴史資料館	51 大代古墳
③福島橋	⑳袋井用水水源地	㊱水神社	52 森崎貝塚
④勢玉酒造の建物群	㉑地蔵院	㊲勝瑞城館跡	53 東林院
⑤慈光寺	㉒瑞巌寺	㊳正法寺	54 本家松浦酒造場
⑥蓮花寺	㉓原田家住宅	㊴藍住町歴史館「藍の館」	55 土御門帝火葬塚
⑦徳島市立木工会館	㉔金刀比羅神社	㊵鳴門海峡	56 光勝院
⑧四所神社	㉕竹林院	㊶土佐泊城跡	57 大麻比古神社
⑨東照寺	㉖徳島県文化の森総合公園	㊷小宰相局の墓	58 鳴門市ドイツ館
⑩安宅役所跡	㉗宅宮神社	㊸福永家住宅	59 鳴門市賀川豊彦記念館
⑪小原春造の墓	㉘丈六寺	㊹阿波井神社	60 霊山寺
⑫蛭子神社の百度石	㉙渋野丸山古墳	㊺日出遺跡	61 極楽寺
⑬興源寺	㉚犬飼の舞台	㊻撫養城跡	62 金泉寺
⑭徳島県立阿波十郎兵衛屋敷	㉛松茂町歴史民俗資料館・人形浄瑠璃芝居資料館	㊼十二神社	63 大坂峠
⑮金刀比羅神社	㉜月見ヶ丘海浜公園	㊽多智花家住宅・花乃春酒造	64 徳島県立埋蔵文化財総合センター
⑯阿波おどり会館	㉝三木文庫	㊾長谷寺	65 大山寺
⑰寺町			66 安楽寺

寺町から佐古・鮎喰コース　　JR徳島駅_7_阿波おどり会館_2_寺町界隈_5_三島神社_10_徳島県郷土文化会館(阿波木偶資料館)_15_万年山_10_徳島市水道局佐古配水場_10_椎宮八幡神社_7_袋井用水水源地_10_地蔵院_25_JR徳島駅

眉山東麓コース　　JR徳島駅_7_阿波おどり会館_5_瑞巌寺_5_国瑞彦神社・富田八幡神社_5_金刀比羅神社_20_竹林院_10_徳島県文化の森総合公園_20_宅宮神社_15_JR徳島駅

勝浦川周辺コース　　JR徳島駅_30_秋葉前バス停_5_丈六寺_30_渋野丸山古墳_30_青蓮院_20_五王神社(犬飼の舞台)_90_五滝_90_五滝バス停_35_JR徳島駅

吉野川北岸コース　　JR徳島駅_25_松茂バス停_7_三木文庫_10_松茂町歴史民俗資料館_15_鯛浜水神社_10_勝瑞城館跡_10_JR高徳線勝瑞駅

鳴門周辺コース　　JR鳴門線鳴門駅_20_鳴門公園_20_妙見山_30_光勝院_5_霊山寺・大麻比古神社_5_鳴門市ドイツ館・鳴門市賀川豊彦記念館_5_大谷焼窯元_10_JR高徳線板野駅

板野・上板周辺コース　　JR高徳線板野駅_10_金泉寺_10_郡頭駅跡の碑_30_大坂御番所跡_40_徳島県立埋蔵文化財総合センター_10_板野犬伏蔵佐谷塚_10_地蔵寺_15_大日寺_20_八坂神社_20_大山寺_20_上板町立歴史民俗資料館・岡田製糖所_5_安楽寺_10_徳島バス鍛冶屋原バス停_25_JR板野駅

徳島城跡とその周辺

徳島本町から安宅・沖洲方面は阿波水軍に関する遺跡・史跡の多い地域である。また造船技術から生まれた木工業は徳島を代表する地場産業であった。

徳島城跡 ❶
088-656-2525（徳島城博物館）

〈M▶P.2.4〉 徳島市徳島町 城内 P
JR高徳線・牟岐線徳島駅 7分

徳島産青石による壮麗な石垣と大名庭園の美

　JR徳島駅から南東へ300mほど進み跨線橋を渡ると、徳島藩主蜂須賀家の居城・政庁であった徳島城跡（国史跡）に至る。城跡は駅の北側一帯に広がっており、現在は徳島中央公園となっている。

　徳島城は初め猪山城（渭山城）とよばれ、室町時代に阿波国守護細川頼之によって築城され、家臣三島外記が城番をつとめたとされる。永禄年間（1558～70）には、細川氏の部将森飛驒守高次がおかれた。1582（天正10）年、長宗我部元親が攻略し、家臣吉田孫左衛門康俊に守備させたが、孫左衛門は、1585年の豊臣秀吉四国攻めの際、城を捨てて本国土佐（現、高知県）に帰った。

　1585年、蜂須賀家政は、老齢を理由に辞退した父正勝にかわり、阿波国内で17万6000石を与えられた。家政は、初め、要害堅固な一宮城（現、徳島市一宮町）を居城にしたが、すぐに猪山（渭山）の地を選び築城を開始するとともに、渭津の地名を徳島と改めた。城地選定は天下人秀吉の命ともいわれる。築城にあたっては、秀吉の命を受けた比叡山の僧侶や隣国の長宗我部元親、小早川隆景が協力した「天下普請」といわれ、早くも1586年には完成したとされる。このときに完成したのは、標高約61mの城山の主郭部分だけと推定される。

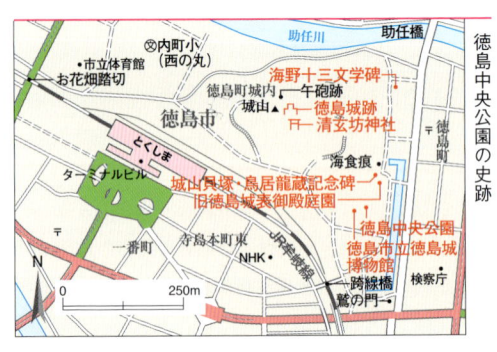

徳島中央公園の史跡

　徳島城は、本丸と東・西二の丸、西三の丸のおかれた城山と、その麓の御殿、西側の西の丸から構成された平山城である。大小河川の乱流する中洲に立地しているため、東側だけ

徳島城下町遺跡

コラム　調査が進む近世城下町

　1585(天正13)年に蜂須賀氏が阿波国に入部し、徳島城を領国支配の拠点にして以降、徳島城下町の建設が本格的に進められた。当地は吉野川河口の低湿地であり、「島普請」を特徴としている。吉野川の分流である新町川・寺島川・助任川・福島川・沖洲川などがつくる徳島・出来島・寺島・福島・常三島・住吉島の6つの島と、それに隣接する新町地区・富田地区・佐古地区・前川助任地区が整備されていった。とくに、一国一城令(1615年)に基づいて阿波九城制を廃した寛永年間(1624〜44)に大規模な城下の整備が進められたようで、当初常三島にあった水軍基地も、このときに東の安宅地区に移転している。この安宅の船蔵跡も発掘調査でみつかっている。

　武家屋敷跡の調査は、新蔵地区・徳島地区・常三島地区を中心に多くの調査例があり、とくに屋敷境の構造の推移を示す調査例に恵まれている。

　出土遺物については、正月儀礼で藩主から下賜され大福茶に利用されたと考えられている注連縄文茶碗、またオランダ陶器である葉タバコ文水指や、肥前系・備前系・瀬戸美濃系の陶磁器など、広域流通品も数多く出土している。

清玄坊

コラム　徳島城の築城秘話

　清玄坊は、蜂須賀氏が阿波に入国する以前から城山で暮らしていた修験者で、徳島城築城時に退去しなかったために斬り殺されたと伝えられている。

　その処刑場所と伝承されている紙屋町(現、徳島市一番町)では、毎年5月5日の端午の節句に「清玄坊まつり」が行われている。この祭りの始まりは定かではないが、明治時代には端午の節句にあわせて、竹で編んだ面に紙を貼り付けて顔を描いた清玄坊と鬼女のそれぞれの面を飾ったという。1945(昭和20)年の徳島大空襲でこの面が焼失してしまったため、一度は中断していたが、1964年頃から復活している。

人口の堀を掘り、北は助任川、南は寺島川という自然の川を外堀に利用した。

　石垣は徳島産の青石(緑色片岩)を多用している。本丸東側の石垣は野面積みで、墓石(五輪塔)の転用もみられ、秀吉の天下統一途

上の慌ただしい時期に築かれた様子がうかがわれる。

1875(明治8)年に德島城は解体され，大手筋の門である鷲の門と表御殿庭園・石垣・堀が現存する。しかし，この鷲の門(脇戸付き薬医門)は，1945(昭和20)年の空襲により焼失し，現在の門は1989(平成元)年に復元されたものである。旧德島城表御殿庭園(国名勝)は桃山様式の回遊式大名庭園で，枯山水庭と築山泉水庭からなる。池畔の枯滝や島嶼の石組みは見応えがある。枯山水に架かる青石製の大石橋には，「義伝公の踏割石」の伝説がある。初代藩主至鎮が奥方の氏姫(德川家康養女)から毒を盛られ，苦しくて悔しくて地団駄を踏んだために割れたという。作庭は，茶人武将でのちに広島藩家老の上田宗箇とされる。

城山山頂の本丸跡には，清玄坊神社や「ドン」の愛称で親しまれた午砲跡がある。御殿跡には，1992(平成4)年に開館した德島市立德島城博物館がある。德島藩と蜂須賀家の歴史・美術資料を展示する博物館で，藩主が参勤交代時に使用した德島藩御召鯨船千山丸(国重文)，縮尺50分の1の德島城御殿復元模型などを常設展示している。このほかにも，蜂須賀家政が豊臣秀吉から拝領したという柳橋水車図六曲屛風，1586(天正14)年の病没直後に描かれた蜂須賀正勝画像，蜂須賀家旧蔵の波濤蒔絵鐙(いずれも県文化)など，多くの文化財を所蔵している。

おもに藩主の隠居屋敷として使われた西の丸には，現在，市立内町小学校が立つ。西の丸の石垣は，同校の西側約100mにわたって現存する。

旧德島城表御殿庭園の北側には城山貝塚がある。縄文時代後期～晩期の岩陰洞窟遺跡で，1922(大正11)年に人類学者の鳥居龍蔵らによって調査された。貝塚の脇には鳥居龍蔵記念碑がある。そのほか公園内には海食痕や海野十三文学碑などの記念碑が立っている。

聖パウロ三木・カトリック德島教会周辺 ❷
088-626-2060

〈M ▶ P.2, 8〉德島市德島本町2-12
JR高德線・牟岐線德島駅🚌南海フェリー・マリンピア行 城東高校前🚶すぐ

德島城の表門である鷲の門から東(福島方面)へ延びる県道29号線

聖パウロ三木・カトリック徳島教会

周辺は，藩政期の史跡・遺跡の多い地域である。その中の1つ徳島カトリック教会は，上級家臣の屋敷地の面影を残す徳島本町にある。26聖人の1人であるパウロ三木は摂津の生まれといわれ，父の三木半太夫は徳島出身で，初め阿波三好氏に仕えた。教会は，パウロ三木を賛美し，建設されたものであり，正しくは聖パウロ三木・カトリック徳島教会という。パウロ三木は，1597（慶長2）年，豊臣秀吉の命によって大坂で捕らえられ，京都洛中を引き回されて長崎で処刑された。1627（寛永4）年にローマ教皇ウルバヌス8世によって列福され，1862年にはピウス9世によって列聖された。

　徳島カトリック教会の東約200m，みどり保育園の敷地内に，チャールズ・A・ローガンの功績を記念して建設された旧徳島キリスト教センター（ローガン記念館）がある。ローガンは，1874（明治7）年，アメリカケンタッキー州に生まれ，1902年から1936（昭和11）年まで，徳島で妻の弟であるH・マヤスらとともに宣教活動に従事し，のちに社会運動家となる若き日の賀川豊彦にも多大な影響を与えた。彼が住んでいた徳島駅前のポッポ街の小路は，ローガン小路とよばれる。彼の邸には，キリスト教文化を学ぼうと大勢の人が訪れたといわれている。

　徳島カトリック教会のすぐ北側には県立城東高校がある。前身である徳島高等女学校の伝統をもつこの校舎の一角は，関寛斎の邸宅跡として有名である。寛斎は，長崎に遊学してオランダ人医師ポンペに師事し，蘭医学を修得した。1862（文久2）年，徳島藩13代藩主蜂須賀斉裕の招きにより藩医として徳島に着任。戊辰戦争（1868～69年）では上野戦争・奥羽戦争に参加し，野戦病院長となった。1869（明治2）年，徳島藩の医学校の設立に尽力し，付属病院長の要職に就くが退官，1873年には現城東高校の敷地内に診療所を開設して民衆診療に携わった。高い使命感や理想を貫き，「医は仁術なり」

徳島城跡とその周辺　　7

福島橋周辺の史跡

を実践し，生活困窮者からは慈父のように慕われたという。晩年寛斎は，開拓事業を志して北海道(陸別)に渡り，開拓事業に邁進する一方，農地改革・自作農創設などに力をそそいだ。しかし，志半ばにして1912年に服毒自殺をはかり，82歳の生涯を閉じた。

かつて城東高校の東側の通りは，関ノ小路とよばれていた。城東高校の敷地内には，彼の志を後世に伝えるべく「慈愛・進取の碑」が，創立90周年記念事業の１つとして建てられている。また城東高校の北東，徳住橋の西側には，彼の石像が立つ。

関寛斎の石像

福島橋 ❸

〈M▶P.2, 8〉徳島市徳島本町3・福島1
JR高徳線・牟岐線徳島駅🚌南海フェリー・マリンピア行福島橋
🚶1分

城下の民を助けた「六部」伝説

徳島カトリック教会から東へ250mほど進むと福島橋に至る。福島橋は，寺島橋・助任橋とともに徳島城下とつながっている橋であるため，とくに重要視された橋の１つである。橋の西詰には，警備のための門台と番所が設置されていた。福島川に架かるこの橋は，城下に架かる橋の中でもっとも水深が深く，かつ流れの速い位置に

福島橋

あった。そのため橋の建設は難工事であった。1640（寛永17）年の『御山下画図』には、「去年より橋落候は此節往来迷惑仕候間急度新敷かけなおし申度存候」と、橋が落ちて人びとが迷惑している様子が記されている。

　この困難な福島橋の建設には、今も人柱伝説が残っている。たびたび崩れる福島橋を架けるにあたり、あるとき、工事に取りかかる日の夜の亥の刻に、ここを通る人を人柱にしようという話が持ち上がった。おりしも亥の刻、鉦を叩き題目を唱える六部（行脚僧）が通りかかった。六部は懇願する人びとのことを思い、犠牲となって棺に入り埋められた。やがて橋は無事に完成し、住民にとって重要な交通施設となった。現在、福島橋の中ほどには、この伝説の橋桁の部分が今もそのままの姿で残されている。

　福島橋の東詰には、「蜂須賀家船出の地　福島」の碑が立つ。1635（寛永12）年の武家諸法度より参勤交代が義務づけられたが、これを受け、徳島藩主蜂須賀氏は福島橋東詰の石段から乗船し、参勤交代に出発したとされる。『阿波蜂須賀藩之水軍』によると、福島橋からは小型の川船に乗り、拍子木の合図で岸を離れ、別宮川まで川船で曳航された。そこから御召船である「至徳丸」あるいは「飛鷗丸」に乗り換え、大坂に向けて出発したとされる。また出発の前には、水軍の総帥（御船手方）森家の統率のもと、城下川筋で下慣らしが行われた。住吉島の蓮花寺や福島の四所神社で安全祈願が行われ、さらに船上では御舟歌が歌われ、御座船太鼓が演奏さ

「蜂須賀家船出の地　福島」の碑

徳島城跡とその周辺

れたといわれている。なお，この御座船太鼓の演奏は，徳島藩にのみ許された特権といわれている。

勢玉酒造の建物群 ❹
088-623-2777
〈M▶P.2, 8〉徳島市福島1-4-9 P
JR高徳線・牟岐線徳島駅🚌南海フェリー・マリンピア行福島橋🚶1分

近代化遺産としての酒蔵

福島橋を渡ってすぐ左に曲がると，勢玉酒造の建物群がある。酒造棟を始め，酒造りに関係した酒蔵A・B，煙突・事務所棟（いずれも国登録）など，多くの建物が立ち並ぶ。

勢玉酒造は，1902（明治35）年創業の伝統ある造り酒屋である。創業した頃には，県内には295軒の酒造所があり，徳島市内でも多くの蔵をみることができた。しかし，第二次世界大戦後の大量生産・大量消費の時代を迎えると大手メーカーが台頭して，中小の酒造所は廃業や合併に追い込まれ，多くの蔵は取り壊されて酒造工場はその姿をかえていった。そのようななかで，勢玉酒造の建物群は第二次世界大戦の空襲を免れ保存されている，県内でも数少ない貴重な建物群である。現在これらは，史料館やミュージアム・ホールなどとなり，新しい文化拠点へと生まれ変わろうとしている。

勢玉事務所棟

慈光寺 ❺
088-622-6897
〈M▶P.2, 8〉徳島市福島1-10-73
JR高徳線・牟岐線徳島駅🚌南海フェリー・マリンピア行福島1丁目🚶すぐ

赤穂義士の母が眠る寺

藩政時代の福島は，阿波水軍の総帥森甚五兵衛や上級家臣の屋敷，由緒ある神社・仏閣が配置されて城下の重要な位置を占めていた。とくに慈光寺（臨済宗妙心寺派）は，寺領200石を与えられ，徳島藩主の信任も厚かった。寺伝によると，下八万村の中津浦（現，徳島市八万町）にあった広雲寺を初代藩主蜂須賀至鎮が母慈光院の菩提

近松カメの墓（慈光寺）

を弔うために、1606（慶長11）年に現在地に移したとされる。江戸時代を通じて南山・春叢ら多くの名僧を輩出し、全国各地から数多くの僧侶が集まってきたといわれている。

境内の墓地には、赤穂義士として有名な近松勘六・奥田貞右衛門の母近松カメの墓がある。赤穂藩士近松小左衛門の後妻となった徳島藩士仁尾清右衛門の娘カメは近松勘六・奥田貞右衛門を育て、1710（宝永7）年10月に没し慈光寺に葬られた。

また、この墓地には堀田正信の墓があったといわれている。正信は、旗本・御家人の窮乏を救うため下総（現、千葉県）佐倉の領地返上を願い出るが、江戸幕府は聞き入れず改易処分とされ、信濃飯田藩（現、長野県飯田市）・若狭小浜藩（現、福井県南西部）と転々と預けられた。1677（延宝5）年には徳島藩預かりとなり、福島屋敷に幽閉されたが、江戸幕府4代将軍徳川家綱の後を追って自害したといわれている。

蓮花寺 ❻
088-652-2298

〈M▶P.2.8〉徳島市住吉1-6-47
JR高徳線・牟岐線徳島駅🚌南海フェリー・マリンピア行福島1丁目🚶5分

阿波水軍の祈願所
庚午事変ゆかりの寺

福島1丁目バス停から東へ100mほど進み、左折し、200m先の福住橋を渡ると住吉島である。橋を渡りきってすぐに西に曲がり、200mほど行った所に蓮花寺（真言宗大覚寺派）がある。住吉島はかつて藤五郎島とよばれていたが、1623（元和9）年、蜂須賀家政が城内にあった海上の守護神である住吉大明神の祠をこの地に移した頃から、住吉島と改められたといわれている。蓮花寺は、寺伝によると、もとは大日寺と称していた。1633（寛永10）年、蜂須賀家政より阿波水軍の祈願所として城下からこの地に移され、寺号を蓮花寺と改め、隣接する住吉神社の別当寺となった。

また蓮花寺は、1870（明治3）年におこった庚午事変（稲田騒動）の

蓮花寺

首謀者が切腹した寺としても有名で、門前には「庚午志士の切腹遺跡」と刻まれた石碑が立っている。庚午事変とは、徳島藩の家老であり淡路洲本（現、兵庫県洲本市）を支配していた稲田家の家臣らによる分藩独立運動である。しかし、徳島藩はその行為を反逆行為とみなし、稲田家の支配地美馬郡脇町（現、美馬市脇町）と洲本の稲田屋敷を襲い、稲田家側では多数の犠牲者を出した。この騒動に対し、新政府は徳島藩に藩士10人の断罪と100余人の流刑・禁固刑などを命じた。また、一方の当事者である稲田家家臣団には、北海道開拓移住が強制的に命ぜられ、日高地方の開拓に従事することとなった。断罪を命じられた首謀者10人のうち、小川錦司・三木寿三郎・滝直太郎・藤岡次郎太夫の4人は、のちに断罪を免れ切腹を命じられた。この事変による切腹は、日本刑法史上最後の切腹といわれている。なお、この事件を契機に淡路は兵庫県に移管されることとなり、今日に至っている。

　寺宝には、徳島藩の絵師森崎春潮により描かれた参勤交代渡海図屏風絵があるが、現在は徳島城博物館に寄託されている。この絵は、江戸時代の阿波水軍の一端をよく描いている。

　蓮花寺北隣に、住吉神社がある。蓮花寺とともにこの地に移ってきたこの神社は、海上の守護神として水軍関係者の信仰を集めていた。

徳島市立木工会館 ❼
088-622-9625

〈M ▶ P.2, 8〉徳島市福島1-8-22　P
JR高徳線・牟岐線徳島駅❶南海フェリー・マリンピア行福島1丁目🚶5分

地場産業の伝統を今に伝える

　徳島市の渭東地区（安宅・末広・福島・住吉・大和町など）は、地場産業である木工業が盛んな地域である。この地の木工は、藩政時代、安宅に阿波水軍の根拠地がおかれて以来、船大工たちがその廃材から内職として家具をつくるようになったのが始まりといわれ

徳島市立木工会館

ている。かつては鏡台を始め、針箱・タンス・仏壇などの家具業者がひしめき、活気あふれていた地域であった。今は往時の賑わいは感じられないが、中小の家具製造業者が、今なお数多く残っており、かつての面影をみることができる。

　福島1丁目バス停の南200mほどの所に徳島市立木工会館がある。この会館は、地場産業の援助・振興を目的として1975(昭和50)年に建設された。館内には、木工関係の展示がなされ、専門書・海外雑誌など多数の図書も取り揃えられている。

四所神社 ❽　〈M ▶ P.2, 8〉徳島市福島2-3-34
(ししょじんじゃ)
088-622-3810　JR高徳線・牟岐線徳島駅🚌南海フェリー・マリンピア行福島明神前🚶すぐ

大地震を語り継ぐ
お亀磯伝説

　福島明神前バス停のすぐ北側に四所神社がある。蜂須賀家政が城下の縄張りをした際、東方の鎮護のためにこの地に創建したといわれる。阿波水軍との関係が深い神社で、毎年10月26・27日に行われる秋の大祭には、朱塗りの「船だんじり」が引き出され、御座舟太鼓とよばれる勇壮な囃子が演奏される。阿波水軍の船団が入船・出船の際に打ち鳴らした勇み太鼓の名残りといわれ、勇猛な阿波水軍の一端を示す祭りとして有名である。

　四所神社から東へ4kmほど行った沖合に、お亀磯とよばれている磯がある。ここには、昔、「お亀千軒」とよばれる民家の立ち並ぶ小島があったが、大地震のおり、沈んでしまったという伝説が残っている。

四所神社

徳島城跡とその周辺

お亀千軒にある蛭子神社の神鹿の目が赤く染まると，島は海中に沈むといわれていたが，あるとき，それを知った盗人がこっそりと神鹿の目を赤く塗っておいた。島の人たちはびっくりし，取るものも取りあえず身一つで避難した。その隙に，盗人は空き家となった家々から金品を盗み，船に積み込み逃げようとした。しかし，にわかに大地震・大津波がおこり，島は盗人とともに沈んでしまった。先に避難したお亀磯の人びとは，福島に移り住み，蛭子神や神鹿をまつったといわれている。この伝説に則り，四所神社境内には，今もシカの像が奉納されている。

東照寺 ❾
088-652-9561

〈M▶P.2, 8〉徳島市福島2-3-7
JR高徳線・牟岐線徳島駅🚌南海フェリー・マリンピア行福島明神前🚶1分

庚午事変首謀者の1人
小川錦司の墓所

　福島明神前バス停から北に100mほど行った所に，新四国曼荼羅霊場79番札所の東照寺(真言宗)がある。1625(寛永2)年創建と伝わる。1870(明治3)年の庚午事変のおり，首謀者の1人として処刑された小川錦司の墓所として知られている。寺宝の木造地蔵菩薩半跏像(国重文)は像高90cm，ヒノキ材寄木造で，玉眼を入れ彩色が施されている。半跏姿などから，鎌倉仏師などの影響を受けた鎌倉時代後期のすぐれた作品といわれている。なお，当地は福島小学校発祥の地であり，境内には発祥の地の石碑が建てられている。

　東照寺の南隣，本福寺(真言宗)には牛田九郎の墓がある。当寺はもと津田(現，徳島市津田町)にあったが，明暦年間(1655～58)に現在地へ移った。牛田九郎は，徳島藩士の稲田屋敷襲撃を中止させようと，軍監の下条勘兵衛とともに名西郡浦庄(現，名西郡石井町浦庄)辺りまで行くが説得できず，下条とともにその場で切腹した。

天文台跡(旧徳島東工業高校)

徳島地方気象台

本福寺から東へ向かい、安宅1丁目前バス停の先を右折し南へ400mほど行くと、旧県立徳島東工業高校がある。グラウンド跡地の北東隅には、1961(昭和36)年まで、高さ10mほどの天文山とよばれる小高い場所があった。1778(安永7)年、徳島藩士小川唯右衛門が藩命により築いた天文台の跡地である。1808(文化5)年、伊能忠敬が阿波の海岸部の測量を行った際、天文方御用の間権次郎と樋富菊郎が随行し、忠敬もこの天文台を訪れている。その後、天文台は移転されるが、1929(昭和4)年、徳島測候所(現、徳島地方気象台)が旧県立東工業高校北側に移転し、この地は再び県内の気象情報発信地となった。

安宅役所跡 ❿

〈M▶P.2〉徳島市安宅3ほか
JR高徳線・牟岐線徳島駅🚌南海フェリー・マリンピア行
城東中学校前🚶すぐ

阿波水軍の本拠地

戦国時代における細川・三好氏の活躍の影には、阿波水軍の力が大きかったといわれるが、その水軍の総帥が森家である。蜂須賀家政の入国後、森甚五兵衛・森甚太夫は徳島藩の中老格として藩士の列に加わり、水軍の総帥(御船手方)を世襲した。阿波水軍は、文禄・慶長の役(1592～97年)、大坂の陣(1614・15年)ではおおいに活躍し、大坂の陣の功績により江戸幕府2代将軍徳川秀忠から感状を得るなど、藩の中でも重要な存在となっていた。この阿波水軍を統轄するためにおかれたのが、安宅役所(安宅御殿)である。

初め安宅役所は、現在は徳島大学工学部が立つ常三島の地にあったが、1634(寛永11)年頃に市立城東中学校付近に移設されたといわれている。南北150間・東西230間の広大な敷地の中に、御船屋・鍛冶蔵・御米倉・桶屋詰所などの諸施設が設置されていた。さらに、安宅周辺には船頭屋敷・船大工屋敷、川を隔てた沖洲には水主屋敷などの諸施設も設置され、阿波水軍の拠点として確立していた。森家は、戦時には水軍を指揮し、平時には参勤交代における海上輸

送のほか，公儀御用の役人・物資の輸送などをおもな任務としていた。配下には安宅水主奉行・安宅作事奉行などの諸役があり，船頭約30人・水主約400人，船大工約200人，さらに諸職人がいた。

　2007（平成19）年，徳島県立埋蔵文化財総合センターの発掘調査が行われ，安宅２丁目から船蔵とみられる建物跡もみつかっている。

小原春造の墓 ⓫

〈M▶P.2〉徳島市 南沖洲2-5
JR高徳線・牟岐線徳島駅🚍南海フェリー・マリンピア行沖洲小学校前🚶3分

　沖洲小学校前バス停から北へ350mほど行った所に船戸神社がある。その神社の南側付近に，1795（寛政７）年，徳島藩11代藩主蜂須賀治昭に招かれた小原春造によって，徳島で最初の医学学問所と薬草園が創設された。

　小原春造は現在の応神町の出身で，京都に出て，医業のかたわら小野蘭山に本草学を学んだ。春造の創設した医学学問所と薬草園は，1804（文化元）年に寺島に移され，さらに1807年に安宅の天文台に移されたが，この沖洲の薬草園では，薬草のみならず砂糖・雁皮紙・煙硝の製造など，さまざまな試験・栽培が行われたといわれている。春造は，1820（文政３）年に藩より徳島の物産を収載した『阿波淡路両国物産志』の編纂を命じられた。この編纂事業は，彼の没後，２代春造と３代栄造の努力により，1972（明治５）年に全136巻として完成している。

　沖洲小学校バス停から小学校西側の道を南へ300mほど行った光明庵墓地には，小原春造と一族の墓がある。

蛭子神社の百度石 ⓬

〈M▶P.2〉徳島市南沖洲1-2
JR高徳線・牟岐線徳島駅🚍南海フェリー・マリンピア行蛭子神社前🚶1分

　吉野川河口の南側にある沖洲は，江戸時代初期，「元浦」の地（現，南沖洲５丁目）に和歌山から太田太郎次郎一族が移住してきたことから開発が始まる。その後，寛永年間（1624〜44）に入り，常三島から安宅へ阿波水軍の拠点が移動したのにともない，水主や船頭たちの屋敷地がおかれ，阿波水軍の拠点の１つとしての沖洲が成立する。1969（昭和44）年の町名変更で消滅した「元浦」「南屋敷」「北屋

蛭子神社の百度石

敷」などの旧地名は，その名残りである。

　蛭子神社前バス停から南へ100mほど行った所に蛭子神社がある。蛭子神社は，以前は蛭子神社バス停前にあったが，県道29号線の拡幅工事により，2003（平成15）年に現在地に移転した。境内には，1854（嘉永7）年におこった地震と津波について刻んだ百度石がある。

興源寺 ⓭
088-623-2570

〈M▶P.2, 19〉徳島市下助任町2-45 Ｐ
JR高徳線・牟岐線徳島駅🚌島田石橋行または市内循環中吉野町 🚶 5分

歴代藩主が眠る名刹

　JR徳島駅西側のお花畑踏切を渡って北東へ700mほど行くと，市立徳島中学校の東隣に徳島県立文学書道館がある。文化勲章を受章した瀬戸内寂聴やSF作家の先駆海野十三など，徳島県ゆかりの作家・書家の資料を展示している。

　文学書道館の北東300mほどの所に興源寺（臨済宗）がある。蜂須賀累代の墓がある名刹で，同家の香華院として建立され，1601（慶長6）年に徳島城内から現在地に遷された。当初は福聚寺と称し，藩から550石の寺領が与えられた。開基以来多数の高僧・名僧を輩出しており，本山である京都の妙心寺の住職になった僧だけでも広山・玉潤ら8人いる。

　築地塀と堀で画された徳島藩主蜂須賀家墓所（国史跡）には，藩主一族も含めて20余基の墓石が並んでい

徳島県立文学書道館

徳島城跡とその周辺

興源寺の蜂須賀家墓所

る。なかでも2代忠英の無縫塔(卵塔型墓碑)はこの型式の墓として日本一の大きさといわれており、高さ4.2mある。墓域は徳島市が墓地公園として整備し、一般公開されている。

　興源寺から北西に500mほど行くと万福寺(真言宗)がある。861(貞観3)年、天台宗の寺として、智證大師によって開基されたと伝えられるが、慶長年間(1596〜1615)に現在地に移り真言宗に転じた。境内では、1870(明治3)年の庚午事変の際、首謀者10人のうち、平瀬伊右衛門・大村純安・多田禎吾・南堅夫の4人が切腹している。これは日本刑法史上最後の切腹といわれる。また万福寺は、井原西鶴の『好色五人女』の題材となった八百屋お七の霊を慰めるために、金銅造の「お七地蔵」があったことで知られる。第二次世界大戦中に金属供出されたが、再建され現在に至る。また、日本薬学界に不朽の業績を残した長井長義の父で、徳島藩医であった長井琳章の墓もある。

徳島県立阿波十郎兵衛屋敷 ⓮
088-665-2202

〈M▶P.2, 19〉徳島市川内町宮島本浦184
JR高徳線・牟岐線徳島駅🚌富吉団地行
十郎兵衛屋敷🚶すぐ

"傾城阿波の鳴門"人形浄瑠璃ゆかりの地

　JR徳島駅から国道11号線を北へ向かい、「四国三郎」と称される大河吉野川を渡ると、江戸時代初期から藍の積出港として栄えた宮島に至る。吉野川大橋北詰の東約1.2km、集落の中心に位置するのが徳島県立阿波十郎兵衛屋敷で、連日、阿波人形浄瑠璃(国民俗)の公演が行われている。

　「阿波十郎兵衛」とは、人形浄瑠璃芝居の名作『傾城阿波の鳴門』(近松半二ほか合作、1768〈明和5〉年初演)に登場する「十郎兵衛」(劇中、「銀十郎」とも称す)のことで、同作では、母お弓と

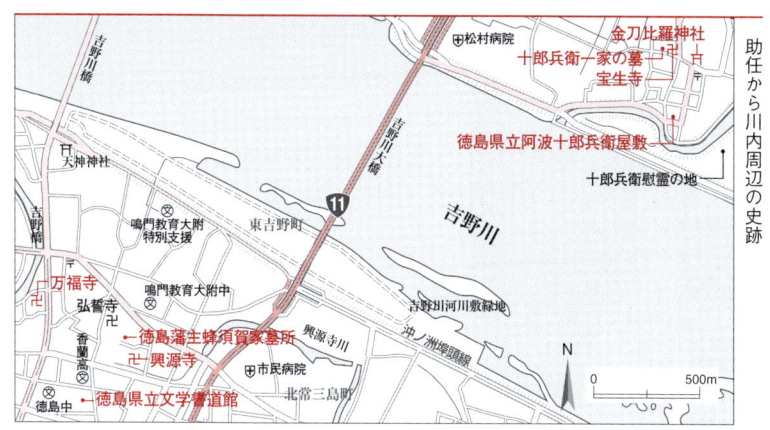

助任から川内周辺の史跡

娘おつるの別れの場面,「順礼歌の段」がよく知られる。

　阿波十郎兵衛のモデルは,17世紀後半に宮島の庄屋をつとめた十郎兵衛といわれている。十郎兵衛は,徳島藩の「他国米積入川口改裁判」を兼務する在郷の名士であったが,船荷に関する不正行為を咎められて,1698(元禄11)年に刑死した。『傾城阿波の鳴門』は,この事件をヒントに創作された壮大なフィクションである。

徳島県立阿波十郎兵衛屋敷

　阿波十郎兵衛屋敷は,第二次世界大戦後,十郎兵衛ゆかりの旧宅跡を整備し,阿波人形浄瑠璃芝居に関する展示・実演のミュージアムとして公開したものである。屋敷の門と母屋は,整備にあたり小松島市の素封家西野家から移築した江戸時代後期のもので,藍玉

十郎兵衛慰霊の地

徳島城跡とその周辺

十郎兵衛一家の墓(宝生寺)

(蒅)の製造販売や酒造などで財をなした豪商の威風を今に伝えている。

阿波十郎兵衛屋敷の北方約300m,市立川内南小学校南隣の宝生寺(真言宗)には十郎兵衛一家の墓がある。当初,刑死した十郎兵衛一家に墓はなかったが,後年,縁者によってひそかに設けられ,十郎兵衛と妻,2人の息子,娘おつる,十郎兵衛の実弟2人がまつられている。

なお,宝生寺の南東約500m,宮島江湖川にほど近い旧堤防の上で,十郎兵衛は刑死したと伝えられる。同地には追悼のマツが植えられ,慰霊の観世音菩薩像が建立されている。

金刀比羅神社 ⑮

〈M ▶ P. 2, 19〉徳島市川内町宮島本浦128 P
JR高徳線・牟岐線徳島駅 富吉団地行宮島金比羅前 すぐ

阿波三金比羅の1つ　往時を偲ぶ玉垣の名

宝生寺のすぐ東,十郎兵衛屋敷前の道路の突き当りに,宮島の金刀比羅神社(祭神大己貴命ほか)がある。1601(慶長6)年の創建と伝えられ,勢見の金刀比羅神社(徳島市),木津の金刀比羅神社(鳴門市)とともに「阿波三金比羅」とされ,江戸時代から諸商人や廻船問屋の信仰を集めた。また,藍の積出港として栄えた宮島の鎮守でもあった。今も境内を囲む玉垣には,三木與吉郎(松茂町)・井上甚右衛門(小松島市)といった関東売り藍商や,山西庄五郎(鳴門市)などの廻船問屋,また阿波国共同汽船など近代の海運業者の名

金刀比羅神社

加賀須野橋(可動橋)

が残っており，往時の繁栄が偲ばれる。

　金刀比羅神社の門前を流れる宮島江湖川は，吉野川と派川である今切川とを結ぶ運河のような小河川である。1955(昭和30)年頃まで，板野郡松茂町長原から今切川・宮島江湖川・吉野川・新町川を経て徳島市中心部の新町橋地区まで，はや船(客船)が運航されていた。

　吉野川・那賀川を始め河川の多い徳島県には，1874(明治7)年当時，127カ所の渡船が運行されていたが，現在，河川を往来する渡船は，長原と今切川対岸の徳島市川内町米津とを結ぶ県営長原渡船1カ所が残るのみである。

　今切川に渡船が残るのは，上流の工場群に船舶が出入りし，架橋が困難なためであった。同じ理由から，長原渡船から約2km上流の徳島市川内町加賀須野と板野郡松茂町広島との間には，県内唯一の現役の可動橋加賀須野橋が残る。この橋は全長197mあり，貨物船や小型タンカーを通船させる必要から，毎日定時に中央部分を跳ね上げる方式で開閉している。

❷ 寺町から佐古・鮎喰へ

眉山北麓の閑静な町並みを歩く。寺町から万年山は阿波文化を支えた先人の墓所が並ぶ。眉山西麓には古墳群がみられる。

阿波おどり会館 ⓰　〈M▶P.2, 22〉徳島市新町橋2-20 [P]
088-611-1611　JR高徳線・牟岐線徳島駅 🚶 7分

阿波おどりの殿堂

JR徳島駅から南西の眉山に向かって歩くと、新町川に架かる新町橋に至る。東側には、新町川水際公園・ボードウォークなどの親水施設が整備されている。川の町徳島を水上から堪能できるひょうたん島クルーズも無料で乗船することができ、新町川から助任川にかけて水上遊覧が楽しめる。新町橋界隈は藩政時代にもっとも殷賑をきわめた所で、橋の北詰には札辻番所が設けられていた。旧来の新町橋は木製で、欄干には擬宝珠がつけられた立派なものであったという。

徳島市寺町の史跡

新町橋から眉山方向をみると、眼前に阿波おどり会館がある。ここは、眉山山頂へのロープウェイ乗り場もかねている。1999(平成11)年に徳島県博物館の跡地に建設された阿波おどり会館では、有名連により日替わりで阿

阿波おどり会館

眉山山頂のモラエス像

波踊りの公演が行われている。また、併設する阿波おどりミュージアムでは、衣装や鳴り物などが展示されており、阿波踊りの歴史や現況を知ることができる。

ロープウェイに乗れば、約6分で眉山（290m）山頂に着く。山頂にのぼれば、紀伊水道から紀州や淡路の山々、西は剣山の山並みが展望できる。また、徳島城下の伊賀町で暮らしたポルトガルの文豪モラエスの資料を展示するモラエス館もある。

寺町 ⑰

〈M ▶ P.2, 22〉徳島市寺町
JR高徳線・牟岐線徳島駅🚶7分

阿波の先人が眠る閑静な街

阿波おどり会館北側一帯が寺町であり、現在23カ寺がある。曹洞宗の潮音寺、日蓮宗の本覚寺・妙典寺・善学寺・妙永寺・本行寺・寿量寺・妙長寺、日蓮正宗の敬台寺、浄土真宗の長善寺・慈船寺・元勝寺・東光寺・円徳寺、浄土宗の浄智寺・還国寺、真言宗の源久寺・東宗院・般若院・願成寺・善福寺・安住寺・来福寺がそれである。

円徳寺に国学者池辺真榛、長善寺に医学・洋学者の高畠耕斎、浄智寺に「浪花百人切り」の船越十左衛門、本覚寺に茶道の千道安と蘭学者高良斎、還国寺に阿波しじら織りの海部ハナ、潮音寺にポルトガルの文豪モラエス、善学寺に数学者小出長十郎、東光寺に浮世絵師東洲斎写楽らの墓、寿量寺にキリシタン灯籠、般若院に堂本印象の大襖絵がある。また、持明院跡に立つ天理教徳島支庁の片隅にあるレンガ造りの廃屋は、徳島大空襲の歴史的記

錦竜水

寺町から佐古・鮎喰へ

念物として保存が望まれている。

　寺町に接する眉山麓を大滝山という。この眉山登り口にある春日神社(祭神武甕槌命・斎主命・天児屋根命・比売神)は，蜂須賀氏が徳島城築城の際に田宮から当地に遷したと伝えられており，徳島城下町の鎮守としての性格をもっている。境内の春日会館内に阿陽史料館があり，民俗資料を中心に展示している。また，近隣から錦竜水という名水が湧き出している。

　春日神社から石段をのぼった所に八坂神社(祭神素盞鳴命・菅原道真・水波能比売神・応神天皇・大國主命・事代主命・倉稲魂命)がある。京都の八坂神社の分霊をまつったもので，元禄年間(1688～1704)の創建である。なお大滝山一帯には，多くの石造物が建てられており，石碑銀座ともいわれている。おもなものに，錦竜水の碑・服部嵐雪の句碑・新居水竹の碑・蜂須賀茂詔の詩碑・品川弥二郎碑・中島錫胤碑・第三徳島丸記念碑・稲田報国碑・松尾芭蕉句碑・井上高格碑・庚午志士の碑・阿波八景碑などがある。

三島神社 ⑱
088-653-2861

〈M▶P.2, 22〉徳島市西大工町5-11
JR高徳線・牟岐線徳島駅🚌名東(僧都)行西大工町🚶1分

県内最古の狛犬

　寺町から北へ400mほど行くと，三島神社(祭神大山祇神)がある。伊予(現，愛媛県)の豪族河野通久が阿波国名東郡富田荘の地頭に補任されたときに，伊予大三島の大山祇神社を分祀したのに始まるといわれる。当社の参道に砂岩製の狛犬が2基ある。このうちの1基は，両目を見開いて後ろ足を立て，前足をやや曲げて踏ん張った

三島神社の狛犬

ポーズである。像高は頭部61.5cm・後方85.5cm，鎌倉時代前半の作と伝えられており，県内最古の狛犬である。

　三島神社の東方，新町川を渡った所に徳島県郷土文化会館がある。1968(昭和

43)年，明治100年記念で建築された施設で，館内に併設された阿波木偶資料館では，阿波人形浄瑠璃人形頭一役頭（県文化）などの木偶を約150点展示している。

三島神社から西へ200mほど行くと臨江寺（臨済宗）がある。縁起によると，1605（慶長10）年，曹洞宗の僧明堂が現在地に建立した牛蒡庵を前身とする。1625（寛永2）年，蜂須賀正勝の後妻白雲院を葬ったことにより白雲寺と号し，さらに1644（正保元）年に徳島藩から寺領20石を与えられ臨江寺と改められ臨済宗に転じた。境内には，藩の儒者で『渭水見聞録』を著した増田立軒，俳人の藤井機因，本草家の乾純水らの墓がある。

臨江寺から眉山麓をさらに西に500mほど進むと，諏訪神社（祭神建御名方命）がある。鎌倉時代の守護小笠原氏が，故地信濃国（現，長野県）から勧請したといわれている。諏訪神社の石段下にある迷子石は，高さ1.4mを超す。当社の祭礼で多くの人が殺到し，迷子が出たときに迷子石の掛札場に連れて行って親を探したと伝えられる。境内には，10代藩主蜂須賀重喜の隠居屋敷であった大谷御殿の蓮池の石橋が残されている。かつては諏訪神社前の諏訪橋に利用されていたが，自動車の普及によって撤去されたという。諏訪神社の西にある清水寺（真言宗）の山門はひときわ目を引くが，口伝によれば，勝瑞城（現，藍住町）あるいは一宮城（現，徳島市一宮町）から移築したものという。境内には，儒者岡久桂堂らの墓がある。

万年山 ❶⓽

〈M ▶ P. 2, 27〉徳島市佐古山町諏訪山33-1 ほか
JR高徳線・牟岐線徳島駅 🚌 名東（僧都）行佐古五番町 🚶 7分

清水寺から西へ400mほど進むと鈴江庭園の前に出る。この横をのぼると万年山である。1766（明和3）年，蜂須賀重喜が，清林谷から巴蛇谷に囲まれた尾根をあらたに蜂須賀氏の墓域と定めた儒葬墓地で，近年，徳島藩主蜂須賀家墓所として国の史跡に指定され，整備が進められている。万年山墓域の碑は高さ2.9m・幅5mほどもあり，崖を削って「阿淡二州大守族葬墓域」と刻まれている。蜂須賀家の菩提所は下助任町の興源寺であったが，重喜は儒学を根本にすえた藩政改革を断行し，ここにあらたな儒葬墓地を設け，埋葬墓は儒式で万年山に築き，遺髪は興源寺墓所に納めて拝み墓とす

万年山墓域の碑

る両墓制とした。藩主では、隠居していた8代藩主宗鎮が、1780(安永9)年に葬られたのが最初である。そのほか、11代治昭、12代斉昌、13代斉裕、14代茂韶の歴代藩主の墓がある。山麓には、「御墓山」と刻まれた境界石が14基ある。また、1971(昭和46)年、大阪市天王寺区六万体町の天瑞寺にあった蜂須賀正勝の墓が、墓域の頂上付近の台地に移転・改葬された。

　鈴江庭園からさらに西に進むと、徳島市水道局佐古配水場ポンプ場がある。レンガ造りで、外壁には上げ下げ窓や円窓が備えられている。場内にある徳島市水道局佐古配水場源水井・集合井とともに、国の登録有形文化財に指定されている。1925(大正14)年に建設され、翌年、佐古山排水池も含めて完成し通水された。石井町藍畑の第十浄水場から送水を受け、市内への給水を行っていたが、1995(平成7)年にその役割を終えた(見学は徳島市水道局に問い合わせる。088-623-1187)。なお、この配水場は、1924(大正13)年に縄文時代の貝塚・埋葬されたイヌ・弥生時代前期の木葉文土器がみつかった三谷遺跡の所在地でもある。1990〜92(平成2〜4)年の調査でも縄文時代晩期末の突帯文土器や北陸系の土器とともに弥生時代前期の遠賀川式土器が伴出した。

　配水場の南側山裾に大安寺(臨済宗)がある。1602(慶長7)年に蜂須賀家によって建立されたもので、

12代藩主蜂須賀斉昌の墓

佐古配水場

開基は家政の参謀僧といわれた泰雲である。境内にある古井戸は菩薩泉とよばれる名泉で、茶の湯に適しているといわれており、歴代藩主が愛用したと伝えられる。

配水場から西へ200mほど行き左折すると、椎宮八幡神社(祭神木花咲耶姫ほか)がある。宝暦年間(1751〜64)には現在地に遷されたといわれており、現在は、ツツジの名所として市民に親しまれている。1847(弘化4)年に建てられた鳥居は、阿波の藍師たちが、名西郡高川原村(現、石井町高川原)にある五社宮神社に寄進するために、播磨(現、兵庫県南西部)の御影石でつくったものといわれる。新町川の富田の渡し場まで運んできたとき船が沈没し、偶然釣りをしに通りかかった藩主に「どこの鳥居か」と聞かれた藍師たちは、百姓一揆で磔にされた首謀者をまつる五社宮のものとはいえず、「椎宮さんに奉納する」と答えたため、馬場口に建てられたのだという。それが、国道192号線拡幅工事にともない、1963(昭和38)年に現在地に移設されたものである。

袋井用水水源地 ⑳　〈M ▶ P.2〉徳島市鮎喰町2丁目
JR高徳線・牟岐線徳島駅🚌名東(僧都)行上鮎喰
🚶1分

領民の窮状を救った庄屋の活躍

椎宮八幡神社から国道192号線に出て西に進むと、JR徳島線蔵本駅に至り、その西方300mほどの所に本願寺(真言宗)がある。平安時代創建と伝えられ、寺宝に、紙本墨書聖徳太子伝暦2巻(国重文、奈良国立博物館寄託)がある。

寺町から佐古・鮎喰へ

袋井用水水源地

　蔵本から庄町一帯には，弥生時代を中心とする県内最大級の集落遺跡である庄遺跡・南庄遺跡・鮎喰遺跡が，徳島大学蔵本キャンパスを中心にして広がっている。南庄遺跡では，弥生時代中期～後期の竪穴住居群が検出されたほか，微高地縁辺部で環濠もみつかっている。庄遺跡からは，総数20基以上の土壙墓を始め，箱式石棺・配石墓・甕棺墓が検出されたほか，朱塗りのミニチュア砧・平鍬・鋤・田舟・臼・梯子・人物像を刻んだ板状木製品・匙などの祭祀具や木製農耕具も数多く出土した。また，弥生時代の本格的な大規模灌漑施設跡も確認された。鮎喰遺跡では，弥生時代後期～古墳時代前期の竪穴住居跡がみつかっている。

　蔵本から鮎喰川堤防付近まで約2km西進すると，上鮎喰バス停の手前に袋井用水の水源地(県史跡)を示す碑がある。袋井用水は，1692(元禄5)年，名東郡島田村(現，徳島市北島田町・中島田町・南島田町一帯)の庄屋楠藤吉左衛門が，父祖伝来の田畑19町歩(約22万6000m²)ほか多くの私財を投じて，村民の救済のために掘削に取り組んだものである。吉左衛門は，上鮎喰往還の南方堤の下に湧水地をみつけ，その三方に堤をめぐらし袋状にしたので，この名称があるという。碑は，その労苦を顕彰するために，1921(大正10)年に建立された。また袋井用水と旧伊予街道が交差する所に，往時は石橋が架けられていた。現在では暗渠になってしまったが，「とき□はし」「常磐橋」銘のある橋柱が3点残っている。

　鮎喰川原では，1809(文化6)年，経世学者佐藤信淵の指導によって大砲打発会が行われた。信淵の『水陸戦法録』や『禦分儲言』によると，鮎喰川原の演砲場で，8丁(約860m)離れた木に柱を立てて8間(約14m)四方の板を2つつくり，それを20間(約36m)間隔にすえ的とした。右の的は萩野流の砲術師坂本正平が信淵新調の1

「寅の水」を記した僧都の石碑

貫匁(かんめ)(約3.8kg)弾を用いて,左の的は家老賀島長門(かろうかしまながと)が自己の所有する600匁(約2.3kg)弾を用いて,それぞれ25発ずつ撃った。その結果,坂本が17発,賀島が15発あたった。徳島藩11代藩主蜂須賀治昭(はるあき)も見物に訪れていたという。この川原は砲術調練の場であり,刑場でもあった。

　鮎喰川旧堤防は蓬庵堤(ほうあんづつみ)とよばれている。城下町の外郭を形成する佐古や加茂名(かもな)地区を鮎喰川の洪水から守るために,蜂須賀家政が普請(ふしん)を命じ,1585(天正(てんしょう)13)年着手したといわれる。徳島市営バスの上鮎喰回転場と僧都バス停の間で堤防が二手に分かれているが,東側のものが蓬庵堤である。なお僧都バス停の脇には,1881(明治14)年に建てられた石碑がある。「寅(とら)の水」とよばれる1866(慶応(けいおう)2)年の洪水や,その後に僧都から島田まで新堤が築造されたことなどを記している。

地蔵院(じぞういん) ㉑　〈M▶P.2〉徳島市名東町(みょうどうちょう)1-335　Ｐ
088-631-6757　JR高徳線・牟岐線徳島駅🚌地蔵院行終点🚶5分

　袋井用水の水源地から県道203号線を約1.5km南下すると,眉山北西麓に地蔵院(真言宗)がある。弘仁(こうにん)年間(810〜824)の創建と伝えられ,江戸時代には徳島藩歴代藩主の夫人の安産祈願所でもあった。今でも安産祈願のために訪れる人は多い。

　地蔵院付近には,穴不動(あなふどう)古墳・節句山(せっくやま)古墳群・八人(はちにん)塚(づか)古墳などの古墳がある。これらは名東古墳群と総称されるが,地蔵院山門の脇にある穴不動古墳は,直径約16mの墳丘をもつ7世紀半ば頃の円墳である。巨石

地蔵院

寺町から佐古・鮎喰へ

穴不動古墳

歴代藩主夫人の安産祈願所

で構築された横穴式石室が南西方向に開口しており、現在、内部には不動明王がまつられている。地蔵院前の池の西側、尾根上には節句山古墳群がある。4世紀後半の築造とみられ、ほとんど盛土はなく、岩盤を削って墓壙が構築されている。2基のうちの2号墳からは、布に包まれた四獣鏡や翡翠製勾玉が出土した。節句山古墳からさらにのぼって行くと、眉山カントリークラブの一角に4世紀後半に築造された八人塚古墳がある。全長約60m、積石塚の前方後円墳としては全国で最大規模のものである。見学の際は、カントリークラブ事務室（088-631-3063）に事前に申し込むことになっている。

③ 富田浜から文化の森, そして丈六寺へ

近世城下町の名残りを感じるルート。旧市街地を抜けたその先には, 文化総合施設の「文化の森総合公園」がある。

瑞巌寺（ずいがんじ）㉒
088-652-5968
〈M ▶ P.2〉徳島市 東山手町 3-18　Ｐ
JR高徳線・牟岐線徳島駅🚶15分

江戸時代中期の名園

　JR徳島駅から南西へ向かうと, 眉山ロープウェイ乗り場にもなっている阿波おどり会館がある。ここから300mほど南下し, 右折すると瑞巌寺（臨済宗）に至る。蜂須賀氏入部まで勝瑞城下（現, 藍住町）にあり, 移転した。瑞巌寺の中興開山一顙は, 甲州塩山（現, 山梨県甲州市）恵林寺の僧快川の愛弟子である。織田軍の兵火に遭い, 快川は「心頭を滅却すれば火もまた涼し」と唱え焼死したが, 一顙は快川の命によって本尊を背負って逃れた。瑞巌寺にまつられている観音像は, このとき一顙が恵林寺から救い出したものであると伝えられる。眉山の斜面を利用した境内には, 本堂・茶室・池泉回遊式庭園・多宝塔などがある。また鳳翔水も湧き出しており, 春日神社前の錦竜水とならぶ城下の名水である。

瑞巌寺

　瑞巌寺の南約150mの所には, 徳島藩祖蜂須賀家政をまつる国瑞彦神社がある。1806（文化3）年の創建で, 1871（明治4）年, 最後の藩主蜂須賀茂韶によって, 家祖正勝と歴代藩主ならびに文武有功の士92人が合祀されている。境内には, 徳島県神社庁がおかれている。

富田八幡神社

富田浜から文化の森, そして丈六寺へ

国瑞彦神社の南隣には、渭津五社の1つであった富田八幡神社がある。もとは伊予国河野郷（現、愛媛県松山市北条）に鎮座していたが、天文年間（1532〜55）に現在の瑞巌寺南側の地に遷座、1602（慶長7）年に現在地に遷されている。社殿は1967（昭和42）年の火災で焼失したが、随臣（身）門は三間一戸八脚門で、江戸時代中期の建築と考えられている。門両側に安置されている左大臣・右大臣の木像は、勝浦郡中田（現、小松島市中田町）にあった豊国神社が廃されたときに移されたものと伝えられている。

　この界隈は伊賀町とよばれるが、蜂須賀氏が召し抱えた伊賀者が居住していたことによる。伊賀町の東に並行する南北通りが弓町、その東が幟町で、武家地が広がっていた。伊賀町にはモラエス通りがある。3丁目は、ポルトガルの文豪モラエスが妻の小春と住んでいた所である。

原田家住宅 ㉓

088-699-2076（蜂須賀桜と武家屋敷の会）

〈M▶P.2, 32〉徳島市かちどき橋3-43　P
JR高徳線・牟岐線徳島駅🚶15分

蜂須賀桜が彩る武家屋敷

　瑞巌寺から北東へ500mほど行くと、新町川沿いの通りに面して高原ビル（国登録）がある。1896（明治29）年に油問屋・高原石油を創業した初代高原楠太郎の家業を継承した2代義資が、交通の利便性の高い当地に店舗を新築したものである。鈴木貞次の設計で、1932（昭和7）年に竣工した。鉄筋コンクリート造り3階建ての外壁はスクラッチタイルが貼られており、軒には岡山県産の万成石（桜御影石）が使われている。近年、「新町ボードウォーク」整備計画の一環として、新町川に向けて増築された。

　高原ビルから新町川に沿って約800m東進すると、JR牟岐線の鉄橋の際に三河家住宅（国重文）がある。ベルリン大学に留学中、関東大震災（1923年）の報に接して耐震構造の重要性を実感した医師三河義行が、帰国後、ドイツ留学経験のある建築家木内豊次郎に依頼して建築した。外観はゴシック・ルネサ

阿波富田駅周辺の史跡

三河家住宅

ンス両様式を交えた北欧風で、大理石の階段やステンドグラス、タイルなど豪華なものが多く、そのほとんどがドイツなどから輸入されたものである。そのほか、岩屋(倉庫)・外便所・門及び塀2基も、附で文化財指定を受けている。戦災を免れた近代徳島の代表的建築物である。なお、一般公開はされていない。

三河家住宅から線路沿いに南へ600mほど行くと、原田家住宅がある。明治維新後、名東県(旧阿波国・淡路国〈現、兵庫県〉・讃岐国〈現、香川県〉)の大属を

原田家住宅

つとめていた原田一平が、城下にあった邸宅や門、東御殿庭園の樹木や庭石を最後の徳島藩主蜂須賀茂韶から譲り受け、現在地に移築・復元した。主屋(国登録)は木造平入・両袖瓦葺き、下屋部は本瓦葺きで、玄関正面は壁にするなど武家屋敷特有の造りになっている。現在は、地元住民らによるボランティア団体「蜂須賀桜と武家屋敷の会」が管理している。2002(平成14)年の修理後、期間を限って一般公開されている。

金刀比羅神社 ㉔　〈M▶P.2〉徳島市勢見町1-1
088-625-3981　JR高徳線・牟岐線徳島駅🚇法花行金刀比羅下🚶すぐ

富田八幡神社の南500mほどの所にある観音寺(眞言宗)は勢見山千光院と号し、千手観音を本尊とする。初めは勝浦郡大谷(現、徳島市大谷町)にあったが、1616(元和2)年に現在地に移された。

眉山より連なる尾根の南端、勢見山(109m)の北東麓に金刀比羅神社(祭神大物主命)がある。藍商人や海上関係者の信仰が篤い。

城下を見渡す大鳥居

富田浜から文化の森、そして丈六寺へ　33

金刀比羅神社

1839(天保10)年に建てられた石灯籠は,全国に雄飛した藍商人が奉納したもので,台座に「御国産」「藍玉大坂積」「世話人大坂御蔵入賣 支配人中 石工 東新町 油屋源七 同常吉」と刻まれている。境内にある瀬戸焼の大灯籠は,1840年に焼かれたもので立派である。

金刀比羅神社の裏手にあるのが忌部神社である。阿波を開拓したといわれる忌部氏の祖天日鷲命を祭神とする。明治時代,忌部神社の社地をめぐって,吉野川市山川町の山崎忌部神社と美馬郡つるぎ町貞光西端山の忌部神社との間で論争となったが,政府は1885(明治18)年に伝承地とまったく関わりのない勢見山にあらたに忌部神社を建てることで決着をはかった。

勢見山山頂には勢見山古墳がある。通称「佐々木の抜け穴」とよばれ,現在は墳頂部に「天武天皇中宮摩耶姫命之墓」という石碑が建てられており,改変が著しい。そのため内部主体である竪穴式石室が東側で開口しており,内部が観察できる。1766(明和3)年に筒形銅器と銅鏡が出土したと報告されている。徳島出身の人類学者鳥居龍蔵も,「勢見山ハ徳島市街ノ南隅ニアル小山ニシテ,南ハ八方山ニ接シ,西ハ眉山ニ連ナリ,東北ハ海ニシテ,紀伊・淡路ノ二国,沼嶋及ビ阿波国北郡ニ面ス。其ノ風景ノ佳ナルコト徳島一,二ノ勝地ナリ」と絶賛したが,現在は市街地化が著しく,その景観は大きく異なっている。

忌部神社の石段をおり,勢見山東麓を南西へ600mほど行くと焼香庵跡に着く。通称無縁寺とよばれている。焼香庵はすぐ西にある実相寺の子院であったが,1910(明治43)年に廃庵になり,現在は墓だけが残る。藩政時代,原則として徳島城下では役者芝居の興行は禁止されていたが,この焼香庵のある二軒屋地区は城下端町として興行が許容されていた。こうしたことから,人形遣いの吉田金四

や横綱谷風を破った関取苦ケ島ら，力士や芸能者の墓も数多い。

焼香庵跡のやや西側，県立城南高校前に徳島藩の大砲鋳造所跡がある。経世学者佐藤信淵が，ここで鋳造の指導にあたったといわれている。

竹林院 ㉕
088-652-7747

〈M ▶ P.2〉徳島市八万町中津浦221　P
JR高徳線・牟岐線徳島駅🚌市原行眉山登山口🚶7分

眉山登山口バス停から北へ600mほど行くと，白壁で唐風の山門を構えた竹林院（黄檗宗）がある。京都宇治の万福寺の末寺で，1674（延宝2）年，鉄崖が竹林庵という小庵を再興したものという。鉄崖は戦国大名浅井長政の曾孫で，徳島藩筆頭家老稲田九郎兵衛家の縁者にあたり，漢詩をよくしたという。竹林院の庭園は，鉄崖の命により僧月津が作庭したものといわれており，眉山を借景にした池泉回遊式で雅趣に富んでいる。

寺宝の弁顕密二教論巻上（県文化）は，1175（承安5）年に書写されたもので，料紙は上質の斐紙を用いている。境内にある凝灰岩製の十三層塔（県文化）は，1層を欠いているが高さ4.5mにおよび，鎌倉時代の作といわれている。源義経の妾静御前の供養塔とも伝えられ，基壇の軸石の四方に密教金剛界の四仏が花文字で刻み込まれている。

竹林院から南西に800mほど行くと，丘陵上に住宅街が広がっている。この地には10基からなる恵解山古墳群が存在していたが，住宅開発のため，今ではその姿をみることはできない。出土遺物は，京都国立博物館や徳島市立考古資料館（徳島市国府町）で保管されている。

恵解山古墳群の跡地から南東方向に小丘がある。現在では住宅地が広がっており遠望は困難だが，標高24mのこの小丘が夷山城跡で，周囲には水堀跡も残る。長宗我部元親が阿波に侵攻してきたときに，一宮城（現，徳島市一宮町）の城主一宮長

唐風山門の黄檗宗寺院

竹林院の十三層塔

富田浜から文化の森，そして丈六寺へ

門守成祐と弟の一宮成祐らが謀殺された場所である。南東麓には，圓福寺(真言宗)や一宮成助の墓がある。江戸時代末期までは圓福寺に隣接して蛭子神社もあったが，1870(明治3)年に神仏分離令によって通町に移転し，事代主神社になっている。

徳島県文化の森総合公園 ㉖
088-668-1111

〈M ▶ P.2, 37〉徳島市八万町向寺山 P
JR高徳線・牟岐線徳島駅🚌市原行終点乗換え文化の森行終点🚶すぐ，
またはJR牟岐線文化の森駅🚶25分

自然と調和した文化複合施設

圓福寺から南西に向かい，県道438号線に出て園瀬橋方向に300mほど進むと，その手前の旧道沿いに八幡神社(祭神応神天皇・仁徳天皇・大己貴命)の銅の鳥居がみえる。馬場バス停前にある。藩政時代には郷士たちが，この鳥居の前で軍事調練を行っていたと伝えられている。

ここから南に進み，園瀬川を渡ると徳島県文化の森総合公園がある。当地には仕置家老長谷川氏の別邸延生軒があり，竹林院の鉄崖の筆になる「延生軒」の扁額が掲げられていたという。現在では，徳島県立図書館・徳島県立博物館・徳島県立鳥居龍蔵記念博物館・徳島県立近代美術館・徳島県立文書館，そして情報コ

徳島県文化の森総合公園

徳島県立文書館

文化の森総合公園周辺の史跡

アセンターとしての性格をもつ徳島県立21世紀館の6施設が集中する総合文化施設となっている。

徳島県立博物館には、阿波人形浄瑠璃人形頭として初代天狗久(天狗屋久吉)の作になる女房頭(政岡)・娘頭(八重垣姫)・角目頭(金藤次)(いずれも県文化)がある。また、「阿州海部住藤原氏吉」銘の脇指、徳島藩絵師守住貫魚が全国の名勝を写生した「蜂須賀家旧蔵全国名勝絵巻」10巻、同じく藩絵師渡辺広輝が12代藩主蜂須賀斉昌の祖谷視察旅行に随行した際の写生画をもとに制作した「祖谷山絵巻」2巻(いずれも県文化)、そのほか、考古遺物として徳島市安都真出土袈裟欅紋銅鐸4口や神山町東寺出土平形銅剣3口(ともに県文化)、さらに、かつて鳴門市撫養町の入浜式塩田で使用されていた製塩用具143点(国民俗)も収蔵されている。

徳島県立鳥居龍蔵記念博物館には、内モンゴルにある遼代の遺跡や徳島市城山貝塚の資料が展示されている。

宅宮神社 ㉗
088-668-0617

〈M▶P.2, 37〉 徳島市上八万町上中筋559
JR高徳線・牟岐線徳島駅🚌しらさぎ台行上八万小前🚶1分

『延喜式』にみえる古刹

向寺山の西方の小丘が寺山である。この前の園瀬橋のたもとに金剛光寺跡の碑が立つ。金剛光寺は、長宗我部氏の阿波国侵攻によって廃寺になったと伝えられ、この地からは、「永仁四(1296)年」「阿波国以西郡八万金剛光寺」の銘をもつ瓦が出土している。なお、金剛光寺の鐘は、1466(文正元)年に丹波国山国荘(現、京都市左京区花脊原地町)の大悲山峰定寺に移され、今に伝えられている。

金剛光寺跡から国道438号線を南下して県道208号線に入り、西へ700mほど行くと宅宮神社(祭神大苫辺命・稚武彦命・大年大神)がある。『延喜式』神名帳にある名方郡の「意富門麻比売神社」に比定されている。毎年8月16日に行われる神代踊は、平安時代末

富田浜から文化の森、そして丈六寺へ

期に創始されたという伝承をもつ。境内に立てられたサカキの大枝のまわりを二重三重の輪になって踊るもので、音頭が12種類ある。近在の12の傍示の氏子が輪番で奉仕する。風流踊りの系統である。

宅宮神社周辺は樋口遺跡が広がっており、弥生時代を中心とする集落跡が発見された。朱の付着した甕や鉢もみつかっており、朱の採掘遺跡である阿南市若杉山遺跡との関係も深い。また、南東の丘陵部に2基の横穴式石室からなる樋口古墳群がある。その東麓の星河内美田遺跡からは、7個の銅鐸が出土しており、徳島県では最多の銅鐸出土遺跡である。

丈六寺 ㉘

〈M▶P.2, 38〉徳島市丈六町丈領32 ℗
088-645-0034
JR高徳線・牟岐線徳島駅🚌八多・五滝行秋葉前🚶5分、またはJR牟岐線地蔵橋駅🚶40分

「阿波の法隆寺」と称される名刹

JR地蔵橋駅から南にくだり、南部中学校の西を通ると勝浦川に出る。ここから上流に向かって15分ほど歩くと丈六寺（曹洞宗）がある。「阿波の法隆寺」ともいわれる県内有数の名刹であり、白鳳時代の創建と伝えられ、阿波国守護細川成之が、金岡用兼を中興開山に招いて整備した寺院である。永禄年間（1558〜70）にも整備が進められ、江戸時代になっても蜂須賀氏の庇護を受けて伽藍整備された。

寺宝の絹本著色細川成之像（国重文）は、室町時代中期の作である。描かれた成之の姿は、しじら織の直綴に袈裟を着け、剃髪した出家姿で、長い竹杖を手にして腰掛けている。上部に「虚空広大無形段　御彩何人画得成　斯有甚深微妙手乎　須弥一点画門明」の賛があったというが、今はみえない。成之は叔父持常の跡を継いで阿波国守護となり、1462（寛正3）年からは管領代として細川宗家を支えた。成之は武将としてだけではなく、和歌・連歌・猿楽などもたしなんだという。

法名は、慈雲院殿大川道空禅師と称する。なお箱書きには、1809（文化6）年と1916（大正5）年の修

丈六寺周辺の史跡

理銘がある。

丈六寺本堂

　本堂(附 棟札1枚，国重文)は**元方丈**といわれている。仏堂である観音堂に対して「方丈」とよばれていたからである。方丈とは禅宗寺院における住持の居室を意味している。1629(寛永6)年に蜂須賀家政の寄進によって着工し，1642年に完成した。玄関は禅宗寺院のものとは異なり，住宅の玄関構えをした簡素なものである。屋根は入母屋造・本瓦葺きである。本堂の裏には，渡り廊下によって結ばれている**書院**(附棟札1枚，県文化)がある。書院部は裏山(吉田山)を取り入れた庭園に面している。当寺に残る「元禄指図」によれば，永禄年間(1558～70)にはすでに存在しており，1800(寛政12)年には改築もされている。渡り廊下には，1間(約1.8m)の唐破風の向拝が設けられている。

　三門(附棟札1枚，国重文)は，永禄年間(1558～70)に阿波国守護細川真之によって伽藍整備がなされたときに建立された。1669(寛文9)年の大改修のほか，数度の改修を受けており，1957(昭和32)年の解体修理で現在の形に整備されている。三門は鎌倉時代の禅宗寺院で始まったもので，この三門も粽柱・礎盤・火灯窓・詰組・台輪・上層木鼻・肘木などをもち，禅宗様式を基調とするが，配付垂木・擬宝珠高欄・格子戸・妻板戸などに和様が，下層木鼻には大仏様がみえ，折衷様式の建物である。

　観音堂(附棟札7枚，国重文)は，境内南西奥の墓地にある。1056(天喜4)年の造営と伝えられるが，現在の観音堂は，徳島藩2代藩主蜂須賀忠英による再建

丈六寺観音堂

富田浜から文化の森，そして丈六寺へ

丈六寺経蔵

であることが棟札より知られる。国の指定を受けて行われた1957(昭和32)年の修理で，現在の姿になっている。方1間の主屋に裳階をまわした形態にみえるが，来迎柱のみが通し柱になっており，中柱は虹梁上に立てて二重とする。ほぼ正方形の平面をもつが，屋根の勾配を違えることで寄棟造・本瓦葺きとする。「普門閣」の扁額は月舟の筆になる。月舟は新築当初の宗門の僧であることから，扁額もその頃のものであろう。堂内にまつられている木造聖観音坐像(国重文)は，左手で蓮華を取り，右手は屈臂している。ヒノキの寄木造で，内割り・彫眼・漆箔，像高は3.58mある。透彫りの舟形光背は4.4mあり，周縁部に計15軀の化仏を配する。台座は，高さ1.46mの七重蓮華座である。鎌倉時代初期の作と考えられている。

　寄棟造・本瓦葺きの経蔵〈旧僧堂〉(附棟札5枚，国重文)は，1568(永禄11)年に細川真之が僧堂として建立したもので，中央3間分(約5.5m)が土間，左右の1間分(約1.8m)が座禅のための畳敷きの座敷部分となっている。1727(享保12)年に経蔵としたときに，正面中央の向拝が撤去されたと伝えられている。現在は，内部中央の輪蔵に一切経が納められている。1644(寛永21)年の棟札に，「上棟再興僧堂」とある。

　境内には徳雲院(附棟札1枚，県文化)がある。1537(天文6)年に細川持隆が造営し，薬師如来をまつって瑠璃殿とよばれていたが，持隆死後，子の真之が永禄年間に改修した際，父の法号をとって徳雲院とした。1802(享和2)年に改築した際に「衆寮」とされた。桁行5間(約9m)・梁間5間，寄棟造である。回廊の天井には戦国時代，長宗我部元親の謀略によって，富岡城(現，阿南市富岡町)の城主新開遠江守忠之主従が討死したときについたという血天井がある。なお，三門脇には宝物館もある。

弁天山

コラム

日本一低い山に魅せられて

　丈六寺の北方約5km, JR牟岐線地蔵橋駅からは西に20分ほど歩いた所に弁天山がある。この山は標高が6.1mで, 国土地理院発行の地形図に記されている日本でもっとも低い山である。市杵島姫命を祭神とする厳島神社がまつられており, 地元の保存会では, 社殿・参道・鳥居などを整備するほか, 毎年6月に山開きをしている。近年では, 山頂結婚式を行うカップルもある。

弁天山

渋野丸山古墳 ㉙

〈M ▶ P.2, 38〉徳島市渋野町中通 P
JR高徳線・牟岐線徳島駅🚌渋野行終点🚶1分

県内最大の前方後円墳

　丈六寺の西に広がる丈六団地の住宅街を抜けると渋野町に出る。その多々羅川沿いに約1km行くと, 渋野丸山古墳(県史跡)がある。5世紀前半に築造された県内最大の前方後円墳である。前方部先端が切り崩されているため, 残存墳長は約80mだが, 2005(平成16)〜06年の徳島市教育委員会による発掘調査で, 前方部北側をのぞいて変形盾型の周濠がめぐっていることが確認され, これを含めると全長118mになる。後円部から, 草摺形埴輪・家形埴輪・円筒埴輪が出土している。

　また, 周囲には天王ノ森古墳・新宮塚古墳・マンジョ塚古墳がある。新宮塚古墳の前には, 熊野神社がある。

渋野丸山古墳

犬飼の舞台 ㉚

〈M ▶ P.2〉徳島市八多町八屋67-3 P
JR高徳線・牟岐線徳島駅🚌五滝行終点🚶7分

　五滝バス停から南に600mほど行くと, 五王神社(祭神水波能売

富田浜から文化の森, そして丈六寺へ

文化の日に人形浄瑠璃で賑わう

犬飼の舞台

神・埴山比咩神(はにやまひめ)・豊受姫神・久々能智神(くぐのち)・草野比咩神(かやの))の境内に犬飼の舞台(国民俗)がある。現在の建物は1873(明治6)年の建造で，精巧なカラクリ機構や舟底型楽屋を備えている。カラクリ用の襖絵(ふすまえ)132枚・42景分が保存されており，毎年，文化の日には保存会によって人形芝居が上演され，県内外から多くの人びとが訪れている。

五王神社の南約2kmの所に鹿の首観音(かくび)の標柱がある。ここから細い道を進むと谷川が二手に分かれるが，その左側の道を行くと，雌鴨の滝(めがも)・雄鴨の滝(おがも)，続いて御来迎の滝(ごらいごう)・布引きの滝(ぬのびき)があらわれる。さらに3kmほどで，いちばん上の象の滝にたどり着く。これらの滝を総称して，五滝とよんでいる。

五滝バス停から八多川沿いに約3km東進すると，多家良バス停に至る。その南700mほどの所には，青蓮院(しょうれんいん)(真言宗)がある。本尊の木造十一面観音立像(じゅういちめん)(県文化)は現在徳島県立博物館に収蔵されている。像高155.5cm，屈臂した左手で花瓶(びょう)をもち，右手は垂下(すいか)している。平安時代中期の作とされている。

青蓮院の南方，中津峰山北側の中腹に如意輪寺(にょいりんじ)(真言宗)がある。標高450mの地点に天保年間(1830〜44)に再建された本堂がある。本尊の木造如意輪観音坐像(ぞう)(国重文)は宋代の様式を備えており，鎌倉時代末期の作と考えられている。坐高1mを超す像で寄木造，玉眼(ぎょくがん)を用いている。如意輪寺からさらに4kmほど行くと，東山(ひがしさん)渓県立自然公園の一部にもなっている中津峰森林公園(なかつみね)に出る。

④ 松茂から北島・藍住へ

交通の要衝として都市化が進む板野郡東部地域は、勝瑞城館跡など中・近世の史跡も多い。

松茂町歴史民俗資料館・人形浄瑠璃芝居資料館 ㉛
088-699-5995

〈M ▶ P.2, 43〉板野郡松茂町広島字四番越11-1 P
JR高徳線・牟岐線徳島駅🚌鳴門線(東発または木津経由)笹木野🚶5分

笹木野バス停から西へ350mほど行くと、松茂町歴史民俗資料館・人形浄瑠璃芝居資料館がある。当資料館には、その名のとおり展示テーマが2つあり、近世の新田開発に関する民具・古文書などのほか、人形浄瑠璃芝居の木偶人形・頭・美術品・浄瑠璃本などを展示している。後者に関する展示資料の多くは、人形浄瑠璃研究家として知られた中西仁智雄が収集したものである。

松茂町歴史民俗資料館・人形浄瑠璃芝居資料館の東に、自衛隊と民間が共用する徳島飛行場(徳島空港)がある。

当地に飛行場建設が計画されたのは、1938(昭和13)年のことであった。海浜に近い松茂東部の田畑は、江戸時代以来、ひどい塩害に悩まされていた。当時の松茂村村長三木正三郎は、そうした田畑に旧軍の航空基地を誘致し、その補償金による住民の生活改善をはかったのである。1942年4月に徳島航空隊は開隊したが、戦況の悪化した1945年5月には神風特別攻撃隊(白菊隊)が配され、56人が沖縄方面に出撃し帰らぬ人となった。現在、基地内には、旧海軍関係資料を保管する徳島航空基地記念館があり、白菊隊兵士の遺品などが展示されている。記念館の見学には、見学日の2週間前までに、見学希望者の居住地最寄りの自衛隊

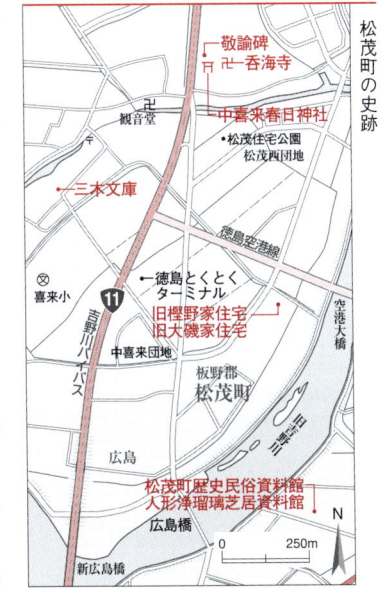

松茂町歴史民俗資料館・
人形浄瑠璃芝居資料館

地方協力本部広報担当に申し出る必要がある。

徳島航空基地正門から南東へ約150m行くと、江戸時代の新田開発ゆかりの住吉神社(祭神表筒男命ほか)がある。住吉新田は、18世紀後期、大坂の商人鴻池清助の出資により、阿波郡伊沢村(現、阿波市阿波町)出身の土木巧者、伊沢亀三郎によって干拓されたものである。当初は鴻池新田と称したが、のちに住吉神社から名を取り、住吉新田と改められた。神社境内には、「天明七(1787)年」銘の石灯籠が残る。

月見ヶ丘海浜公園 ㉜
088-699-6697

〈M▶P.2〉板野郡松茂町豊岡字山ノ手42
JR高徳線・牟岐線徳島駅🚌航空隊行終点🚶20分

土御門上皇の歌碑と三好長治終焉の地

住吉神社から飛行場の滑走路に沿って東へ進むと、紀伊水道に臨む広大な月見ヶ丘海浜公園に着く。当地、月見ヶ丘海岸は古くから

土御門上皇の歌碑

三好長治終焉の地

44　徳島・鳴門・板野・名東

観月の名所として知られ、承久の乱(1221年)後に阿波に隠遁した土御門上皇や、放浪の歌人宗祇の詠んだ短歌が今に伝わっている。公園内南東の月見の丘には、2007(平成19)年に土御門上皇の歌碑が設けられた。

海浜公園の南600mほどの所に、豊岡神社と松茂招魂社がある。戦国時代、下剋上で勝瑞城(現、藍住町)を乗っ取った三好長治が、1577(天正5)年、主君細川真之を奉ずる一宮成助らの軍勢に追われ、この地で自刃してはてた。招魂社境内が、三好長治終焉の地とされている。

豊岡神社の境内は、幕末に豊岡新田の会所(管理事務所)がおかれていた所で、新田開発の功績をたたえる豊岡開拓碑がある。

三木文庫 ㉝

〈M ▶ P. 2, 43〉板野郡松茂町中喜来字中須20-2 P
088-699-2414
JR高徳線・牟岐線徳島駅🚌鳴門行(バイパス経由)松茂
🚶5分

国・県指定もある藍と歴史民俗の資料館

松茂(徳島とくとくターミナル)バス停から北西へ300mほど行くと、三木與吉郎邸内に三木文庫がある。三木家は、江戸時代から明治時代にかけ、当地を本店、江戸(東京)を支店として家業を発展させ、関東売り藍商として成功した。三木文庫は、1954(昭和29)年、三木家が所有する古文書などの文化財を一般公開したのが始まりで、1969年に現在の本館ができた。

本館には、阿波藍に関する資料のほか、江戸の「瓦版」、本・支店間往復書簡、阿波人形浄瑠璃人形頭17点(県文化)、また本家周辺の庶民(地方)資料など、豊富な近世・近代の文化遺産が展示・保管されている。

別館として、阿波の和三盆製造用具99点(国民俗)を展示する和三盆館と、太布関係の諸道具を展示する栲布館がある。和三盆とは、江戸時代以来、板野郡西部で伝統的に生産される砂糖

三木文庫

松茂から北島・藍住へ

三木與吉郎家と三木文庫(右)

であり，高級和菓子の原料として全国に販売されている。栲布とは，楮の木の繊維で織った太布のことで，古代から阿波国の忌部氏が朝廷に献上してきた。近代以降も，即位の礼・大嘗祭に際し，忌部氏の末裔とされる木屋平(美馬市)の三木家が天皇家へ貢納した。

敬諭碑 ㉞ 〈M▶P.2, 43〉板野郡松茂町中喜来字牛飼野西ノ越30
JR高徳線・牟岐線徳島駅🚌鳴門行(バイパス経由)松茂ニュータウン南🚶5分

安政の南海大地震を記録した防災訓

　三木文庫の北東約500m，国道11号線の東側に中喜来春日神社(祭神天照皇大神ほか)と呑海寺が並び立ち，春日神社本殿の裏手に敬諭碑がある。敬諭碑は，1854(嘉永7，安政元)年11月に発生した安政の南海大地震の被災の様子を記録した石碑で，呑海寺住職夢厳観が文章を記し，当地の藍商三木與吉郎が建立した。家屋の倒壊や火災，田畑の地割れ・浸水，流言蜚語による混乱などが記され，後世に向けた防災訓になっている。

　呑海寺(臨済宗)の境内には，義民三木宗圭の墓・供養塔がある。三木宗圭は，播磨国(現，兵庫県南西部)の別所氏一族の出自と伝えられ，豊臣秀吉との合戦(三木合戦)の後，当地に落ち延びたとされる。中喜来の庄屋になった宗圭は，徳島藩の厳しい年貢の取り立てと検地に反対して刑死し，以後，「惣御先祖」として崇敬・顕彰されている。

　呑海寺の南東700mほどの所に，

敬諭碑

旧樫野家住宅 旧大磯家住宅

旧樫野家住宅と旧大磯家住宅がある。旧樫野家住宅（国登録）は，阿南市加茂谷地方から産出される石灰を商って財をなした豪商の居宅で，もと阿南市黒津地にあった。旧大磯家住宅（国登録）は，吉野川中・下流域の典型的な藍商の居宅で，もと名西郡石井町藍畑にあった。現在は，各々，結婚式場・美容院として利用されている。

三木ガーデン歴史資料館 ㉟
088-698-2407

〈M ▶ P.2〉板野郡北島町中村字本須54　P
JR高徳線・牟岐線徳島駅🚌鳴門線（東発または木津経由）老門中🚶すぐ

吉野川研究に貢献資料豊富な私設資料館

老門中バス停前に三木ガーデン歴史資料館がある。実業家三木安平が収集した古文書・古書籍・美術品・民具などを収蔵する私設資料館で，館名は同氏の事業（造園業）にちなむ。質・量ともに豊富な館蔵資料は，1990年代以降の徳島県の地域史研究（吉野川第十堰の研究・阿波人形浄瑠璃芝居の研究など）に大きく寄与している。見学には，事前に電話予約を要する。

三木ガーデン歴史資料館から県道14号線をさらに西へ4kmほど進むと，藍住町の勝瑞城館跡に至る。この手前約3km，北島郵便局の東で南北に交差し，

三木ガーデン歴史資料館

松茂から北島・藍住へ

新見嘉次郎功績碑

町のほぼ中央部を南北に貫く古い小道が、藩政期に徳島城下と淡路国(現、兵庫県淡路島)を結んだ淡路街道である。郵便局東側の交差点から街道を南へ1.3km行った鯛浜字川久保には一里松の跡があり、今は、明治時代初期の吉野川治水の功労者新見嘉次郎の功績碑が立つ。

淡路街道近傍には、イチョウ(県天然)で知られる北村の光福寺(真言宗)、木造十一面観音立像(県文化)を所蔵する中村の能満寺(真言宗)など、古社寺が多い。江尻の八幡神社(祭神応神天皇ほか)は1025(万寿2)年の創建と伝えられ、中世には勝瑞城主細川氏の祈願所であったといわれる。また、鯛浜字西中野の正通寺(真言宗)には、「宝暦五(1755)年」銘の梵鐘や弥勒菩薩の石仏、宝篋印塔などがある。

水神社 ㊱

088-698-9812

〈M ▶ P.2〉板野郡北島町鯛浜字西ノ須4-3

JR高徳線・牟岐線徳島駅🚌大麻線フジグラン前🚶すぐ

「お鯉さん」の父　多田藍香の天井絵

北島町の南端、淡路街道の渡船場跡の近くに、「鯛浜の水神さん」と親しまれている水神社(祭神水波能女命)がある。かつては秋祭りの神事競馬が有名で、2001(平成13)年に新築された旧拝殿には、騎手の頭巾絵や絵馬などの天井絵が装飾されていた。天井絵を描いた多田藍香は、近代徳島を代表する文化人の1人で、阿波踊り「よしこの」の名手多田小餘綾(通称「お鯉さん」、徳島市名誉市民)の父である。現在、水神社の天井絵は、北島町立図書館・創世ホール

水神社

の文化財展示室に収蔵されており，事前に北島町教育委員会(088-698-9812)に申し込めば見学できる。

勝瑞城館跡 ㊲

〈M▶P.2〉板野郡藍住町勝瑞字東勝地29-1ほか　P
JR高徳線勝瑞駅 🚶 10分

細川氏・三好氏の拠点　全国最大級の居館跡

JR勝瑞駅から北西へ600mほど行くと，県道14号線の北側に水堀があり，こんもり茂った見性寺の森がある。この周辺が，室町時代中後期に阿波国守護細川氏が守護所をおき，その後，三好氏が拠点とした勝瑞の地である。

現在，三好時代の遺跡が，勝瑞城館跡として国史跡に指定されている。勝瑞城跡と勝瑞館跡からなり，見性寺の森が勝瑞城跡である。東西約80m・南北約60mの方形で，周囲には幅約14mの水堀がめぐり，一部に土塁が残る。

従来，この城跡は，阿波細川氏が築いた守護所跡であり，また三好氏3代の居城跡であると考えられてきたが，1994(平成6)年から行われた発掘調査により，当地への築城は16世紀であったことが明らかになった。三好氏が土佐(現，高知県)の長宗我部氏の阿波侵攻に備えて築いた防衛拠点と考えられるが，1582(天正10)年，長宗我部元親の軍勢に攻められて落城した。

勝瑞館跡は，勝瑞城跡(見性寺の森)の南約100mに位置する。1997(平成9)年から発掘調査が行われ，館跡を囲む幅約13mの堀跡

見性寺の森(勝瑞城跡)

三好氏歴代の墓

松茂から北島・藍住へ

勝瑞義冢碑

や複数の礎石建物跡，また枯山水庭園や東西40m・南北30m以上におよぶ園池跡などが確認された。茶道具や陶磁器なども出土したことから，茶人としても高名な三好義賢(実休)の居館跡と推定される。城跡と館跡をあわせた勝瑞城館跡は，堀に囲まれた複数の曲輪が集合する複郭式の城跡で，戦国大名の居館としては全国最大級の規模である。

見性寺(臨済宗)は三好氏の菩提寺で，絹本著色三好長輝像・絹本著色三好長基像(ともに県文化，藍住町教育委員会寄託)や見性寺文書など，三好時代に遡る数多くの文化財が伝承されている。境内には，三好之長(長輝)・元長(長基)・義賢・長治ら，三好氏歴代の墓がある。また，勝瑞城と運命をともにした武将の霊を慰める勝瑞義冢碑もある。1783(天明3)年に建てられたもので，碑文は徳島藩儒那波魯堂による。

正法寺 ㊳
088-692-3298
〈M▶P.2〉板野郡藍住町矢上字西18-1 P
JR高徳線・牟岐線徳島駅 藍住線藍住役場前 10分

初代藩主の妻於虎の方をまつる

勝瑞城館跡から西へ2kmほど行くと，藍住町の中央部を北西から南東へ正法寺川が流れる。岸辺には，バラ園・公園が整備され，近傍の町役場，体育館・図書館などとともに，町の文教・健康福祉ゾーンを形成している。藍住役場前バス停から北へ750mほど行くと，川の名の由来となった正法寺(法華宗)がある。

正法寺

住吉神社

　正法寺は，中世には正岡寺という禅宗寺院であったが，徳島藩初代藩主蜂須賀至鎮の妻で，法華宗を篤く信仰していた於虎の方（法名敬台院）の帰依を受け，法華宗に改宗するとともに寺号を正法寺と改めた。
於虎の方は，織田信長・徳川家康の曾孫にあたり，1599（慶長4）年に家康の養女となり，翌年，蜂須賀至鎮に輿入れした。夫の初代藩主至鎮，嫡子の2代藩主忠英を支え，初期徳島藩政に大切な役割をはたした。正法寺御霊屋にその霊がまつられている。

　1855（安政2）年に建てられた現在の本堂は，外観こそ近世末期の標準的な様相だが，内部の柱・梁・天井は色鮮やかな装飾・絵画に彩られ，由緒にふさわしいすぐれた建築である。本堂には，室町時代の木造聖観音坐像や敬台院・忠英の母子位牌が安置されており，肖像画・寺院宛行状など貴重な寺宝を所蔵する。なかでも絹本著色敬台院像は，女性を描いた肖像画として県内最古のものである。

　正法寺の北西約800m，春日神社（祭神武甕槌命）には，樹齢1000年を超える矢上の大クス（県天然）があり，1811（文化8）年に編纂された『阿波名所図会』にも紹介されている。かつては板野郡内各所から目印にされた巨木だったが，1968（昭和43）年に台風で折れて樹高は15mほどになってしまった。参道の脇には，奈良からきたという伝説の春日の鹿の墓もある。

　正法寺から2kmほど下流には，源義経ゆかりの伝承が残る住吉神社（祭神表筒男命ほか）がある。源平合戦の際，摂津国渡辺津（現，大阪府大阪市中央区淀川河口付近）から阿波国勝浦（現，小松島市）に上陸した源義経が，讃岐国屋島（現，香川県高松市）へ進軍の途中に当社へ立ち寄り戦勝祈願したところ，2羽の白鷺があらわれ，渡河の浅瀬を案内したという。

松茂から北島・藍住へ

藍住町歴史館「藍の館」㊴
088-692-6317

〈M ▶ P.2, 52〉板野郡藍住町徳命字前須西172　P
JR高徳線勝瑞駅🚌二条・鴨島線 東中富🚶5分

繁栄を伝える藍商の館
藍染め体験もできる

藍住町一帯は，江戸時代初期から明治40年代にかけ，阿波の経済を支えた藍作りの中心地で，今でも白壁に囲まれた壮大な構えの藍商（藍師）屋敷をみかける。奥野の諏訪神社（祭神建御名方命）の玉垣には，阿波藍の繁栄を物語る藍商たちの名が多く残っており，広大な境内地を囲むさまは見事である。

藍住町歴史館「藍の館」は，こうした阿波藍と藍商に関する文化財を保存・公開する施設である。東中富バス停の東約500mの所にあり，旧藍商奥村家から町へ寄贈された奥村家住宅と，敷地内に町が新設した展示館からなる。

奥村家住宅（県文化）は豪壮な藍商の屋敷で，1808（文化5）年上棟の主屋・藍寝床（藍の加工場）・土蔵など13棟が建ち並び，江戸時代の姿をほぼそのままに伝えている。主屋と3棟の藍寝床の内部は見学でき，藍取引の様子を再現したジオラマや，阿波藍栽培加工用具一式93点（国民俗）などが展示されている。また東寝床では，藍染め体験もできる。住宅と展示館を結ぶ大門は，明治時代初期に解体された旧徳島城の門を移築したものと伝えられる。

展示館には，阿波

諏訪神社

藍住町歴史館「藍の館」展示館

藍染の着物や関係資料，奥村家ゆかりの調度品のほか，藍住町内に伝わった日本最古級の鉄兜など，珍しい歴史資料を展示している。

東中富バス停から西へ約300m行くと，若一王子神社（祭神国常立尊ほか）がある。中世，この辺りから北東に流れていた吉野川の旧河道は中富川とよばれており，一帯は，1582（天正10）年8月，土佐（現，高知県）の長宗我部元親の軍勢2万余と，勝瑞城最後の城主十河（三好）存保の軍6000余が激突した中富川の合戦の古戦場と考えられている。吉野川堤防沿いの大塚・小塚の地名は，この合戦にちなむものという。「藍の館」の南東約500m，小塚公民館の北にある王子神社（祭神堀江藤大夫ほか）は，村人たちが両軍将兵763人分の遺骨を収集してまつった所である。

「藍の館」の東約1.3kmの千光寺（真言宗）は境内一面が梅樹に覆われ，「梅の坊」ともよばれてきた。江戸時代から臥竜梅が有名で，観梅に訪れた徳島藩初代藩主蜂須賀至鎮が暗殺されそうになったという伝説がある。

奥村家住宅

松茂から北島・藍住へ

5 鳴門と板野

南海道の四国の玄関口である鳴門は四国霊場出立の地であり、鳴門・板野古墳群が遍路の人びとをみつめる。

鳴門海峡 ㊵
088-687-1330
(大鳴門橋架橋記念館)

〈M▶P.2, 54〉鳴門市鳴門町土佐泊浦字福池・字大毛 P
(鳴門公園)

JR鳴門線鳴門駅🚃鳴門公園線終点🚶5分

豪快な渦潮が彩る風光明媚な鳴門海峡

　徳島県鳴門市大毛島の北東端孫崎と、兵庫県淡路島の南西端門崎との間が鳴門海峡(鳴門、国名勝)である。紀伊水道と瀬戸内海の播磨灘とが相通ずる所であり、海峡幅は約1.3kmである。その中央より少し淡路島寄りの所に中瀬という岩礁があり、また大毛島側には、海抜25mでイブキ群落(県天然)のある飛島と、大鳴門橋の四国側主塔そばに海抜18mの裸島がある。中瀬と裸島との間が海峡の主水道で、海底の断面は最深部約91mのＶ字形の谷形を示す。

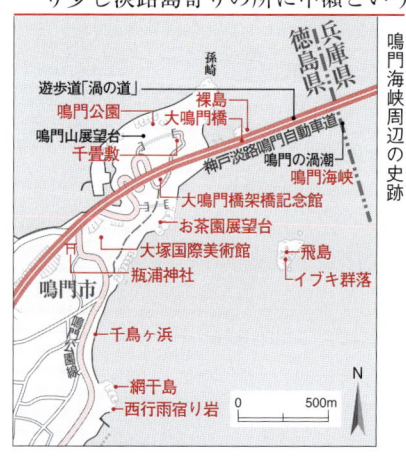

鳴門海峡周辺の史跡

　この鳴門海峡に架かる大鳴門橋は、1985(昭和60)年に完成した。全長1.6km、道路幅員30mで6車線、桁下高41m、中央径間876mの大きさで、橋の下層には、補剛桁を利用した遊歩道「渦の道」が2000(平成12)年に設置された。

　大毛島の孫崎を含む辺り一帯は鳴門公園となっており、その中心にあたる千畳敷では、鳴門海

大鳴門橋

54　徳島・鳴門・板野・名東

峡の潮流と大鳴門橋を正面から眺望できる。また，千畳敷の後ろに聳える鳴門山(99m)には展望台があり，鳴門海峡を眼下に，大鳴門橋の全景や対岸の淡路島，小豆島を始めとする瀬戸内海の島々が見渡せ，遠くは紀伊半島の山並みまで望むことができる。

　千畳敷の南側のお茶園展望台は，江戸時代，徳島藩主蜂須賀氏が茶屋を設けて観潮を楽しんだ所であり，渦潮とともに大鳴門橋の全景を斜めに眺望できる。

　お茶園展望台の近くには大鳴門橋架橋記念館(エディ)があり，270インチのハイビジョン映像で渦潮の様子が間近にみられるほか，架橋建設にかかる資料などが展示されている。また，お茶園展望台の南側には，1998(平成10)年に開館した大塚国際美術館がある。世界25カ国190余りの美術館が所蔵する西洋名画1000点余りの陶板画が展示されている。

　大塚国際美術館から南約1kmの網干島に至るまでの海岸は千鳥ヶ浜といい，吉川英治の『鳴門秘帖』の舞台となった所である。網干島は陸繋島で岩石が多く，平安時代末期の歌人西行が雨宿りをしたといわれる西行雨宿り岩がある。

　千鳥ヶ浜から北に向かうと，鳴門山南西の海岸道路沿い瓶浦神社(祭神大海龍王神ほか)がある。俗に「おかめさん」といい，古い素焼きの大瓶をまつってある。徳島藩主が創建したといわれ，雨乞いに霊験があると伝えられている。なお大毛島には，徳島藩の放牧地がおかれていた。

　大毛島から鳴門スカイインを西に進み，堀越水道を渡ると島田島に至る。西は小鳴門海峡，北は播磨灘，南はウチノ海に面する島で，面積は大毛島についで県内で2番目に大きい。島田島には古代の遺跡として，田の浦古墳群や室古墳など砂岩を用いた小規模な箱式石

ウチノ海

鳴門と板野

棺が知られている。

なお、鳴門海峡と島田島・大毛島に囲まれたウチノ海一帯は、香川県境の大坂峠とあわせて瀬戸内海国立公園に指定されている。

土佐泊城跡 ❹   〈M ▶ P.2〉鳴門市鳴門町土佐泊浦字土佐泊
JR鳴門線鳴門駅🚌鳴門公園線土佐泊🚶20分

阿波水軍の根拠地

大毛島の南端、土佐泊港から南東へ500mほど行くと土佐泊城跡がある。小鳴門水道に面し、港湾を有する典型的な海城跡である。城の遺構は、松瀬山(76m)北部の標高51mに築かれた部分と、その南東約250mの松瀬山頂上付近に築かれた部分とに分けられる。ともに北側に急斜面を配する天然の要塞である。

築城年代は不明であるが、戦国時代には、阿波水軍の総帥森筑後守元村とその子森志摩守村春の居城となっていた。

1582(天正10)年8月、長宗我部元親と戦い、三好氏は敗れたが、森村春の率いる土佐泊城のみは陥落しなかったといわれ、森水軍の名があがった。1585年6月、長宗我部元親を討つため、豊臣秀吉が軍を四国へ攻め入らせた際、大将の羽柴秀長を助けたのが森村春であった。秀吉の四国平定後、阿波は蜂須賀家政に与えられ、村春はその家臣となって徳島城下に移り、その後、土佐泊城は廃城となった。

土佐泊城跡の北麓にある潮明寺(真言宗)は、紀貫之の歌碑で名高い。935(承平5)年1月29日、土佐守の任を終えた紀貫之が、土佐から海路都へ帰る途中、この地に立ち寄った。なお、潮明寺の東には、竜宮の磯とよばれる白砂の美しい海岸がある。

土佐泊城跡

56　徳島・鳴門・板野・名東

小宰相局の墓 ㊷ 〈M▶P.2〉鳴門市鳴門町土佐泊浦字土佐泊
JR鳴門線鳴門駅🚌鳴門公園線土佐泊🚶5分

平家の悲恋物語

　土佐泊バス停で下車した後，土佐泊の港を5分ほど歩くと，小宰相局の墓に至る。小宰相局は平通盛の妻で，平家一門とともに摂津一の谷（現，兵庫県神戸市）から讃岐屋島（現，香川県高松市）に船で落ちていく途中，夫の通盛が摂津湊川（現，兵庫県神戸市）で戦死したとの知らせを聞き，その夜，鳴門の海へ入水し，19歳で亡くなったといわれている。

　墓は小鳴門海峡を見下ろす小高い丘の上にあり，「弘化三年（1846）」銘の宝篋印塔が建てられている。小宰相局が懐妊の身であったことから，お参りすると子どもを授かると伝えられている。

　小宰相局の伝承は，兵庫県神戸市と南あわじ市伊加利にもある。いずれも墓といわれる供養塔が建てられており，本当の入水地はどこかわからない。『源平盛衰記』や謡曲『通盛』にも，その悲しく哀れな物語が伝えられている。

福永家住宅 ㊸ 〈M▶P.2〉鳴門市鳴門町高島字浜中1
JR鳴門線鳴門駅🚌高島行終点🚶3分

鳴門塩田の繁栄を語り伝える

　高島バス停から西へ150mほど行くと，福永家住宅がある。江戸〜大正時代にかけて鳴門の重要産業となったのが製塩業であるが，福永家は，17世紀後半頃から当地で製塩を始めたと伝えられている。この住宅は，入浜塩田に囲まれた石垣上に屋敷地があり，北西部を居住地部分，南東部を製塩場としている。

　棟札から，主屋（附中門・家相図）は1828（文政11）年，離座敷は1832（天保3）年，土蔵（附棟札）は1833年に建てられたことが確認できる。このほかにも，江戸時代末期から明治時代初期にかけてつくられた納屋・塩納屋・薪納屋や製塩施設が今も残されており，

福永家住宅

鳴門と板野

当地方で隆盛をきわめた塩業の歴史を具体的にみることができる。

以上 6 棟は宅地・塩田を含めて1976(昭和51)年に国の重要文化財に指定され，発掘調査などを踏まえて，1980年から 3 年をかけて復元修理が行われた。

阿波井神社 ㊹

〈M ▶ P.2〉鳴門市瀬戸町 堂浦字阿波井56
JR鳴門線鳴門駅🚌北泊線堂浦🚏阿波井🚶すぐ

海を渡る御輿

堂浦バス停で降り，渡船に乗り換えて対岸を眺めると，小鳴門海峡を望む島田島の一角に，「あおいさん」の名で親しまれている阿波井神社(祭神 天 太 玉 命 ほか)がある。堂浦の地名は堂の浦にあたる村という。

阿波井神社の祭礼は，御輿が海峡を渡る水中渡御(現在は船を使う)を始めとして，餅投げ・音頭だし・船だんじり・厄よけ天狗など，バラエティーに富んだ行事で有名である。10月 9 日から始まる秋祭りは，16日の本祭で最高潮となる。

堂浦バス停の北200mほどの所にある吉祥寺(真言宗)は，阿波井神社の別当寺であった。境内脇の墓地には百人流れ供養塔がある。1821(文政 4)年，紀州(現，和歌山県)の印南沖へ出漁中に集団遭難した漁師106人の追善供養のために，同年建立された宝篋印塔である。

日出遺跡 ㊺

〈M ▶ P.2〉鳴門市瀬戸町堂浦字大日出
JR鳴門線鳴門駅🚌鳴門公園線日出🚶5 分

海村の生活を伝える遺跡

堂浦の北西約1.5kmの日出湾岸日出神社の南，鳴門スカイラインに沿った山裾に日出遺跡がある。1967(昭和42)年の発掘調査により，隅丸方形の住居跡 2 軒，厚さ30cmの灰原が検出され，海岸に面した自然の礫堤上で，製塩が行われていたと考えられる。

日出遺跡の北西の山塊斜面には日出古墳群がある。横穴式石室や箱式石棺をもつ，5 世紀末から 6 世紀頃の古墳 5 基が確認されている。日出遺跡の製塩集団によって築造されたものとみられ，海村での生産空間と墓域のあり方を示す貴重な資料となっている。

葛城口バス停から農道を 1 kmほど山手の方へ歩くと，目の神様葛城神社(祭神一言主命)，通称「葛城さん」に着く。

毎年11月 5 日の祭りは，近郊一円から集まる大勢の参詣客で賑わ

う。この祭りの特色は、大毛槍を空中でやりとりする「おねり」や獅子舞である。

撫養城跡 ㊻

〈M▶P.2, 60〉鳴門市撫養町林崎字北殿 P
JR鳴門線鳴門駅 🚶20分

小鳴門海峡を見下ろす城

　JR鳴門駅から撫養川に架かる文明橋を渡り、まっすぐ東へ進むと妙見山公園に着く。その頂上が撫養城(岡崎城)跡である。妙見山は標高約62mの小山だが、阿波の玄関口である撫養港を見下ろす位置にあり、また、小鳴門海峡と紀伊水道を見渡すことができる。南は断層崖に面し、北西から北にかけても急斜面となっており、徳島県立鳥居記念博物館のあった山頂部の平地に本丸、その北側の妙見神社境内地に二の丸、さらにその東方の千畳敷とよばれる平地に三の丸を構えていたと考えられる。

　撫養城は、戦国時代に小笠原将監の居城として築かれたと伝えられている。その後、三好氏の家臣四宮氏、さらに長宗我部元親の阿波平定後はその家臣である真下氏が居城した。1585(天正13)年、蜂須賀家政が阿波へ入国した際には、領内北東の押さえの城として大改築が加えられ、家臣の益田内膳正正忠に兵300を配して守らせた。いわゆる阿波九城の1つであるが、1638(寛永15)年、一国一城令で廃城になった。

　撫養城跡東方の山には、室町幕府10代将軍足利義稙の墓とされる将軍塚がある。義稙は、細川高国に追われて淡路島へ、さらに撫養へと逃げ、1523(大永3)年この地で没したといわれている。また、14代将軍足利義栄も織田信長に追われて撫養で亡くなったことが、『足利季世記』に載っている。

　妙見神社(祭神天御中主神・事代主命)は、1830(天保元)年、旧城主四宮氏の子孫四宮三郎左衛門らが再興したもので、裏の石垣は撫養城の石垣の転用とみ

妙見山

鳴門と板野

妙見山周辺の史跡

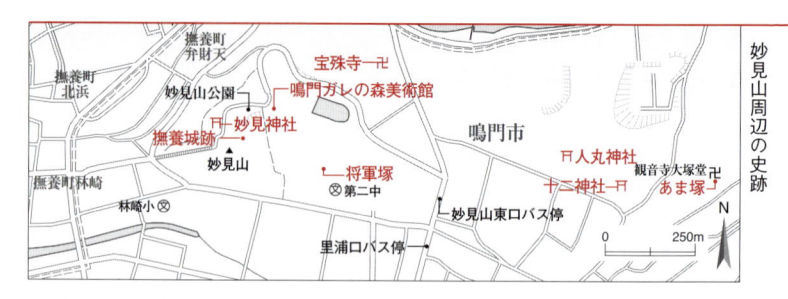

られる。麓の石造大鳥居の柱は周囲約3mもあり、左右の柱それぞれに「天下泰平　国家安穏」「海上無難　諸願成就」と刻まれている。銘文から、1831年、撫養の豪商近藤利兵衛と近江(現、滋賀県)や陸奥(現、青森・岩手・宮城・福島県全域と秋田県の一部)の商人によって建立されたことがわかる。当時は、撫養の港が隆盛をきわめた時代で、この地方の豪商と、北海道から沖縄までを股にかけて市場を開拓した近江商人とのつながりを示す貴重な鳥居である。

　妙見山は昔からサクラの名所で、春ともなれば、近在からの花見客で賑わう。その山頂に、1965(昭和40)年3月、徳島出身で世界的に著名な人類学者鳥居龍蔵を顕彰するために、徳島県が地元鳴門市の協力を得て建設したのが、徳島県立鳥居記念博物館である。博物館は、この地に撫養城が立っていたことにちなみ、外観が天守閣様式とする4階建ての鉄筋コンクリート造り、館内には、鳥居博士の生涯にわたる調査研究物などの関係資料を展示していたが、2010(平成22)年3月に閉館となり、同年11月3日に、徳島市八万町にある徳島県文化の森総合公園に新しく徳島県立鳥居龍蔵記念博物館として移転開館された。

　妙見神社の東麓には鳴門ガレの森美術館があり、19世紀フランスのガラス工芸家エミール・ガレの作品などが展示されている。

十二神社　㊼　〈M▶P.2, 60〉　鳴門市里浦町里浦字坂田413　P
088-685-4807　　　　　　　JR鳴門線鳴門駅🚌粟津線妙見山東口🚶15分

勇敢な蜑夫を語り伝える

　妙見山東口バス停から、東に500mほど行くと十二神社がある。当地方に古くからまつられている天神社や八幡宮などの12の社を、1907(明治40)年に合祀したものである。毎年11月3日の秋祭りには「おねり」が行われる。
　境内には蜑井の碑が立っている。この碑は、モモの種子ほどもあ

る真珠をもった大アワビを海底から獲って浮かびあがると同時に息絶えた伝説上の勇敢な若者男狭磯をたたえて，1834（天保5）年，撫養の豪商近藤利兵衛が建てたものである。境内には，海士が使用したといわれる蜑の井戸や蜑屋敷跡，男狭磯の墓もある。

十二神社の西150mほどの所にある人丸神社は，万葉の歌人柿本人麻呂をまつった社で，島根県益田・兵庫県明石の社とともに，日本三社の1つといわれる。

十二神社から北へ約300m，里浦北東の城ヵ峰西麓にあま（尼）塚がある。里浦は『枕草子』の作者清少納言の父清原元輔の領地があったことから，清少納言の墓があることで有名であるが，承久の乱（1221年）で四国へ流された土御門上皇の火葬塚，すなわち天塚，さらに十二神社に碑のある里浦の海士男狭磯の海士塚説もある。堂の中には，元禄年間（1688～1704）のものと伝えられる花崗岩製の宝篋印塔がある。

十二神社から北西へ700mほど行くと，「岡崎のお薬師さん」として親しまれている宝殊寺（真言宗）がある。本尊の木造薬師如来坐像（県文化）は像高56cm，クス材寄木造で，室町時代末期の作である。境内庭園の池畔には，松尾芭蕉の句碑「蠣よりは海苔をば老の売もせで」が立っている。

多智花家住宅・花乃春酒造 ㊽
088-686-2008

〈M ▶ P.2〉鳴門市撫養町斎田字浜端105-3・105-1
JR鳴門線鳴門駅🚶15分

映画「阿波DANCE」のロケ地になった老舗

JR鳴門駅から，西へ450mほど行き右折，北進すると，県立鳴門高校の北隣に多智花家住宅がある。多智花家は，1814（文化11）年に花乃春酒造として創業した。

多智花家住宅主屋は，木造2階建て入母屋造・本瓦葺きで，主屋の背面にある土蔵は，2階建て切妻造・本瓦葺き，壁は漆喰仕上げで，腰は南京下見板となっている。正門には，高さ2.2mの花崗岩製の門柱一対を配しており，コーナー部幅3cmほどを切り欠き，中間部をこぶ出しとする「江戸切」仕上げとし，その左右に取り付く塀は，鉄筋コンクリートの洗い出し仕上げとなっている。

主屋の東側に立つ精米蔵は，木造平屋建て切妻造・本瓦葺きの建

絹本著色千手観音像

物で，内部壁面には1尺(30cm)ごとに荷摺りを立てる。仕込蔵は木造2階建て，切妻造・本瓦葺きの南北に下屋を設ており，南妻面に「清酒花乃春」の看板をみることができる。仕込蔵南面の瓶詰蔵は，木造平屋建てで桟瓦を葺く。いずれも国の登録有形文化財である。

花乃春酒造の南西250mほどの所には，地元の人びとに「しょうこあん」として親しまれている正興寺(真言宗)がある。寺宝の絹本著色千手観音像(県文化)は縦111.9cm・横51.3cmで，鎌倉時代の作である。

長谷寺 ㊺
088-686-2450
〈M▶P.2〉鳴門市撫養町木津字居屋敷 P
JR鳴門線金比羅前 🚶2分

駅路寺として街道をみはる

JR金比羅前駅の北側に長谷寺(真言宗)がある。1480(文明12)年の創建で，藩政時代の駅路寺として，また北隣にある木津の金刀比羅神社の別当寺として栄えた。駅路寺は，徳島藩が指定した8宿泊寺のことで，旅人の保護と監視をする役目をしていた。このため，駅路寺には寺領10石を与えていた。長谷寺にはこの文書が保存されている。本尊の木造十一面観世音菩薩立像は，奈良県桜井市の長谷寺の本尊と同木同体といわれる。境内の大イチョウは樹齢500年，船つなぎの木という言い伝えがある。

金刀比羅神社(祭神大物主命・猿田彦命)の祭礼で，毎年11月15日に行われる

長谷寺

62　徳島・鳴門・板野・名東

宇佐八幡神社のお御供

コラム 行

300年の伝統行事

　鳴門市撫養町斎田の宇佐八幡神社(祭神応神天皇・仲哀天皇・神功皇后)の祭礼行事のお御供(県民俗)は，1689(元禄2)年から続く貴重な神事である。

　お御供は，毎年旧暦の9月13日夜半に，1組およそ5戸の当番家からなる当家13組の氏子中から選ばれた老若男女が，法螺貝を吹き，鉦を鳴らし，太鼓を打ちつつ道中を練り歩く。高張り提灯を先頭に御幣を捧げた大当の家の主人や供物箱をもつ男衆，さらに留袖を着た女性，晴れ着の女の子らが行列をつくって八幡神社に行く。

　社殿に着くと，若嫁らが「はんぼ」という曲げ物に入れた供物を頭上におしいただいて奥殿に進み，神前に供えてさがる。その間，男性は社殿の右側に座ってかしこまるのみで，奥殿へ入ることは一歩たりとも許されない。供物は，甘酒・清酒・鏡餅・おこわなど，五穀豊穣を祝うものばかりである。この神事に参加すれば，子宝に霊験あらたかと信じられ，行列は賑わう。

奉納相撲は，『阿波名所図会』にも載る伝統的な行事である。

　金比羅駅前から旧撫養街道を東へ500mほど行くと市杵島姫神社(祭神市杵島比売命)がある。通称「弁天さん」とよばれているが，境内に木津神の浦の碑がある。『後拾遺和歌集』に収められている平安時代後期の阿波国司藤原基房の歌，「こつかみの浦に年へてよる波も　同じところにかへるなりけり」が刻まれている。

　木津の「津」は港(湊)の意で，この時代は木津のこの辺りまで海が迫り，波が打ち寄せていたのであろう。和泉砂岩製の碑は，1849(嘉永2)年に地元の有志が建てたものである。風化がひどく，歌の文字も判読できなくなったため，1974(昭和49)年に市費を投じて新しい碑が建てられ，現在は新旧の歌碑が並んでいる。また，境内の大ウバメガシは，市内最古の老樹といわれている。

木津城跡 ㊿

〈M▶P.2〉鳴門市撫養町木津
JR鳴門線教会前駅 徒歩5分

戦国合戦攻防の跡

　JR教会前駅のすぐ北側に立つ天理教撫養大教会の裏手，標高64mの独立した小山に木津城跡がある。木津城の正確な築城時期は不明だが，永禄〜天正年間(1558〜92)には，小笠原氏一族の篠原肥前守自遁が居城とした。篠原自遁は，三好長慶没後の畿内三好政

鳴門と板野　63

木津城跡

権を支えた篠原長房と同族と伝えられる阿波三好氏の重臣であり、三好長治没後は自立の動きをみせたが、その後、新しく勝瑞城(現、藍住町)の城主となった十河(三好)存保に従った。しかし、1582(天正10)年、長宗我部元親の勝瑞城攻めの直後に淡路(現、兵庫県淡路島)に敗走、長宗我部元親は当城を修築し、早くから元親の軍門に降っていた阿波桑野城(現、阿南市桑野町)の城主東条関之兵衛にこれを守らせた。1585(天正13)年7月、豊臣秀吉による四国征討に際して、当城は淡路方面からの軍勢に対する最初の防御線と位置づけられていたが、大軍の前に10日間ほどの籠城の後、和議により城を開け、東条氏は土佐(現、高知県)へ退いた。木津城はすぐ廃城になったと考えられる。

大代古墳 ㉛

〈M ▶ P.2〉鳴門市大津町大代字日開谷
JR鳴門線教会前駅 🚶30分

讃岐との交流を示す

JR教会前駅から北西へ300mほど行くと、阿讃(讃岐)山脈南麓の標高43mの尾根上に大代古墳(県史跡)がある。自然地形を利用した全長約54mの前方後円墳で、4世紀後葉の築造と考えられる。墳丘は前方部2段、後円部は推定3段の構造であり、葺石・列石をもち、円筒埴輪や形象埴輪が立てられていた。

また、多くの副葬品が出土しており、なかでも長方板革綴短甲は、この形式

大代古墳

徳島・鳴門・板野・名東

鳴門・板野古墳群

コラム

前方後円墳の起源要素を示す首長墳

　鳴門市大麻町の山地の麓には，弥生時代終末期から古墳時代前期にかけて，前方後円墳を核とした首長墳が集中する。国登録有形文化財の大谷焼本山窯があるすぐ西の尾根上に築成された西山谷2号墳（竪穴式石室は徳島県立埋蔵文化財総合センターに移設），鳴門市立大麻中学校に接する尾根上の池谷宝幢寺古墳（県史跡），さらに西の尾根で，県道12号線池谷トンネル上にある天河別神社古墳群（6基，県史跡），池谷トンネルから2つ西の尾根に位置する萩原1号墓（消滅）・2号墓がそれである。これらに加え，阿讃山脈東南端に位置する鳴門市大津町の大代古墳（県史跡）と板野郡板野町川端の愛宕山古墳（県史跡）を含めた首長墳を総称して，鳴門・板野古墳群とよんでいる。

　このうち萩原1・2号墓は，2世紀末～3世紀初頭に構築された全国最古の突出部をもつ円形の積石墳丘墓で，いずれも円丘部中央に木棺を安置する木槨を設置している。木槨外周に結晶片岩の囲み壁とその外に河原石積みの石槨を配したもので，奈良県桜井市のホケノ山古墳の石囲い木槨の起源要素を備えたものとして注目されている。

　発掘調査で埋葬施設が判明した西山谷2号墳，天河別神社1・2号墳，愛宕山古墳・大代古墳は，いずれも結晶片岩板石積みの竪穴式石室を構築しており，鮎喰川産の土器（東阿波型土器）を供献するなど，鮎喰川西岸に位置する気延山古墳群（徳島市）との親縁性を示している。3世紀半ばの西山谷2号墳は全国最古級の竪穴式石室であり，石室外周に，萩原1・2号墓に類似した一種の囲い壁をつくっている。積石木槨から竪穴式石室の成立を考えるうえで興味深い。

　近年，東阿波型土器が大和・河内地域の枢要遺跡から相当量出土することをふまえ，大阪府茨木市の将軍山古墳や紫金山古墳，高槻市の闘鶏山古墳を始めとする摂津・北河内地域に点在する結晶片岩板石積みの竪穴式石室について，その用材や石室構築技術が，阿波地域から提供されたとみる説が定着しつつある。

　鳴門・板野古墳群には中国製の銅鏡の副葬が顕著だが，水上交通による対外交渉をになった首長層の性格を反映したものとみられる。また大代古墳では，香川県さぬき市火山産凝灰岩の刳抜式石棺を導入していることから，香川県津田湾岸の首長群との同盟関係がうかがわれる。畿内地域に認められる火山石の石棺と結晶片岩積み竪穴式石室の構成スタイルにも，この地の首長層が関与していたことを示すものであろう。

鳴門と板野

としては最古式のもので、県内初の出土例となる。さらに、白色凝灰岩(ぎょうかいがん)製の舟形石棺も、古墳時代の石棺としては県内初の出土例であった。

この舟形石棺の石材は、香川県さぬき市の火山(ひやま)産とみられ、香川県の津田(つだ)湾から海上ルートで、約40km東に位置する鳴門まで運ばれてきたと推定されている。

森崎貝塚(もりさきかいづか) ㊽ 〈M▶P.2〉鳴門市大麻町(おおあさちょう)大谷字森崎(おおたにあざもりさき)2-1, 3-1
JR鳴門線阿波大谷駅🚶15分

※縄文時代中・後期の遺跡 海陸の境界に位置する

JR阿波大谷駅から東へ約800m行くと、大谷川の東に形成された自然堤防上に森崎貝塚(県史跡)がある。この貝塚は、1970(昭和45)年、宅地造成中に発見され、翌年発掘調査が行われた。その結果、3層の貝層が認められるとともに、出土した土器から縄文時代の中期から後期にかけての貝塚であることがわかった。貝塚からはハマグリ・アサリ・ハイガイなどの貝殻とともに、石器や骨角器(こっかくき)、クロダイ・イルカなどの魚骨、イノシシ・シカの獣骨が確認され、当時の食生活の様子を知ることができる。

原始・古代の鳴門は、紀伊(きい)水道の砂浜海岸が未発達の形態で、現在の板野町(いたのちょう)付近まで海が迫っていたとみられているが、この貝塚の南側から土地が低くなり、その先は低湿地となっていることから、ちょうどここが、当時の陸と海の境目であったと考えられる。

のちの古代官道(かんどう)の1つである南海道(なんかいどう)の石園(いその)(石濃)駅は森崎貝塚の西にあったとみられるが、ここは、海上・陸上交通との交流点で、当時の畿内(きない)と阿波(あわ)・讃岐(さぬき)(現、香川県)を結ぶ重要な場所であった。

東林院(とうりんいん) ㊾ 〈M▶P.2〉鳴門市大麻町大谷字山田(やまだ)59 Ⓟ
088-689-0053　JR鳴門線阿波大谷駅🚶10分

※四国霊場一番札所の奥の院

JR阿波大谷駅の北西約600m、近くに大谷焼の窯元(かまもと)が並ぶ県道12号線の北側に八葉山神宮寺(はちようさんじんぐうじ)東林院(高野山真言宗(こうやさん))がある。737(天平(てんぴょう)9)年に行基(ぎょうき)が開いたと伝えられる。室町時代末期には三好氏に保護され、16の末寺をもつとともに、寺領12貫文(かんもん)・寺屋敷1町(ちょう)余と山林が与えられていた。その後、長宗我部氏の侵攻により伽藍(がらん)を焼失したが、慶長(けいちょう)年間(1596〜1615)、秀範(しゅうはん)により中興されて再び隆盛に向かい、9つの末寺をもつ中本寺として栄えた。

徳島・鳴門・板野・名東

大谷焼の里

コラム

深い味わいのある陶器

　毎年11月の第2土・日曜日には、鳴門市大麻町大谷の東林院で大谷焼窯まつりが開かれ、県内外から訪れる多くの人で賑わっている。

　大谷焼は、1780(安永9)年に、豊後国(現、大分県中部・南部)のやきもの職人文右衛門によって伝えられたといわれている。一時、徳島藩の藩窯が築かれたこともあったが、すぐに廃止され、その後は民窯として、地元の人びとの手で200年以上にわたりその技が受け継がれてきた。現在、窯元では旧来の甕・鉢のほか、食器・美術工芸などの製作を行っている。土は地元大麻町萩原の粘土を用いているが、この土は粘り気があり鉄分を含むため、大谷焼は備前焼と同じような濃い茶色に仕上がり、藍甕や水甕のような大物陶器が多く焼かれている。

　巨大な甕は、大谷焼独自の製法「寝ろくろ」によってつくられる。巨大な甕の場合には、作業が進むと一人でろくろ回しと成形が同時にできなくなるため、一人が横に寝てろくろを足で蹴り、もう一人が踏み台の上で器を成形するという方法である。

　なお、焼成に使われてきた大谷焼元山窯(旧納田丈五郎窯)・元山窯水簸場、森窯登窯、大西窯登窯・作業場・収納庫・石垣が、2002(平成14)・2003年に国の登録有形文化財となり、一般公開されている。

寝ろくろ　　　　　　　　　登窯

　東林院は、四国霊場1番札所霊山寺の奥の院であり、寺宝の木造弥勒菩薩坐像(国重文)・絹本著色阿弥陀尊来迎図(県文化)は、鎌倉時代の作である。

　東林寺に北接する宇志比古神社(祭神宇志比古尊)は、かつて当地に京都石清水八幡宮の荘園があったことで、八幡宮が勧請されたものと考えられる。本殿(附棟札9枚、国重文)は、棟札から、1599

鳴門と板野　67

東林院木造弥勒菩薩坐像

宇志比古神社本殿

(慶長4)年に建てられ、1635(寛永12)年と1704(宝永元)年に修理されたことがわかる。建築年代が明確な、県内最古の神社建築として貴重な存在である。

本家松浦酒造場 54
088-689-1110

〈M ▶ P.2〉鳴門市大麻町池谷字柳の本19・字大石10

JR鳴門線阿波大谷駅 🚶 5分

旧街道の風情をかもし出す酒蔵

　JR阿波大谷駅から西へ向かい大谷川を渡ると、撫養街道に面して本家松浦酒造場がある。屋号「紙屋」の松浦家は、江戸時代に藍商と廻船業で財をなし、1804(文化元)年に2代松浦直蔵由往が酒醸造業を開始し、1886(明治19)年、「鳴門鯛」の登録商標が認可された名家である。

　町屋風の長屋門は、木造(一部土蔵造)つし造り2階建て、部屋は溜場、つしは女中部屋として使用された。東酒蔵・西酒蔵と仲酒蔵は切妻造妻入・本瓦葺きで、長屋門の西方に3棟が並立する。すべて土蔵造で、腰は風雨などから壁を保護する目張りとし、街道に面して連続する三角形の白漆喰塗りの妻面は、リズミカルで街道の景観に寄与している。土蔵造平屋建ての精米蔵は、道路を挟んで対面して立つ。屋根は切妻造・錣葺きの本瓦葺きで、ほぼ中央に越屋根を設け、正面壁には漆喰の鏝絵で「鳴門鯛精米所」と描く。精米蔵は1907年頃、そのほかの4棟は江戸時代後半に建てられた。

　本家松浦酒造場の多くの蔵と長屋門は町並みに溶け込み、風情を

漂わせる貴重な建物群であり，いずれも国の登録有形文化財となっている。

土御門帝火葬塚 (55)

088-689-0024(阿波神社)

〈M ► P. 2〉鳴門市大麻町池谷字大石87 P
JR高徳線・鳴門線池谷駅🚶10分

承久の乱の悲劇が語られる塚

JR池谷駅から北東へ800mほど行くと，土御門帝火葬塚と阿波神社がある。1940(昭和15年)，徳島県は紀元2600年の記念事業として，土御門上皇を祭神とする阿波神社の造営を決定。もともとあった村社の丸山神社を改称し，県民挙げての勤労奉仕で1943年10月に竣工，県社となった。

土御門上皇は，承久の乱(1221年)後，土佐国(現，高知県)に流され，さらに阿波国に移って37歳で崩御したといわれている。火葬所については諸説があるが，阿波神社西方に位置する塚は，1869(明治２)年に徳島藩14代藩主蜂須賀茂韶が陵墓と決め，1872年に宮内省が再決定して火葬塚となったものである。

光勝院 (56)

〈M ► P. 2, 71〉鳴門市大麻町萩原字東山田134 P
JR鳴門線鳴門駅🚌大麻線光勝院前🚶3分，またはJR高徳線板東駅🚶15分

守護細川氏の由緒を伝える

バス停から北へ200mほど行くと光勝院(臨済宗)がある。室町時代の阿波国守護細川頼春の菩提寺で，開山は名僧夢窓国師と伝えられる。細川頼春の墓は，高さ２m余りの花崗岩製で，1352(観応３)年に楠木正儀の軍と戦い戦死した頼春のため，長子頼之が建てたものである。墓の正面に「指館光勝院前讃州太守祐繁宝側大居士神儀」，裏面には「清和天皇十六代後胤細川刑部大輔讃岐守 源朝臣頼春」と刻まれている。

1981(昭和56)年，県教育委員会により光勝院寺内遺跡の発掘が行われた。多くの須恵器や土師器が出土し，弥生時代中期から奈良時代にかけての先人の生活を知る貴重な資料となった。

大麻比古神社 (57)

088-689-1212

〈M ► P. 2, 71〉鳴門市大麻町板東字広塚13 P
JR高徳線板東駅🚶20分

阿波国一宮の名刹

JR板東駅から北西へ向かい，板東郵便局の先で右折して門前町を北へ1.5kmほど行くと，阿波一の宮と称される大麻比古神社(祭神大麻比古命・猿田彦命)に着く。『延喜式』式内社であり，地元の

ドイツ橋

人びとには「おあさはん」の名で親しまれている。祭神の大麻比古命は、天照大神（あまてらすおおみかみ）の岩戸隠れのとき、サカキの木に玉・鏡・麻をかけて大玉串（おおたまぐし）をつくり、大神を招いた天太玉命（あめのふとだま）の別名といわれ、殖産の神とされる。猿田彦命は、天孫降臨のとき、日向国（ひゅうが）（現、宮崎県）へ先導した神である。このため、当社は交通安全の守り神として名高い。

境内の奥には、第一次世界大戦で俘虜（ふりょ）となったドイツ兵がつくったドイツ橋（附標柱、県史跡）やメガネ橋がある。

鳴門市ドイツ館 ㊹
088-689-0099

〈M▶P.2,71〉鳴門市大麻町桧字東山田55-2 P
JR高徳線板東駅 🚶20分

ドイツとの友好を示す戦争遺跡

JR板東駅の北西約1kmの所にドイツ村公園がある。ここは、第一次世界大戦の際、中国の青島（チンタオ）で俘虜となったドイツ兵のうち、およそ1000人が大麻山麓の板東俘虜収容所に集められ、1917（大正6）年から約3年間を過ごした。この間、敵味方を超えた人間愛と友情が芽生え、ドイツ文化の数々が板東の住民に伝えられた。

俘虜たちは、乳牛の飼育とミルク・バターの製法、キャベツ・トマト・タマネギなどの当時は珍しい蔬菜類（そさい）の栽培法などを農家に教えた。また、音楽好きの彼らは楽団をつくり、民家の軒先を借りた急ごしらえの野外ステージで、ベートーヴェンの第九を演奏したり、近くの霊山寺の境内で美術展覧会を開いたりした。第九の演奏は

船本家牧舎

70　徳島・鳴門・板野・名東

本邦初演といわれている。

　こうした歴史を記念し，収容所跡の北方約700mの所に，日独親善友好の架け橋として鳴門市ドイツ館が建設され，1972（昭和47）年5月に落成したが，手狭になったため，1993（平成5）年10月，隣に新館が設けられた。館内には，収容所での俘虜たちの生活を撮った写真，収容所内で発行された新聞『Die Baracke（ディ バラッケ）』や雑誌，大谷焼の陶器・手製のボーリング玉・木工品などが展示されている。

　ドイツ館の周辺には，収容所時代の建物が幾つか現存している。野神ノ北の船本家牧舎（旧富田畜産部牧舎）は，当時，ドイツ人俘虜の酪農の技術をもとに，乳牛や豚の飼育と加工を本格的に始めようとしていた富田製薬が建てたものである。設計は俘虜で建築技師のシュラーダーが担当し，地元の大工・左官，俘虜らが協力した。建物は，南に面して鉤型（かぎ）になった2階建てとなっている，1階はレンガ造りで北側には薫蒸窯（くんじょうがま）がある。2階は木造で，大屋根のトラス上部に越屋根（こし）をつけるなど，当時は近代的な建物として脚光を浴びた。鳴門市賀川豊彦記念館は，この建物がモデルになっている。また，俘虜収容施設（バラッケ）は，第二次世界大戦後に引き揚げ者住宅として使用されたが，その後，一部が民間に買い取られ，移築・改造後，牛舎などとして使用されてきた。椎尾谷の安藝家（あき）バラッケ，道の駅「第九の里」内の柿本家（かきもとけ）バラッケは，船本家牧舎とともに，2004（平成16）年に国の登録有形文化財となっている。

鳴門市賀川豊彦記念館（なるとしかがわとよひこきねんかん）㊾
088-689-5050

〈M▶P.2, 71〉鳴門市大麻町桧字東山田50-2
P
JR高徳線板東駅🚶20分

鳴門市ドイツ館周辺の史跡

徳島が生んだ人道主義者を顕彰

　鳴門市ドイツ館のすぐ南側には鳴門市賀川豊彦記念館がある。大正・昭和時代のキリスト教社会運動家賀川豊彦の業績を顕彰するた

鳴門と板野　71

賀川豊彦

め、鳴門市民・徳島県民はもとより全国から寄付が集められ、2002(平成14)年3月にオープンした。

　賀川豊彦は、1888(明治21)年に兵庫県神戸で生まれた。幼くして両親に先立たれ、4歳から16歳までの間、父の郷里である旧吉野川畔の板野郡東馬詰村(現、鳴門市大麻町東馬詰)で過ごした。旧制徳島中学校、さらに明治学院高等部・神戸神学校で学んだ後、アメリカのプリンストン大学・神学校へ留学した。農民運動・協同組合運動にも尽力し、愛を説く協調主義的立場から活躍した。海外での講演活動や著書も多く、第二次世界大戦後は、世界連邦国家運動に参加した。

霊山寺と極楽寺 ⑩ ⑪
088-689-1111 / 088-689-1112

〈M▶P.2, 71〉鳴門市大麻町板東字塚鼻126 P／桧字ダンノ上12 P
JR高徳線板東駅🚶10分／JR高徳線阿波川端駅🚶15分

四国霊場発願の地

　空海(弘法大師)の開基といわれる四国霊場のうち、1番札所と2番札所が鳴門市内にある。

　JR板東駅の北800mほどの所に、1番札所の霊山寺(真言宗)がある。大麻比古神社の別当寺として、また、徳島藩主蜂須賀氏の祈願所として高5石を寄進されてきた。山門をくぐると左手に、22mの高さを誇る多宝塔がある。1819(文政2)年、18世霊瑞の発願で、その後、数代の和尚の手を経て、1885(明治18)年23世英峰のとき、ようやく完成したという。

　霊山寺から県道12号線を西へ1kmほど行くと、2番札所極楽寺(真言宗)がある。本尊は木造阿弥陀如来坐像(国重文)で、像高84cm、鎌倉時代の名作の1つである。境内から平安時代後半の八葉弁蓮華文鐙瓦が出土している。天正年間(1573～92)、長宗我部氏の侵入により灰燼に帰し、現在の本堂は、1659(万治2)年の再建

極楽寺木造阿弥陀如来坐像

といわれている。境内にある長命杉(ちょうめい)は弘法大師の手植えと伝えられ，安産祈願の参詣者(さんけい)が多い。絹本著色両界曼陀羅(りょうかいまんだら)双幅(そうふく)(県文化)は，両図とも金泥を豊富に使ったきわめて細密な描写であり，南北朝時代の作とみられる。

❻ 郡頭から和三盆の郷へ

讃岐街道と撫養街道が交わる古代南海道以来の交通の要衝，そして和三盆・藍作の伝統を受け継ぐ地域。

金泉寺 ❷
088-672-1087
〈M ▶ P.2, 75〉板野郡板野町 大寺字亀山下66 P
JR高徳線板野駅 🚶10分

弘法大師伝承と義経伝説が残る

　鳴門市から県道12号線(撫養街道)を西進し板野郡板野町に入った所に，JR高徳線阿波川端駅がある。駅の北側正面，諏訪神社の裏山には諏訪神社古墳がある。結晶片岩を用いた箱式石棺で，長側石が一部露出している。この西側尾根に板野の愛宕山古墳(県史跡)が所在する。出土した銅鏃・鉄鏃・鉄刀などは徳島県立博物館に保管されている。

　諏訪神社から撫養街道を約1.5km西進すると，四国霊場3番札所金泉寺(真言宗)に至る。聖武天皇の勅願によって行基が建立したと伝えられ，釈迦如来を本尊とし，初め亀光山金光明寺と称した。弘仁年間(810～824)に空海(弘法大師)が立ち寄った際，境内の井戸から黄金の霊水が湧き出たことにより，金泉寺と呼称されるようになったという。また，かつては大規模な伽藍が立ち並んでいたといわれ，大寺の地名の由来になったという。源義経が屋島攻め(1185年)の際に当寺で戦勝祈願を行ったと伝えられ，「弁慶の力石」とよばれる巨石も方丈前の池畔にある。

　金泉寺の北西約200mの所に，歓喜天をまつる阿王塚山歓喜天，通称「お聖天さん」がある。当所は阿王塚ともよばれてきた円形の積石塚で，明治時代中頃，箱式石棺を安置する石室から画文帯神獣鏡や鉄剣・鉄鏃などが出土したと報告されている。麓の亀山神社(祭神須佐之男命)は，大寺地域の氏神である。

金泉寺境内

74　徳島・鳴門・板野・名東

義経伝説

コラム

阿波を駆け抜けた英雄

　1185（文治元）年2月、讃岐国屋島（現、香川県高松市）にこもる平家を討つため、源義経が摂津渡辺津（現、大阪府大阪市中央区）を荒天を押して出帆し、阿波国勝浦に上陸した。小松島市田野町の勢合は上陸した義経軍が勢揃いした所と伝えられ、同町と芝生町の境にある旗山は義経が源氏の白旗を翻した所と伝承されている。これ以降、県内を北上しつつ、義経にまつわる伝承が残されている。

　徳島市北山町から「あずり越え」で上八万町に抜けると、下町にある伏拝八幡神社は義経が戦勝祈願をした社、国府町の舌洗池はウマに水を与えた所という。板野郡藍住町住吉にある住吉神社の由来記によれば、吉野川の渡河地点に迷っていた義経一行が住吉神社に祈願したところ、にわかに白鷺が舞い降りて、浅瀬がわかり無事に渡れたといわれている。さらに同郡板野町大寺の金泉寺境内には、「弁慶の力石」とよばれる巨石がある。さらに大坂峠に向かう道筋に架かる鎧橋は、一行が休憩のため鎧を脱ぎ、木にかけた所と伝えられている。

　義経伝説は、徳島の地に暮らした人びとが、歴史的な出来事をいかに伝承し、または創造してきたかを考えていく恰好の素材であろう。

　亀山神社から南西400mほどの所、撫養街道と大坂越えの分岐点に郡頭駅跡の碑があり、「右大坂越」と刻まれている。

　郡頭駅跡の碑から西に350mの岡の宮にある岡上神社（祭神豊受

板野町の史跡

郡頭から和三盆の郷へ　　75

姫命)は、源義経が屋島攻めの際に戦勝祈願の参詣をしたと伝えられる。境内に聳える岡の宮の大クス(県天然)は、3本の木が基部で一体になったものと考えられ、高さ30mに達する。

郡頭橋から南700mの所に黒谷川郡頭遺跡がある。朱の製造工房をもつ弥生時代後期の集落遺跡で、朱のついた石臼や石杵などが出土している。朱の鉱石である辰砂は、阿南市若杉山から運ばれたと考えられている。また、弧帯文を描いた土器の出土から、吉備地方(岡山県・広島県東部)との関係がうかがわれる。

大坂峠 ❻❸

〈M ▶ P.2〉 板野郡板野町大坂 Ⓟ
JR高徳線阿波大宮駅 🚶70分、または🚗10分

瀬戸内海の眺望がすばらしい

JR阿波大宮駅の北約1.5km、讃岐(現、香川県)に抜ける大坂峠の登り口に大坂御番所跡がある。大坂御番所がおかれたのは1644(正保元)年で、1872(明治5)年に廃止されるまで機能していた。この番所の主任格をつとめた村瀬家の屋根瓦には、蜂須賀家の家紋瓦が葺かれている。また、標高262mの大坂峠は瀬戸内海国立公園を眼下に見下ろす景勝地で、あせび公園として整備され、展望台も設けられている。香川県東かがわ市引田までの峠道は遊歩道として整備され、自然を探索するのにたいへん好環境である。

大坂御番所跡

大坂峠登り口

板野犬伏蔵佐谷瓦経塚(県史跡)は，もと八坂神社本殿跡に隣接し，方形の石垣を築き，中央を掘り下げて瓦経を埋め，その上を河原石で覆う構造であったと考えられる。出土した板野蔵佐谷瓦経は県の文化財に指定されている。

徳島県立埋蔵文化財総合センター ❻❹
088-672-4545

〈M ▶ P.2, 75〉板野郡板野町犬伏字平山86-2 🅿

JR高徳線板野駅🚌鍛冶屋原線犬伏🚶5分

埋蔵文化財研究の拠点

犬伏バス停から北へ300mほど行くと，板野町歴史文化公園の一画に徳島県立埋蔵文化財総合センターがある。施設の前庭には銅鐸と分銅型土製品のモニュメントが飾られており，玄関脇には鳴門市大麻町で検出された西山谷2号墳の竪穴式石室が移設されている。

展示室には旧石器時代から中世に至るまでの出土遺物を時代順に展示してあり，一目で土器の型式の変遷が理解できるように工夫されている。とくに弥生土器の展示には多くのスペースが使われている。展示室入口には，徳島市国府町の矢野遺跡でみつかった突線袈裟襷文銅鐸(国重文)の複製と，その出土状況の復元展示がなされている。そのほか，おもな展示品としては，白鳳時代の立善廃寺(阿南市宝田町)の瓦や観音寺遺跡(徳島市国府町)の木簡などがあり，県指定文化財である画文帯同向式神獣鏡を始めとする萩原1号墓(鳴門市大麻町)出土品や西山谷2号墳(同町大谷)出土品なども保管されている。

なお公園内には，弥生時代の生活体験もできる施設のほか，江戸時代後半から昭和40年代まで犬伏地区で瓦を焼いていた，だるま窯も復元されている。

埋蔵文化財総合センターから南へ約1.2kmほど行くと，古城に板西城跡がある。城主赤沢宗伝の廟所を始

徳島県立埋蔵文化財総合センター

板西城跡

め,配下の将兵の墓所が那東の愛染院(真言宗)にある。また,松谷の藍染庵には,阿波藍の販売流通に尽力した犬伏久助の坐像が納められている。

古城の南,下庄の八幡神社周辺を栖養の森とよんでいる。承久の乱(1221年)で土佐(現,高知県)に流れていた土御門上皇が,1223(貞応2)年阿波に移った際に一時滞在したといわれる松木殿の跡がある。

那東の西,羅漢の四国霊場5番札所地蔵寺(真言宗)は五百羅漢で知られる。地蔵寺から北に1.5kmほど進むと黒谷に4番札所大日寺(真言宗),南に1kmほど行くと矢武八幡神社(祭神応神天皇・仲哀天皇・神功皇后)がある。

羅漢の西,滝宮の八坂神社(祭神素盞嗚命)は雨乞いの神として知られ,かつては大山参りを済ませた近郷のウマが競馬をした所とも伝えられている。

那東地区では,高速道路(徳島自動車道)建設にともなって幾つかの古墳が検出されている。蓮華谷古墳群(Ⅱ)では6基の古墳がみつかり,古墳時代初頭に造営された2号墳からは,銅鏡・鉄刀・鉄剣・鉄斧・翡翠製勾玉などが出土した。この銅鏡は全国的にも最古級の国産鏡で,2号墳出土品は一括して県の文化財に指定されており,徳島県立埋蔵文化財総合センターでみることができる。

大山寺 ⑥⑤
088-694-5525
〈M▶P.2〉板野郡上板町 神宅字大山14-2 P
JR高徳線板野駅 鍛冶屋原線神宅 80分,または 10分

力自慢が集う力餅行事

神宅バス停から北に道なりに進み,つづら折りになった山腹の道を登っていくと,香川県との県境にある大山(691m)の中腹に大山寺(真言宗)がある。寺宝の銅経筒(国重文)は,藩撰地誌『阿波志』によれば,元禄年間(1688〜1704)に大山山頂付近の経塚から出土したと伝えられている。宝珠形のつまみのある笠蓋と糸底台を

大山寺

もつ筒部分からなるが、高さ45.5cm・口径17.5cmの筒側面には、「大治元(1126)年歳次丙午十月十二日甲辰閻浮提日本阿州於大山寺如法経書写供養畢願頌僧西範為結縁法界六道三有受苦者也」の銘文が刻まれており、平安時代末期の末法思想の広まりをうかがうことができる。

　なお、大山寺付近には源義経が屋島攻め(1185年)の際に大山越えをしたという伝承が残っており、大山寺にも義経が戦勝祈願をこめて奉納した愛馬薄雪の墓と伝えられる五輪塔がある。その縁起にちなんで、毎年初会式には、近郷のウマがひしめいたという。この初会式で行われている力餅行事は400年以上の伝統がある。

　大山南麓の殿宮神社(祭神素盞嗚命)には鹿江比売神社(祭神鹿江比売命)と葦稲葉神社(祭神倉稲魂神)が合祀されている。鳥居にかけられている1853(嘉永6)年の石製の額にも「殿宮神社」「葦稲葉神社」「鹿江姫神社」の3社の名が併記されている。鹿江比売神社は『延喜式』式内社に擬せられ、葦稲葉神社は『続日本紀』にその名がみえる。葦稲葉神社の神像3体は平安時代後期、絵馬3枚は江戸時代末期の作である。神社のすぐ北方に、大山寺の「前札さん」で親しまれている千手観音堂がある。木造千手観音像を安置しており、周囲に庚申塔や回国塔・地蔵尊など多くの石造物が立ち並んでいる。ここは大山寺に向かう大山道と撫養街道との分岐点であり、「大山寺道」と刻まれた石碑もある。

安楽寺 ⑯　〈M▶P.2, 80〉板野郡上板町引野字寺ノ西北8　Ｐ
088-694-2094　JR高徳線板野駅🚌鍛冶屋原線終点🚶15分

交通の見張り役 駅路寺の1つ

　鍛冶屋原バス停から北に1kmほど進むと、「松島の千本桜」で知られた徳島県畜産研究所や、「和三盆の郷」として知られる泉谷がある。泉谷の岡田製糖所では、今も藩政期から続く伝統的な技法で和三盆を製造しており、和三盆資料館も設置している。また、岡田製糖所の北に上板町立歴史民俗資料館がある。なお、資料館の見学

郡頭から和三盆の郷へ

安楽寺境内

上板町の史跡

は事前に上板町教育委員会(088-694-6814)への申込みが必要。近くの明神山中腹にある糖源公園には、当地に和三盆を伝えた丸山徳弥の顕彰碑が建てられている。

鍛冶屋原バス停から西に1.2kmほど進むと、四国霊場6番札所安楽寺(真言宗)がある。駅路寺の1つであり、駅路寺文書や丸山徳弥の書簡などが保管されている。

安楽寺の南東約3km、西分の大聖寺(真言宗)は、大聖寺文書3通・大聖寺制札1枚(県文化)を保有している。文書1通と制札は、1585(天正13)年に豊臣秀吉軍が四国侵攻を行った際に、当時高磯村にあった大聖寺に対して羽柴秀長が出した禁制である。また同日付の秀長書状は、蜂須賀正勝が当地域の平定に功績のあったことを褒め称える内容のものである。

岡田製糖所

名西・吉野川・阿波
Myōzai Yoshinogawa Awa

阿波国府域と気延山

柳水庵近くの遍路道

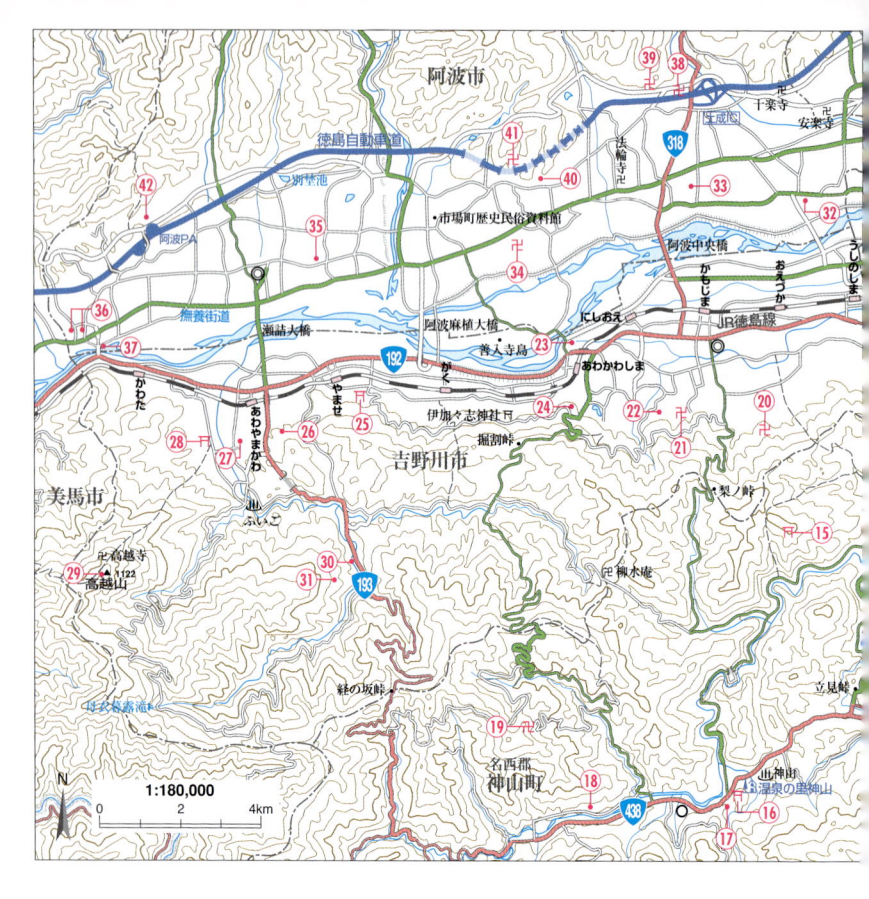

①井戸寺	⑬田中家住宅	㉖境谷古墳	㊲岩津
②大御和神社	⑭第十堰	㉗阿波和紙伝統産業会館	㊳神宮寺
③観音寺	⑮二之宮八幡神社	㉘川田八幡神社	㊴熊谷寺
④阿波国分寺跡	⑯上一之宮大粟神社	㉙高越山	㊵秋月城跡
⑤一宮城跡	⑰神山町郷土資料館	㉚美郷ほたる館	㊶切幡寺
⑥気延山古墳群	⑱粟飯原家住宅	㉛高開の石積み段々畑	㊷阿波の土柱
⑦阿波国分尼寺跡	⑲焼山寺	㉜西条城跡	
⑧山の神古墳群	⑳玉林寺	㉝西光屋敷跡	
⑨阿波国造墓碑出土地	㉑藤井寺	㉞大野寺	
⑩清成遺跡	㉒河辺寺跡	㉟野神の大センダン	
⑪石井廃寺跡	㉓川島城跡	㊱北岡古墳	
⑫武知家の藍寝床	㉔上桜城跡		
	㉕山崎忌部神社		

名西・吉野川・阿波

◎徳島市西部・名西郡・吉野川市・阿波市散歩モデルコース

阿波国府周辺コース　JR徳島線府中駅_10_大御和神社_5_観音寺_5_舌洗池_10_阿波国分尼寺跡_10_徳島市立考古資料館_5_矢野の古墳_10_奥谷1号墳_10_宮谷古墳_10_天石門別八倉比売神社_15_阿波国分寺跡・國分寺_30_JR府中駅

石井山辺コース　JR徳島線石井駅_20_中王子神社_15_曽我氏神社古墳群_5_浄土寺_10_石井廃寺跡_10_学童寺_30_地福寺_5_JR石井駅

神山コース　JR高徳線・牟岐線徳島駅_80_上一之宮大粟神社_10_神山町郷土資料館_20_寄井座_30_雨乞いの滝_40_粟飯原家住宅_10_宇佐八幡神社_20_焼山寺バス停_60_焼山寺_60_焼山寺バス停_90_JR徳島駅

鴨島コース　JR徳島線鴨島駅_20_持福寺_20_藤井寺_10_河辺寺跡_10_西宮古墳_15_西麻植八幡神社_30_江川の水温異常現象_10_JR徳島線西麻植駅

川島町コース　JR徳島線阿波川島駅_10_川島城跡・川島神社・岩の鼻_5_麻名用水取水口_10_JR阿波川島駅_40_上桜城跡_20_上桜公園・大正池_20_JR阿波川島駅

山川町コース①　JR徳島線山瀬駅_20_山崎忌部神社_20_金勝寺古墳_5_旧山瀬郵便局_25_境谷古墳_10_青木城跡_15_JR徳島線阿波山川駅

山川町コース②　JR徳島線阿波山川駅_15_阿波和紙伝統産業会館_15_川田八幡神社_10_井上城跡_20_旗見窯跡_30_JR阿波山川駅

山川町コース③　徳島自動車道脇町IC_20_美郷ほたる館_15_高開の石積み段々畑_10_谷の四つ足堂_20_母衣暮露滝_20_船窪のオンツツジ群落_10_20_高越寺_45_こうつの里_25_徳島自動車道脇町IC

阿波町コース　JR徳島線川田駅_10_鼓山トンネル_5_岩津(常夜灯・岩雲花香歌碑)_10_北岡東古墳_5_北岡西古墳_8_長峰古墳_30_JR川田駅

阿波国府の周辺

徳島市の西部に位置する国府町から名西郡石井町の気延山東麓は、阿波国府がおかれた古代阿波国の枢要地。

井戸寺 ❶
088-642-1324
〈M ► P.83〉徳島市国府町 井戸字北屋敷80-1 **P**
JR徳島線府中駅🚶20分

弘法大師が一夜で掘り上げたという井戸が寺名のおこり

　JR府中駅から北へ約1.2km行くと、四国霊場17番札所井戸寺（真言宗）がある。白鳳期に天武天皇により創建されたといわれ、平安時代、空海（弘法大師）が四国巡錫の途次に立ち寄った際、水不足で苦しむ住民を救済するため、みずから錫杖を突き立てて清水を湧きおこしたことから、井戸寺と号したと伝えられる。

　寺宝の木造十一面観音立像（国重文）は像高197cm、ヒノキ材一木造で平安時代前期の作とみられ、右手に錫杖をもつ。また日光菩薩・月光菩薩（県文化）は一木造の彫眼で、平安時代後期の作とされる。像高154cmの日光菩薩は右手を垂下し左手を屈臂した姿、像高150cmの月光菩薩はこれと左右対称をなす姿であらわされ、両像ともにハスを手にしている。境内に南面して立つ仁王門は、徳島藩主の別邸大谷屋敷（現、徳島市大谷町）から移築したものであるという。

　井戸寺から県道30号線を約2.5km西進すると、桜間の池跡・石碑（県史跡）がある。桜間の池は、1310（延慶3）年に編まれた『夫木和歌抄』にも、「鏡ともみるべきものを春くれば　ちりのみかかるさくらまの池」と詠われている。文政年間（1818〜30）、徳島藩12代藩主蜂須賀斉昌は、池の復興に努め、海部郡由岐から運んだ和泉砂岩の巨石で築山に碑を建てた。石碑には、江戸幕府儒臣屋代弘賢と徳島藩儒柴野碧海の撰文が刻まれている。この池は河跡湖と考えら

井戸寺

れており，かつては東西18町（約1950m）・南北8町（約870m）の広さがあったという。

桜間の池跡から1kmほど南下すると，石川神社（祭神天照皇大神）境内に市楽の板碑群（県文化）がある。17基の板碑は，いずれも緑色片岩製で，紀年銘のある碑のうち最古のものは「弘安八（1285）年」の造立である。碑群は，もとは石川神社の別当であった長楽寺の寺域にあったが，時代の推移の中で埋没し，1954（昭和29）年，長楽寺庵舎新築に際して発見された。

大御和神社 ❷
088-642-2251

〈M ▶ P.83, 87〉 徳島市国府町府中644
JR徳島線府中駅🚶10分，または🚌西麻植・川島行府中🚶5分

印鑰神社とよばれたかつての国府推定地

国道192号線の府中バス停西側の交差点を左折し，県道123号線（旧伊予街道）を400mほど南下すると大御和神社（祭神大己貴命）の社叢がみえる。平安時代に編纂された格式の1つである『延喜式』神名帳に記載された式内社で，現在も「府中の宮」として親しまれている。

阿波国府の所在については『和名類聚抄』に「名東郡に在り」，1815（文化12）年編纂の藩撰地誌『阿波志』では「府中村城東に在り」とみえるが，不明であった。1938（昭和13）年，徳島県在住の古代史家中井伊與太はこの地域に残る条里に着目し，大御和神社とその東側の千福寺の間を通る旧伊予街道を朱雀大路に見立て，遺存する地名も参考に，神社周辺を国庁跡とする方4町（約18万m²）の国府域を想定した。大御和神社が「印鑰（官印と官庁の倉庫の鍵）大明神」の別称をもっていたことから，近年まで歴史地理学を中心に，この説が有力視されてきた。

1982年から，徳島市教育委員会による阿波国府所在確認調査が大御和神社と周

大御和神社

阿波国府の周辺

辺地点で実施された。しかし，国府に関する遺構や遺物は検出されず，大御和神社を中心とする国府説は否定的に捉えられるようになった。

観音寺 ❸
088-642-2375

〈M ▶ P. 83, 87〉 徳島市国府町観音寺49 P
JR徳島線府中駅🚶15分，または🚌西麻植・川島行観音寺北🚶5分

木簡群の出土から国庁の存在を裏付け

大御和神社から旧伊予街道を西に約600m進むと，四国霊場16番札所観音寺（真言宗）がある。寺伝によれば，聖武天皇の勅願寺として741(天平13)年に創建，空海が816(弘仁7)年に本尊の千手観音と不動明王・毘沙門天像を刻んで安置したとされる。

1987(昭和62)年，観音寺の南西約150mの地点の発掘調査で掘立柱建物跡や大量の遺物が検出され，そのなかに「政所」と書かれた平安時代の墨書土器があり，国庁所在地としての可能性がにわかに高まった。

1997(平成9)・98年には，観音寺の西約200mを南北に縦断する徳島南環状道路建設にともなう観音寺遺跡の発掘調査で，100点近くの木簡，数万点におよぶ木製品，墨書土器・石帯・八稜鏡など，官衙関連遺物が検出された。2008年までに観音寺遺跡から出土した木簡は200点を超え，このなかには，7世紀第Ⅱ四半期の『論語』の一節が書かれた木簡や「奈尓波津(難波津)」の歌，税の徴収単位を示す「五十戸」，7世紀後半の国司制度を示す「板野国守」，国司の任務にかかわる勘籍木簡など，古代地方行政を考えるうえで重要な資料となっている。

観音寺遺跡の東には舌洗池がある。源義経が屋島(現, 香川県高松市)に侵攻する際に立ち寄り，軍馬に水を飲ませたという伝承のある湧水池である。この辺

観音寺

阿波史跡公園周辺の史跡

り一帯は鮎喰川からの伏流水が豊富で，観音寺遺跡の木簡も湧水を水源とする流路から出土している。

観音寺周辺では，民家の建て替えにともない凝灰岩切石も出土しており，観音寺を中心とする地点に国庁が存在したことが確実になっている。また，国道192号線を北に越えた徳島環状道路の跨線橋地点には敷地遺跡があり，国司館と推定される掘立柱建物跡群が検出されている。観音寺遺跡出土の遺物は，板野町にある徳島県立埋蔵文化財総合センターで保管・常設展示されている。

阿波国分寺跡 ❹

088-642-0525

〈M ▶ P. 83, 87〉徳島市国府町矢野718-1 Ｐ
JR高徳線・牟岐線徳島駅🚌延命経由寄井中行国分寺前
🚶10分

国名勝の庭園がある阿波国分寺跡

観音寺の南約1.5kmの所に，四国霊場15番札所の國分寺（曹洞宗）がある。大門・鐘楼・本堂・庫裏などが立ち並ぶ境内地は，阿波国分寺跡として県史跡に指定されている。鐘楼のすぐ南には，環状の特異な柄孔をもつ巨大な結晶片岩製の塔心礎がおかれている。この塔心礎は，境内地に隣接する水田から掘り出されたものと伝えられている。1976（昭和51）年および1978年から３年間，寺域確認調査が実施され，現在の境内地を中心とした方２町（約４万7000m²）の広がりをもつ，東大寺式系統の伽藍配置と推測されているが，寺域・中心施設とも確定するには至っていない。

阿波国分寺庭園（国名勝）は現在一般公開されていないが，結晶片岩の巨石を多用した豪壮なものである。築山池泉式の東の主庭と枯

阿波国府の周辺　87

國分寺

山水式の西庭で構成され、両庭を画する築山の中央部を抜き通した大洞門によって、一体の庭としている。文政年間(1818〜30)に建立された本堂は、この築山の上にある。

　國分寺から少し北上して県道123号線に入り、西へ1.5kmほど進むと入田の瓦窯跡(県史跡)がある。周辺に点在する窯跡を総称する内ノ御田瓦窯跡群の1つにあたる。山の斜面をトンネル上に刳り抜いた地下式有階無段式の窖窯で、この窯で焼かれた瓦は、阿波国分寺跡・国分尼寺跡、國分寺の南に位置する常楽寺跡、石井廃寺跡などに供給されている。

　四国霊場14番札所常楽寺から一宮へ通じる遍路道を300mほど行くと山間の道沿いに、以西溜池がある。1949(昭和24)年、溜池に面した西斜面から、銅鐸3口・中広形銅剣1本が出土した源田遺跡である。銅鐸は鈕を下に倒立して埋納されており、うち1口には朱の付着が認められる。型式の異なる3口の銅鐸と銅剣の埋納は、県内唯一の例である。

一宮城跡 ❺　〈M ▶ P. 83, 89〉徳島市一宮町西丁237
JR高徳線・牟岐線徳島駅🚍刑務所前行一ノ宮札所前🚏すぐ

威容を誇る中世最大の山城

　国府町から南進し、一宮橋を渡って西へ約2km、鮎喰川右岸の入田町安都真は、銅鐸の出土地として知られる。標高約70mの急峻な斜面から、1959(昭和34)年に偶然4口の銅鐸が発見された。完全なもの3口と3片に割かれているもの1口であるが、いずれも小型の4区袈裟襷文銅鐸で県の文化財に指定されている。

　一宮橋から西へ1.2kmほど行くと、県道21号線を挟んで、四国霊場13番札所大日寺と一宮神社が向かい合って立っている。大日寺(真言宗)はかつて一宮神社の別当をつとめ、一宮寺ともよばれ、室町時代には三好氏の崇敬を受けていたが、明治時代初期の神仏分離

一宮神社

令で独立した。一宮神社(祭神大宜都比売命・天石門別八倉比売命)は長宗我部氏の侵攻ですべての社殿を焼失したが、蜂須賀氏の庇護を受けて再興された。現在の本殿(附 棟札9枚、国重文)は、棟札や正面千鳥破風の墨書から、1630(寛永7)年の造営であることがわかっている。中央部の柱間を広くして向拝をつけ、軒唐破風を前面に突き出しており、鳴門市の宇志比古神社本殿と共通する形式をもつ。二間社ながら、身舎の開口部は中央1間(1.8m)のみで、両脇は板壁である。

一宮神社の背後に聳える山塊に一宮城跡(県史跡)がある。一宮城は、南北朝時代から戦国時代にかけて、阿波の有力国人であった一宮氏の居城で、1585(天正13)年に阿波国に入部してきた蜂須賀氏も一時的にここに居を構えた。北城・南城・里城からなり、もっとも大規模な北城には、本丸・明神丸・才蔵丸などの曲輪跡が残されている。また各曲輪から延びる尾根筋には、横堀・竪堀が施され、堅固な防御をなしている。標高144mに位置する本丸跡の石垣は、結晶片岩の野面積みである。

一宮神社から東へ約1km行くと国中神社があり、木造男神坐像・木造如来形立像(ともに県文化)がまつられている。ともにヒノキの一木造で、男神坐像は54.6cm、如来形立像は24.5cmである。

一宮神社から県道21号線を西へ約2.5km行くと、天の原バス停がある。ここから徒歩で約1時間、やや急峻な山道を2.5kmほどのぼると、西龍王山(495m)の中腹に役小角(役行者)の創建と伝えられる建治寺(真言宗)がある。四国霊場13番札所大日寺の奥の院で、薬師如来を本尊とする。当地は、空海が四国巡錫の際

一宮城跡周辺の史跡

阿波国府の周辺

建治寺の常夜灯

に修行に最適な霊地として逗留したという伝承をもっている。また，境内にある常夜灯の辺りに立つと，吉野川河口から津田海岸まで眺めることができる。常夜灯は紀伊水道を航行する船の目印にもなっていたと伝えられ，江戸時代，津田の漁民がシケのために遭難しかかったとき，その明かりに助けられて無事に帰港したという。天の原バス停からも，この常夜灯を遠望できる。

　天の原バス停の南東600mほどの所にある観正寺（真言宗）には，豊臣秀吉の朝鮮出兵（1592・97年）の際に連行された「朝鮮女」の墓が残る。

気延山古墳群 ❻
088-637-2526
（徳島市立考古資料館）

〈M ▶ P. 83, 87〉徳島市国府町西矢野 [P]
JR高徳線・牟岐線徳島駅🚌延命経由寄井中行八倉比売口🚶10分

県内最大の古墳群と最新式銅鐸の埋納地

　國分寺の北西方に広がる気延山（212.3m）は，推定200基の気延山古墳群が形成された県内有数の古墳群域である。大正時代，美馬市脇町出身の考古学者笠井新也の踏査により，積石塚が多く存在することが明らかにされている。

　気延山古墳群の東南麓は，阿波史跡公園として整備されている。公園の苑路をのぼって行くと，左側にスロープのある芝生広場がみえる。その頂上に宮谷古墳がある。全長37.5mの東向き前方後円墳で，後円部中央に結晶片岩板石を小口積みにした竪穴式石室をもつ。石室外周に石積壁をめぐらせた特異な構造は，鳴門市の西山谷2号墳の石室とよく似ている。仿製重圏文鏡や玉・鉄器を副葬するが，前方部裾から三角縁神獣鏡が出土している。前方後円墳の原型とも考えられる「纒向型前方後円墳」の築造企画をもつ県内最古の前方後円墳で，3世紀後半の築造とみられる。

　苑路からはずれて最奥にある石段をのぼると，天石門別八倉比売神社（祭神大日孁貴尊）がある。創祠年代は不明だが，『延喜式』

鮎喰川流域の遺跡群と東阿波型土器

コラム

土器の移動からうかがえる古代の対外交渉

　鮎喰川流域は，徳島県の弥生時代遺跡の宝庫である。右岸には庄遺跡・南蔵本遺跡・名東遺跡・鮎喰遺跡，左岸には矢野遺跡・延命遺跡などの集落があり，少し離れた石井城ノ内遺跡・清成遺跡・井利本遺跡などとあわせて，大集落域を形成している。名東遺跡・矢野遺跡では，集落内で銅鐸各1口が埋納されたことが確認され，源田遺跡では銅鐸3口と中広形銅剣1本，安都真遺跡からは銅鐸4口が出土している。鮎喰川の東に位置する星河内美田遺跡出土の銅鐸7口をあわせると16口で，県内出土銅鐸の32％がこの流域からの出土となる。また，石井町の高川原遺跡では，弥生時代中期の精緻な銅鐸型土製品も出土している。

　この地域は律令時代に国府が設置され，阿波国の中心地となるが，その遠因は弥生時代に遡る。2世紀末〜3世紀の弥生時代終末期には，規格性の強い軽量薄型土器の製作が始まる。胎土中に結晶片岩の粗粒を含み，明るい赤褐色の色調をもち，吉野川中・上流域の厚型土器とは明らかな違いがある。香川県高松平野に分布する土器群と製作技法や形態に共通する様相がみられ，壺や甕の斉一性から，専業集団による製作とみられる。

　この鮎喰川流域でつくられた壺・甕・鉢・高坏は東阿波型土器とよばれるが，讃岐・土佐・伊予の四国はもとより，吉備・播磨・摂津・河内・大和・和泉・紀伊など，中・東部瀬戸内から大阪湾岸の拠点集落から出土する。なかでも瀬戸内海航路の終着点であり，大和地域への入口である河内平野は，東阿波型土器がもっとも多く運ばれた地域であり，鮎喰川流域に特徴的な方形張り出しをもつ竪穴住居も検出されている。

　土器が動く背後には，人やモノ・情報の行き交いが想定される。当時，阿波地域は首長層の祭祀儀礼に不可欠な顔料であった朱の一大生産地であり，鮎喰川流域では，朱の精製が盛んであった。鳴門市の萩原1号・2号墓と奈良県桜井市のホケノ山古墳は，埋葬施設の構造に緊密な関係が指摘されているが，ホケノ山古墳が所在する纏向地域でも東阿波型土器が多量出土する。この土器群は，弥生時代終末期の阿波社会の対外交渉をうかがううえでも重要な指標である。

式内社で，940（天慶3）年，藤原純友の乱平定に際して正三位に叙せられている。社殿の背後には，内部構造は不明だが，円墳が2基現存する。

宮谷古墳石室

　宮谷古墳の眼下には，県内最大級の弥生時代の遺跡，矢野遺跡が広がる。古墳前方部の正面，直線にして約500mの地点に，矢野銅鐸（最新式銅鐸である突線鈕袈裟襷文銅鐸，国重文）が埋納されていた。埋納坑のまわりに柱が立てられた，特異な埋納法が明らかになっており，現在は徳島県立埋蔵文化財総合センターに所蔵されている。

　宮谷古墳と谷１つ隔てた北尾根先端に，県内唯一の西向き前方後方墳，奥谷１号墳がある。全長50mで，墳丘に葺石と円筒埴輪を配列し，前方部に箱式石棺を安置，後方部に竪穴式石室を構築する。４世紀後半の築造である。

　奥谷１号墳の北東麓に徳島市立考古資料館がある。徳島市内で発掘された縄文時代から平安時代までの出土資料を展示している。名東銅鐸（袈裟襷文銅鐸，県文化）の型取りされた埋納坑や恵解山古墳群の副葬品など，徳島市を代表する資料は見応えがある。

　考古資料館の裏山には矢野の古墳（県史跡）がある。径17.5mの円墳で，全長12m以上の横穴式石室は，第二次世界大戦中，陸軍第11師団管区徳島連隊区の重要書類庫として使用されていたともいわれる。2003（平成15）年の発掘調査で，複室構造をとり，６世紀後半頃に築造され，７世紀中頃まで追葬が行われていたことが判明した。気延山古墳群中，最大の後期古墳である。

矢野銅鐸

阿波国分尼寺跡 ❼ 〈M▶P.83, 87〉 名西郡石井町尼寺12-1ほか
JR高徳線・牟岐線徳島駅🚌西麻植・川島行鳥坂北
🚶5分

史跡整備が進む国分尼寺跡地福寺に残る大型礎石

阿波国分尼寺跡(国史跡)は、四国霊場16番札所観音寺の西約500m、旧伊予街道が茶臼山に突き当たった所に位置する。周辺から古瓦が出土したことから、「尼寺」「法華寺」などの字名が残る。また、フジの名所として知られる石井町石井の地福寺(真言宗)の境内にある結晶片岩製の礎石が、明治時代頃までは当地に存在していたことなどから、国分尼寺跡に比定されてきた。1970(昭和45)年、住宅の新築工事にともない、凝灰岩や結晶片岩の巨石が出土したために緊急調査が行われ、金堂基壇の地覆石列、北門跡・中門跡、溝・築地痕跡が確認された。中軸線状に金堂・北門が並ぶ伽藍配置で、方1町半(約2万5000m^2)の寺域が推定された。1973年に国の史跡に指定、現在、史跡整備が進められている。

国分尼寺跡西方の尾根、茶臼山(72m)には、鎌倉時代初期、阿波・土佐(現、高知県)・淡路(現、兵庫県淡路島)3国の守護佐々木経高が守護所にしたと伝えられる鳥坂城跡がある。3重の空堀と曲輪が現存する典型的な中世山城だが、来歴や佐々木氏の居館との関係については不明である。

阿波国分尼寺跡

山の神古墳群 ❽ 〈M▶P.83〉 名西郡石井町利包
JR高徳線・牟岐線徳島駅🚌西麻植・川島行本条 🚶15分

阿波国分尼寺跡から気延山北麓に沿って、西へ約1km進むと学ヶ丘団地に至る。団地の中をのぼりきった山腹に、全長60mの前方後円墳、山の神1号墳がある。前方部西側には直径11mの円墳、後円部裾には箱式石棺があり、4世紀末から5世紀前半の築造と考えられている。

阿波国府の周辺

古墳時代前期末の前方後円墳と阿波式石棺

山の神古墳群周辺の尾根に築かれた古墳からは、箱式石棺が多く発見されている。かつて「阿波式石棺」ともよばれ、大正時代に本県出身の歴史学者喜田貞吉と笠井新也との間で呼称の是非、壙穴・棺の定義などをめぐり論争となり、その名を著名にした。

このほか石井町域では、凝灰岩製の石釧を副葬した内谷古墳、6基の古墳からなる尼寺古墳群、利包山古墳・清成古墳、前山の西林甲棺などが、気延山から派生する前山北麓に点在する。現在、見学可能なものは、県立農業大学校の敷地に残る高良古墳と、山路の八倉姫神社周辺から発見され、境内に移設された3基の石棺のみである。

阿波国造墓碑 出土地 ⑨

類例のない瓦質塼造りの阿波国造の墓碑

〈M ► P. 83, 87〉名西郡石井町石井字石井1784
JR徳島線石井駅🚶15分、またはJR高徳線・牟岐線徳島駅🚌西麻植・川島行石井中🚶20分

JR石井駅から前山に向かって延びる町道が山際にあたった丁字路を右折すると、尾根裾に中王子神社（祭神伊弉諾命）がみえる。阿波国造墓碑（県文化）は、当社の神体として奉安されてきたもので、1892（明治25）年頃（一説には江戸時代以前）、神社の石垣造成に際して出土したといわれている。

墓碑は瓦質で、直方体の上下に出柄が施こされており、上部に笠、下部に台座と組み合っていたことが推測される。焼成前の箆描きにより、正面に「阿波国造 名方郡大領 正七位下 粟凡直弟臣墓」、側面に「養老七年歳次癸亥 年立」と書かれている。

中王子神社

粟凡直弟臣の墓碑で、723年に墓に立てられたことを記しており、弟臣は名方郡（現、徳島市・名西郡・名東郡）の大領（郡の長官）であったことがわかる。

徳島市国府町の観音寺遺跡では、国府

阿波国造墓碑

設置以前の『論語』木簡や大型の建築部材が出土しており、この地域一帯は粟国造の本拠であったことがうかがえる。中王子神社の西約1.5kmには奈良時代初期創建の石井廃寺跡もあり、8世紀には神社周辺に、国造家の墓域があったとみることも可能である。

清成遺跡 ⑩ 〈M ▶ P.83, 87〉名西郡石井町城の内 P(前山公園)
JR高徳線・牟岐線徳島駅🚌曽我団地行終点🚶すぐ

縄文～平安時代の複合遺跡

JR石井駅の南西約1km、国道192号線と分岐する県道20号線より前山公園までの平地一帯は、縄文時代から平安時代にわたる遺跡群が広がる。徳島県立農林水産総合技術支援センター農業研究所周辺は弥生時代終末期の清成遺跡、県道20号線から曽我団地にかけては石井城ノ内遺跡という弥生時代から古墳時代にかけての拠点的集落がある。

前山公園からは、地蔵峠に至るハイキングコースが整備されている。のぼりきった尾根の稜線に沿って、四国電力の送電線を目印に西に進むと前山古墳群がある。標高は160mほどで、形態が異なる全長18mときわめて小型の前方後円墳2基からなる。

前山公園の西に浄土寺(真言宗)がある。天長年間(824～834)、空海の高弟が霊夢に阿弥陀如来の尊像を感見し、一宇を建立したのが始まりと伝える。平安時代後期作の本尊阿弥陀如来立像、室町時代の絹本著色阿弥陀三尊来迎図、鎌倉時代後期の絹本著色伝兜率天曼荼羅図(いずれも県文化)を所蔵する。

浄土寺のすぐ南の山麓の、曽我氏神社(祭神彦火火出見命・木花咲耶姫命)の裏

浄土寺

阿波国府の周辺　　95

山には，幅3m・長さ3mの突出部をもつ径11mの円墳(1号墳)と東西10.2m・南北12.2mの方墳(2号墳)からなる曽我氏神社古墳群がある。ともに4世紀後半の築造で竪穴式石室をもち，鏡や石製腕飾，鉄製武器・農工具など，豊富な副葬品が出土した。出土品は，徳島県立博物館で常設展示されている。

石井廃寺跡 ⓫

〈M ▶ P.83, 87〉名西郡石井町城の内725-2 ほか
JR高徳線・牟岐線徳島駅🚌曽我団地行終点🚶20分

奈良時代前期に創建された法起寺式伽藍配置の寺

浄土寺から西に約300mほど行くと，童学寺に至る坂道があり，途中に石井廃寺跡(県史跡)がある。1957(昭和32)〜59年に発掘調査が行われた。寺域は明確ではないが，金堂・塔・回廊跡が検出され，法起寺式の伽藍配置と推定されている。金堂跡には東西5間(9.4m)・南北4間(7.52m)で結晶片岩を用いた28個の礎石が，塔跡には円形の柄穴をもつ心礎とこれを囲む四天柱礎，側柱礎が，原位置のまま残っている。8世紀前半に創建された当地域の豪族の氏寺跡と考えられ，最近では粟凡直氏とのつながりが指摘されている。

すぐ南の山麓に位置する童学寺(真言宗善通寺派別格本山)は，天武天皇の勅願により，白鳳期に創建されたと伝えられる。一説には，空海が幼少時に当寺で学問修行に励んだ

石井廃寺跡

童学寺

ことから，童学寺と号したともいわれている。本尊の木造薬師如来坐像(国重文，非公開)は平安時代後期の作で，ヒノキ材寄木造・彫眼。円満にして優美な作風であり，定朝様の影響で捉えられるものである。境内には切支丹灯籠も残る。

武知家の藍寝床と田中家住宅 ❶❷❸
088-674-0707(田中家住宅)

〈M▶P.83, 98〉名西郡石井町高川原字天神133／藍畑字高畑705　P

JR高徳線・牟岐線徳島駅🚌高原経由西麻植行天神🚶5分

藍寝床や高石垣の豪商の屋敷構え

　JR石井駅の西側を南北に延びる県道34号線を北上し，県道30号線を越え，300mほど行くと右手に天満神社(祭神菅原道真)の社叢がみえる。境内には，樹高27m・幹周り10.3mの天神のイチョウ(県天然)がある。天満神社は，菅原道真の臣下貞丸の子貞房によって創建され，イチョウは創建時に植えられたという伝説がある。

　天満神社の北西約700m，新宮本宮神社(祭神伊邪那伎命・伊邪那美命)の境内に聳える樹高20m・幹周り11.9mの矢神のイチョウ(県天然)には，那須与一にまつわる伝承がある。源平合戦の後，与一が阿讃(讃岐)山脈の大山寺(上板町)から放った矢が，当社まで飛来し，このイチョウに当ったとするもので，これが名前の由来になっている。

　天満神社北側の交差点を右折して150mほど進むと，藍の豪商であった武知家住宅がある。屋敷地は東西40m・南北80m，中央に1862(文久2)年築の主屋が立ち，そのまわりに藍寝床や土蔵が並んでいる。藍寝床は藍葉を寝かせて発酵させ，藍染めの原料となる蒅を製造する施設である。武知家の藍寝床(県文化)は，文政年間(1818～30)の建築で，木造瓦葺き2階建て。間口32.73m・奥行8.18mで，全面に梁行3.46mのオブタ(下屋)がついている。階下

武知家の藍寝床

阿波国府の周辺

田中家住宅主屋

の床は地床で，下層に砂礫を敷いた上に細かな砂，さらに籾殻をおき，莚で覆い，粘土を敷いて表面を叩きかためている。

武知家住宅から北東へ約500m，三差路の角に立つ案内標識に従い北へ向かうと田中家住宅に至る。田中家は，寛永年間(1624～44)，徳島藩の招きによって初代播磨屋与右衛門が播磨(現，兵庫県)から藍作の指導者として入植して以来，代々続いた藍商である。葉や藍玉・青藍を製造・販売していたが，毎年のように吉野川の氾濫で被害を受けるため，1854(安政元)年頃から現敷地の造成を始め，1887(明治20)年頃までにすべての建物を完成させた。

高い石垣を築いた敷地の南側に表門(附棟札1枚)，敷地中央のやや後方に寄棟入母屋造の主屋(附撥釣瓶1基・棟札1枚)を構え，その間に広場(作業場)をとっている。この広場を中心に，藍納屋(附撥釣瓶1基・棟札1枚)，南藍寝床(附棟札1枚)・北藍寝床(附棟札1枚)・土蔵・味噌部屋・番屋(附便所1棟)・灰屋・附家相図1枚・宅地など，藍製造用と住宅付属の建物が立ち並ぶ。また，主屋の東側には表庭があり，これに面して座敷・宝庫(附棟札1枚)が配置されており，建物が敷地を取り囲む藍商の豪壮な屋敷構えをよく示している。これらの建物と宅地は，すべて国の重要文化財に指定されている。

第 十 堰 ⓮

088-654-9611
(国土交通省徳島河川国道事務所)

〈M ▶ P.83〉 名西郡石井町藍畑第十・板野郡上板町新田

JR徳島線石井駅🚌10分, またはJR高徳線・牟岐線徳島駅🚌蔵本・不動経由 竜王団地行第十🚶すぐ

江戸時代中期から現代に続く水との戦いの証

　第十堰は, 吉野川の河口から約14kmの地点に位置する。1672(寛文12)年, 吉野川と別宮川を接続する水道を開削する工事(新川掘抜工事)が徳島藩によって行われたが, その後, 洪水で水道が拡大した結果, 別宮川が吉野川本流となった。これにより, 本来の吉野川(現在の旧吉野川)の水量が減少し, 農業用水の不足, 塩水遡上による塩害の発生など, 稲作に影響が出るようになった。このため, 流域44カ村は, 両河川の分流地点である第十村に堰をつくり, 農業用水の取水を確保することを徳島藩主に嘆願。これが受け入れられて, 1752(宝暦2)年, 幅7〜12間(約13〜22m)・長さ220間(約396m)の第十堰が完成した。当初は, 木杭の間に石を詰め込んだ構造であったと考えられている。

　その後も川幅の拡大にともない堰の補修・拡張が行われ, 1878(明治11)年には河道形態の変化により水が流れにくくなったことから, 導水をしやすくするため, 上流側に上堰を築き, 現在のような2段堰になった。第十堰は被災・流失を繰り返してきたが, 1961(昭和36)年の第2室戸台風による出水で堰北部が流失したことが契機となり, 1965年以降, 表面がコンクリート構造となり, コンクリートブロックにより補強された堰体となった。

　なお当地周辺は, 正倉院文書に含まれる東大寺開田図中, 東南院文書所載の絵図に描かれた阿波国名方郡新島庄の大豆処に比定される。阿波国府と板野郡衙をつなぐ官道と吉野川が交差する交通の要衝で, 8世紀頃には大豆津が設置されていたと考えられている。

第十堰

阿波国府の周辺

❷ 神山の里

四国遍路の難所として知られる焼山寺を中心とした大粟の山々、鮎喰川の広い豊かな谷筋には、数多くの史跡が並ぶ。

二之宮八幡神社 ⑮　〈M ▶ P.82〉 名西郡神山町阿野字二ノ宮98-1 🅿
JR高徳線・牟岐線徳島駅🚌阿川経由寄井中・神山高校前行阿川乗換え二の宮行終点🚶5分

ウマの守護神として、信仰を集める

　徳島市一宮町の四国霊場13番札所大日寺から西へ向かうと入田に入る。徳島市入田町は、1955(昭和30)年に徳島市と合併するまでは、名西郡山分6カ村の1つであり、神山と一帯の地域であった。名西郡は、現在の石井町を中心とする里分と、神山町を中心とする山分に分けられる。6カ村は徳島市入田町と神山町のうち、阿野・鬼籠野神領、下分上山・上分上山の5カ村である。さらに鮎喰川を遡って県道21号線を西に進むと神山町の入口広野に入り、左手に徳島県立神山森林公園がみえてくる。ここは、森林の自然観察・保護や林業学習を目的とし、広大な西龍王山の北西斜面一帯を利用して整備された体験型の公園である。281.31haの敷地内には、森林学習館・レストハウスなどの施設もある。

　神山森林公園から北へくだって行者野橋を渡り、鮎喰川沿いの県道20号線を西へ22km行くと阿川バス停に至り、鮎喰川の支流広石谷川沿いにさらに西へ向かうと二ノ宮へ出る。集落の西方には二之宮八幡神社(祭神応神天皇・神功皇后・仁徳天皇)がある。1180(治承4)年、清水三郎義勝が京都石清水八幡宮の分霊を勧請したことに始まるといい、その後、1453(享徳2)年頃には再興され、柚宮ともいわれていた。蜂須賀家政入国後、「二之宮」とよばれるようになったという。古来よりウマの守護神として信仰を集め、境内

二之宮八幡神社

勧善寺の大般若経

コラム

地域のネットワークでつくられた大般若経

　大般若経とは、大般若波羅蜜多経の略である。大乗仏教の教義を記した種々の般若教典を集大成した経で、全600巻からなる。奈良時代から鎮護国家や招福除災のために読まれたり、書写されたりして、日本史上もっとも広く浸透した経典の1つである。

　神山町阿野字宮分にある勧善寺は、南北朝時代、1387（至徳4）年から1389（康応元）年にかけて書写された大般若経564巻（県文化）を所蔵している。経巻の紙は黄楮紙が使用され、明治時代以降、何度か修復や欠巻の補充が行われて、現在、600巻が揃えられているが、うち8巻は内容がまったく伝わらず白紙となっている。

　この大般若経の伝来は、奥書や他の文献から同じ阿野の二之宮八幡神社に伝来しており、その後、明治維新期の神仏分離により勧善寺に移された可能性が高い。

　大般若経の記述のうち、もっとも興味深い記述は、その作成過程を伝える奥書の部分である。その記述によれば、この写経事業は1カ所で行われたのではなく、寺院の名称が19カ寺、写経者や願主などの名前が43人も確認できる。その地域は現在の神山町内にとどまらず、桑島（現、石井町）・名東郡（現、徳島市・佐那河内村）・麻植郡（現、吉野川市）・板西郡（現、上板町・板野町、阿波市土成町・吉野町）などの周辺の郡、さらには讃岐国寒川郡（現、香川県さぬき市寒川町）内で行われた巻もある。

　こういった地域の人・物のネットワークにより、この大般若経が成立したのである。

　さらに奥書の中には、「御勧進候間、任本令書写畢」という記述もあり、二之宮八幡神社の造営にかかわる勧進活動の一環として、この写経事業が行われたことを想起させてくれる。南北朝時代のこの地域に、宗教活動を基に大きな人の交流があったことを伝えてくれる貴重な史料といえる。

の御馬舎に安置されている木馬は、徳島藩12代藩主蜂須賀斉昌の愛馬を模して奉納したとされている。また、毎年10月31日に行われる例祭は俗に阿波三大祭りの1つに挙げられ、牛馬の祭りとして知られ、県内一円から参拝者が集まる。社殿には、明治・大正時代に奉納された競べ馬の扁額が多数残されている。

　阿川バス停から鮎喰川沿いに南へ4km、宮分バス停西方の山の中腹に勧善寺（真言宗）がある。境内には、樹高26m・幹周り4mの

神山の里　　101

巨大なイチョウがある。また，1387(至徳4)年から1389(康応元)年にかけて書写された大般若経564巻(県文化)を所蔵している。

上一之宮大粟神社 ⓰
088-676-0482

〈M ▶ P.82, 103〉名西郡神山町神領字西上角330 P
JR高徳線・牟岐線徳島駅🚌 名東または延命経由神山方面行上角🚶 3分

阿波の祖神大宜都比売命をまつる

　勧善寺のある阿野宮分から鮎喰川沿いに県道20号線を約3km南下すると，国道438号線に行き当り，神領へと入る。東に向かうと上角集落があり，現在は神山温泉保養センターや道の駅「温泉の里神山」などが整備され，四国霊場12番札所焼山寺へのお遍路さんや観光客で賑わっている。

　上角集落西方の丘陵上に上一之宮大粟神社がある。祭神の大宜都比売命は五穀をつかさどる神であり，阿波国の祖神とされている。また，平安時代末期，平氏の家人として活躍した田口成良の名から田口大明神と称していたこともあったという。田口氏は名西郡桜間に本拠をおき，神山にも勢力を伸ばし，一宮大明神の神職をかねていたという。当社は，勧善寺の大般若経には「上一宮」と記され，古い由緒を幾つももつが，現在は創建年代不明となっている。ちなみに，「下一宮」は徳島市一宮町の一宮神社である。

　神山町域は古くは大粟山といい，その史料上の初見は1146(久安2)年とされており，中世には一宮領の山分として，江戸時代初期においても大粟山一揆など広域の地名として使われており，慶長年間(1596〜1615)とされる阿波国絵図には「大粟谷」とみえるなど，鮎喰川の谷筋一帯の地域として把握されてきた。

　上一之宮大粟神社の東500mほどの所には善覚寺(真言宗)がある。李朝時代に

上一之宮大粟神社

神山町役場周辺の史跡

朝鮮で作成されたという麻布著色伝帝釈天曼荼羅図(県文化)を所蔵しているが,詳しい伝来は不明である。

　上角集落から上角谷川を4kmほど遡ると,次郎銅山の廃坑口がある。次郎銅山は,延宝年間(1673〜81)に開発が始まったとされ,元禄年間(1688〜1704)には徳島藩の銅山奉行の支配を受け盛んであったが,1693年,代官河野伝左衛門らの不正事件が明るみとなり,閉山した。明治時代に入って再び開発され,最盛期には2000t余の鉄鉱石などを採掘し,1954(昭和29)年に廃坑となった。神山町内には,阿野持部・阿野広石などにも銅山があった。

神山町郷土資料館 ⓱
088-676-1522
(神山町教育委員会社会教育課)

〈M▶P.82, 103〉名西郡神山町神領字大埜地374-1 P
JR高徳線・牟岐線徳島駅🚌名東または延命経由神山方面行中津🚶3分

神山旧5カ村の公文書を保存

　上角の西隣,中津集落には,旧神領村役場(現,神山有線放送局)の建物南側に農村環境改善センターがある。その敷地内の南には,徳島藩の儒学者で,1870(明治3)年の庚午事変(稲田騒動)で切腹となった新居水竹の詩碑が立つ。新居水竹は,神領村の庄屋で国学者でもあった岸家に子の恵四郎を養子に入れており,碑には,水竹

寄井座

神山の里　103

雨乞いの滝（雄滝）

が当主岸有秀の還暦を祝って贈った詩が刻まれている。

中津バス停付近にある文化橋で鮎喰川を渡ると、北側に神山郷土資料館がある。旧神山中学校青雲寮の建物を利用し、2009（平成21）年に移転した。神山町内の検地帳・棟付帳、町史編纂時の資料、農村舞台の襖絵、町内の民俗資料など、多数の史資料を保管する。圧巻は、明治時代から1955（昭和30）年の町村合併までの公文書約8000冊で、旧上分上山・下分上山・神領・鬼籠野・阿野5カ村の資料が網羅的に残されており、全国的にもまれな近代文書群となっている。なお資料館の利用には、神山町教育委員会への連絡が必要である。

中津から西へ1kmほど行くと寄井集落に至る。寄井の中心部、寄井バス停西側に立つ長屋門を入った所に、寄井座の建物がある。昭和時代初期の建築で、現在はトタン板に覆われているが、昭和30年代半ばまで人形浄瑠璃などの舞台や映画館などの劇場として利用されていた。昭和時代初期に商工業者によって寄贈された広告をかねた天井画が残っており、現在、座の復活プロジェクトが進行中である。また当地域では、阿波人形浄瑠璃（国民俗）を伝承する一座寄井座が活動している。寄井座は上村都太夫座ともいい、所有している人形芝居頭のうち、13個は初代天狗久（天狗久吉）の作、1個は天狗弁（天狗屋弁吉）の作である（阿波人形浄瑠璃人形頭、いずれも県文化）。

寄井集落から高根川沿いに南へ2kmほど入ると、「日本の滝百選」に選定された雨乞いの滝がある。落差約45mを3段に落ちる雌滝と、落差約27mを直落する雄滝の夫婦滝で、名はこの付近の農民が鉦や太鼓を打ち鳴らして雨乞いをしたことに由来する。粟飯原家の古文書などによれば、徳島藩主蜂須賀家の人びとも、見物のために足を運んでいたことがわかる。

粟飯原家住宅 ⓲
088-676-1522
(神山町教育委員会社会教育課)

〈M ▶ P.82, 103〉名西郡神山町下分字栗生野125
JR高徳線・牟岐線徳島駅🚌名東または延命経由神山方面行栗生野🚶3分

鮎喰川沿いの国重文の住宅

　寄井から鮎喰川沿いに国道483号線を1kmほど西進すると、下分京地集落の対岸に、屋敷地の前面に石垣を構えた粟飯原家住宅(附 棟札1枚、国重文)がみえる。栗生野橋を渡り、東向きの瓦葺き門をくぐると、桁行6間(約21m)・梁間3間(約9.5m)の大きな母屋が南向きに立っている。寄棟造・鉄板葺き(もとは草葺き)で、瓦葺きの庇をめぐらせている。「宝永七(1710)年」銘の棟札をもち、6間取りの民家としては県内でもっとも古い。粟飯原家は、大粟谷全体の組頭庄屋粟飯原家の分家にあたり、酒造業・木材業・製茶業などを行っていたこともある富農であった。現在も居宅として利用されているため、見学の際は、神山町教育委員会への照会が必要である。

　粟飯原家住宅からさらに西へ1kmほど行くと、昭和時代初期に平形銅剣3口(県文化。うち2点は同一個体であるため、個体数は2口。徳島県立博物館寄託)が出土した東寺遺跡がある。その対岸、鮎喰川の支流左右谷川右岸の左右山遺跡では、明治時代初期に平形銅剣2口(国重美、徳島県立博物館寄託)が発掘されており、海抜200mの鮎喰川両岸に弥生文化が花開いていたことがわかる。これらの銅剣は武器としての実用性は低く、儀式用と推定されており、祭祀を考えるうえでも重要な資料となっている。

　東寺の隣、西寺集落には宇佐八幡神社(祭神応神天皇ほか)がある。1220(承久2)年の創建と伝えられるが、その後荒廃し、1507(永正4)年、上桜城(現、吉野川市川島町)城主篠原左京太夫が、豊前国宇佐八幡宮(宇佐神宮、大分県宇佐市)を勧請して再興し

粟飯原家住宅

神山の里　105

辰の宮の大楠(宇佐八幡神社)

たという。「永正廿二(1525)年」銘の棟札が現存する。境内には3本の大クスが聳え，「辰の宮の大楠」(神山町辰ノ宮のクス，県天然)とよばれている。「辰の宮」の名は，1711(正徳元)年11月5日，地元の粟飯原儀左衛門・仁志長左衛門が鮎喰川原で開いた辰の市に由来する。1730(享保15)年からは，場所を境内に移し，現在も自由市として新暦12月の初辰の日に開かれ賑わっている。

焼山寺 ⑲
088-677-0112

〈M ▶ P.82〉 名西郡神山町下分字地中318 Ｐ
JR高徳線・牟岐線徳島駅🚌名東または延命経由寄井中・神山高校行寄井中乗換え焼山寺🚶60分

四国遍路行程中の最難所

　吉野川市鴨島町の四国霊場11番札所藤井寺から12番札所焼山寺までの遍路道は，別名「遍路ころがし」といい，四国遍路の行程中もっとも険しいとされる難所であり，細い山道に丁石が立ち並び，往時の遍路道の様子を伝える道として知られる。藤井寺裏の遍路道入口付近には，焼山寺を起点とする距離を示す丁石があり，「焼山寺より百十九丁(約13km) 寛延二(1749)年」と刻まれている。

　丁石をたどって山道をのぼって行くと，吉野川市と名西郡神山町の境をなす標高約480mの尾根に長戸庵がある。境内には，「焼山寺より二里(8km)」の丁石がある。さらに尾根上を南西に進むと柳水庵に出る。柳水庵付近には「焼山寺より五十八丁(約6.3km)」の

焼山寺山門

106　名西・吉野川・阿波

丁石が立ち、庵には木造弘法大師坐像がまつられている。ここから山道を南にのぼり、「焼山寺より一里（4km）」の丁石を過ぎ、さらに進むと一本杉庵（浄蓮庵）に出る。一本杉庵は標高約730mにあり、境内には樹高25m・幹周り7.7mという左右内の一本スギ（県天然）がある。

この後、遍路道は、一旦、左右内谷川の谷へ向かっておりて行く。谷川に架かる一の瀬橋を渡ると、「焼山寺より十八丁（約1.9km）」の丁石が立ち、最後の登り坂となる。この道は細く、また大変傾斜がきつく、足下には大小の石が散乱しており、まさに「遍路転がし」の名にふさわしい。

ここを越えると、焼山寺山（938m）の東側中腹に位置する四国霊場12番札所焼山寺に出る。山号を摩廬山と称し、高野山真言宗に属する。役小角（役行者）を開創とし、814（弘仁5）年、空海（弘法大師）が四国遍歴の際に来山して虚空蔵菩薩を刻み、本尊としたと伝わる。

焼山寺は、多くの文化財を所蔵する。木造の弘法大師坐像（県文化）は、応永七（1400）年に彩色したという銘文をもち、鎌倉時代の作風を伝える。焼山寺文書（県文化）は、1325（正中2）年から1357（延文2）年に至る5通の寺領寄進状目録、1349（貞和5）年の代官佐伯守安による年貢寄進状、田2反の「万雑公事（雑税）」を免じた宗秀奉下文の3種の文書からなる。梵鐘（県文化）は、銘文に、慶安二（1649）年の鋳造で徳島藩2代藩主蜂須賀忠英の寄進とある。

山門周辺や本堂の南西、本堂から奥の院に至る参道に茂る焼山寺山スギ並木（県天然）は、樹高30m・幹周り4〜5mに達する。さらに、徳島市一宮町の13番札所大日寺へとおりて行く参道には、10株あまりの焼山寺山のフジの群生地（県天然）があり、「垢離取の藤」とよばれている。

神山の里

3 鴨島から川島・忌部の里へ

吉野川の流れと名峰高越山を望みながら、旧麻植郡の忌部氏の故地と、中世の戦乱跡を訪ね歩く。

平康頼ゆかりの伝承を残す寺院と巨樹

玉林寺(ぎょくりんじ) ⑳
0883-24-5805
〈M ▶ P.82, 109〉 吉野川市鴨島町山路107 Ｐ
JR高徳線・牟岐線徳島駅🚌西麻植・川島行内原🚶35分

　内原バス停から100m西の信号を南に進み、市立森山(もりやま)小学校の横を抜け、さらに約1.5km進むと、寺谷川(てらだに)沿いの奥まった山間北斜面に慈眼山(じげんざん)玉林寺(臨済宗 妙心寺派(りんざいしゅう みょうしんじは))がある。寺伝によれば、1177(治承元(じしょうげん))年、平家打倒の密議(鹿ヶ谷の陰謀(ししがたにのいんぼう))に加わり鬼界ヶ島(きかいがしま)に配流され、のちに許されて麻植保司となった平康頼(たいらのやすより)の開基で、玉林寺と補陀洛寺(ふだらくじ)の2寺を建立(こんりゅう)したという。天正(てんしょう)年間(1573～92)、戦火で焼失した後、慶長(けいちょう)年間(1596～1615)に補陀洛寺と玉林寺をあわせて曹洞宗(そうとうしゅう)寺院として再興。延宝(えんぽう)年間(1673～81)に宗本(そうほん)が再興して臨済宗に改められた。室町時代初期の絹本著色十六善神像(けんぽんちゃくしょくじゅうろくぜんしんぞう)(県文化)を所蔵する。また境内の鐘楼(しょうろう)の東には、玉林寺のモクコク(県天然)がある。樹高約13m・枝張り約10mで、樹齢約300年と推定されている。

　玉林寺から北西に600mほど進むと、山麓に壇(だん)とよばれる地があ

玉林寺のモクコク　　　　　　　　　　　　　　　壇の大クス

名西・吉野川・阿波

吉野川市役所周辺の史跡

り，道路際に壇の大クス(県天然)がある。樹高約20m，樹齢約820年と推定され，平康頼が植樹したとの伝承をもつ。

藤井寺 ㉑
0883-24-2384

〈M ▶ P. 82, 109〉 吉野川市鴨島町飯尾1525　P（ふじ屋旅館）
JR高徳線・牟岐線徳島駅🚌西麻植・川島行鴨島🚶35分

空海が植樹したフジの伝承をもつ札所寺院

　鴨島バス停すぐ西側の上下島交差点から約1.2km南下すると鴨島呉郷団地に至り，さらに南西の丘陵地に向かって約1km行くと，四国霊場11番札所の金剛山藤井寺(臨済宗妙心寺派)がある。寺伝によると，弘仁年間(810〜824)，空海(弘法大師)が四国巡錫のおりに清流の地である当地を訪れ，薬師如来像を刻み，一宇を建立して安置したのが始まりとされる。またこの際，空海が金剛不壊といわれる堅固な護摩壇を築いて修法を行い，その堂宇の前に五色のフジを植えたという由緒から，金剛山藤井寺と号するようになったという。当初は真言宗寺院として栄えたが，天正年間(1573〜92)に戦火により焼失。1653(承応2)年，四国遍路道をめぐった京都智積院の澄禅は『四国遍路日記』に堂宇の荒廃した様子を記している。その後，延宝年間(1673〜82)，徳島城下の慈光寺の南山国師が再興し，臨済宗に改めたと伝えられる。

　本尊の薬師如来像は，背板の内面に墨書銘があり，仏師経尋によって，1148(久安4)年に釈迦如来像として造立されたことが確認される。経尋は，三好市池田町の雲辺寺の本尊千手観音坐像の銘にみえる，「備中国(現，岡山県西部)人僧経尋」と同一人物と考えられている。製作年代・作者が明らかなうえに，この年代の同一地域に同一作者の作例が複数確認できるのは貴重である。現本尊が左

鴨島から川島・忌部の里へ

藤井寺本堂

の掌に薬壺を取っているのは後世の改変である。国の重要文化財に指定されており、指定名称は木造釈迦如来坐像である。

　藤井寺の本堂脇からは、神山町の12番札所焼山寺に至る約13kmの山道が延びる。近年、毎年5月の最終日曜日に「空海の道ウォーク」が開催されており、参加者も多い。この山道は四国遍路道最大の難所であり、「遍路ころがし」ともよばれる。近世の道標や遍路墓などが数多く点在し、古道の状態をよくとどめている。

　鴨島県郷団地入口の飯尾敷地コミュニティセンターから北東へ約800m行くと、県道31号線に面した所に持福寺（真言宗）がある。寺宝である金胎両界五瓶10口（県文化）は、真言の修行の儀式に使用される金属製の花瓶で、金鍍金5口と銀鍍金5口の2組からなる。表面には蓮台と火炎宝珠、両界五仏の三昧耶形が線刻されている。江戸時代に薩摩（現、鹿児島県西部）の島津家より寄進されたものといわれており、現在は奈良国立博物館に寄託されている。

　持福寺の西400mほどの所に報恩寺（真言宗）があり、境内に3基の板碑が残る。このうち最古のものは、「正和五（1316）年」銘をもつ。

河辺寺跡 ㉒

〈M ▶ P. 82, 109〉吉野川市鴨島町敷地字宮の北426ほか
JR高徳線・牟岐線徳島駅 ■西麻植・川島行鴨島 🚶30分

奈良時代造営の寺院跡
複室構造の忌部山型石棺

　藤井寺から阿波市市場町の四国霊場10番札所切幡寺につながる遍路道を500mほど北に向かい、最初の「へんろみち」道標の立つ角を西に進めば、山裾に河辺寺跡（県史跡）がある。1815（文化12）年編纂の藩撰地誌『阿波志』には「廃神戸寺在敷地村」と記され、「こうべじ」とよばれる寺跡の伝承があったことがわかる。

　1955（昭和30）年の発掘調査で17個の礎石が検出された。1984（昭和59）年の調査では、東西5間（約9m）・南北3間（約6m）の平安

河辺寺跡

時代の建物跡がみつかり,四面庇付きの金堂跡の可能性が指摘された。2005(平成17)年の伽藍配置確認調査で再検討の結果,桁行5間(8.8m)・梁行4間(7.3m)の規模で,2間・3間の身舎に1間の庇をめぐらせた金堂であること,建物の範囲は基壇外周に検出された列石から東西14m・南北12.6mにおよぶことが判明した。伽藍は金堂のみであるが,出土瓦の特徴や,金堂の中軸線が真北を向いていることなどから,近年奈良時代の早い段階に創建された可能性が指摘されている。

河辺寺跡から西へ谷を1つ越えると,国立病院機構徳島病院が位置する丘陵に多くの古墳が点在する。そのうち西宮古墳は,徳島病院正門のすぐ東側尾根上にある。封土は流失し,横穴式石室の基底と4本の玄門石のみが残る。玄室が胴張り・隅丸となる,この地域に特徴的な忌部山型石室とよばれるタイプの石室で,忌部山型石室としては前室と後室の複室構造をとるまれなものである。6世紀後半頃の築造であろう。

西宮古墳の北600mほどの所に西麻植八幡神社(祭神気長足姫命・誉田別尊・玉依姫命)がある。江戸時代造立の木造両部鳥居・石造太鼓橋・陶製狛犬1対が残る。

西麻植八幡神社の北方約1.5km,吉野川遊園地一帯の西に位置する湧水は,夏は10℃以下,冬は20℃以上という水温の異常現象(江川の水温異常現象,県天然)がみられる。水源は吉野川で,川島より下流の吉野川南岸の川砂利層に停滞した水が,季節により温められたり冷やされたりした後に,地下を約半年かけて移動し,湧出するためと考えられている。1985(昭和60)年には,環境庁(現,環境省)の「日本の名水百選」にも選ばれた。

鴨島から川島・忌部の里へ

川島城跡 ㉓

〈M▶P.82, 112〉吉野川市川島町川島136 Ｐ
JR徳島線阿波川島駅🚶10分

吉野川に臨み歴史遺産が集まる阿波九城跡

川島城跡

JR阿波川島駅の北方に白亜の天守閣がみえる。吉野川に突き出た比高37mの山塊の一帯が川島城跡である。1981（昭和56）年に新築された模擬天守は，勤労者福祉施設として，万葉植物園などとともに整備されたものである。旧郷町（在郷町）の家並みの中，旧伊予街道（県道156号線）を北に進む。

川島城は，戦国時代には川島兵衛之進の居城であった。兵衛之進は，1579（天正7）年，脇城外岩倉の合戦で長宗我部軍と戦い，戦死した。その後，阿波に入国した蜂須賀氏は，阿波九城の1つとして林能勝（俗に道感）を城番に配置した。能勝は尾張（現，愛知県西部）出身で，織田信長に仕えた後，蜂須賀正勝（小六）の与力として活躍し，武市常三とともに徳島城築城も担当した。一国一城令により，1638（寛永15）年に廃城となった後，幕末には練兵場とされ，明治の初めには長楽寺を移転させて麻植・阿波・美馬・三好の4郡を統括する西民政所がおかれた。

川島町の史跡

明治時代末期から大正時代にかけて行われた吉野川の築堤工事にともない，当地が石切場となったことや，公園整備によって城郭本体は失われた。山塊の西端にある一段高い所を岩の鼻といい，眺望が素晴らしい。西は高越山，北に伊笠山・

112　名西・吉野川・阿波

善入寺島――阿波の粟島

コラム

県内最大の川中島
肥沃な吉野川の恵み

　川島城跡岩の鼻の眼下に広がる善入寺島は、南側の吉野川と北側の善入寺川（粟島川）に挟まれた中洲で、東西約6km・南北約1.2km、約500haの広大な耕作地である。現在でも「スカ（須賀）」ないしは旧名「粟島」でよび慣わされることも多い。吉野川下流域の沖積平野には、「島」「州」「須賀」「塚」がつく地名が非常に多い。築堤以前の吉野川は網流しており、無数の微高地が形成され、そこが「シマ」「スカ」とよばれた。

　善入寺島は流域最大の川中島である。忌部氏の粟植え伝承から名づけられた「粟島」として、古くから拓けてきた。また極楽坑の風習など、神聖な島とみられていた。中世には秋月庄の一部であり、江戸時代には、阿波郡粟島村（現、阿波市市場町）、知恵島村（現、吉野川市鴨島町）、麻植郡宮島村（現、同市川島町）に分れていた。藍やサトウキビの産地として知られた。

　吉野川は明治10年代から国の治水計画があり、オランダ人技師ヨハネス・デ・レーケが調査した。1907（明治40）年、藍作からの転換を契機に吉野川の洪水対策と流路確定のための築堤が始まり、1927（昭和2）年に阿波市岩津まで完成した。ほぼ同時期に三好橋・穴吹橋・吉野川橋も完成し、堤防で制御され、長大橋が架かる徳島の近代景観ができあがった。築堤の際、遊水地として堤防内に位置づけられたこの地は、善入寺島と称されるようになった。約500戸3000人の島内居住者は、両岸地域を始め、徳島市や北海道、朝鮮半島に移住し、粟島神社は市場町八幡の八幡神社境内に移転、浮島八幡宮は川島神社に合祀された。

　現在は耕作地として旧島民らが373haを占用し、稲・野菜・牧草などが栽培されている。島内を横切る遍路道を歩くと、人工構築物のない雄大な景観が楽しめる。南東部の地名「阿女須賀」をもじって、「アメリカ」の平原のようだと、よばれることさえある。なお、島名の由来となった善入寺は、粟島川に面した市場町香美にあり、現在は小さな庵となっている。

善入寺島中央部から西方を望む

城王山、東に大麻山を望み、眼下には吉野川と徳島平野を一望する。
　東側の平坦部分は二の丸跡で、川島神社が鎮座する。さらに東

側の道路が空堀跡と推定されている。模擬天守の東側には，林道感碑や「朝鮮女」と刻まれた墓などがある。蜂須賀氏は朝鮮出兵に林能勝らを率いて従軍し，慶長の役における全羅道南原城の戦い(1597年)で連行された若い文人鄭希得は，徳島幽囚の記録『月峯海上録』を著した。国交回復後，1711(正徳元)年と1748(延享5)年に朝鮮通信使の接待役となり，1711年に提供した上々官(通訳)第二船などの様子を描いた絵画(「朝鮮通信使蜂須賀家川御座船図」(県文化)，徳島城博物館所蔵)も残されている。

川島神社は，善入寺島内の宮島の浮島八幡宮を首座に，40余社を合祀し，1916(大正5)年に誕生した。浮島八幡宮は，『阿府志』などが，『延喜式』神名帳記載の麻植郡忌部神社に比定する忌部氏系の神社である。10月第4日曜日には，七十五膳の神事が行われる。

当地の旧字名神後は，川島銅鐸の出土候補地の1つとされ，岩の鼻に銅鐸碑が設けられている。川島銅鐸は，総高45.6cmの外縁付鈕式の流水文銅鐸で，銅鐸の集中埋納で知られる島根県雲南市の加茂岩倉遺跡に兄弟銅鐸がある。現在は，兵庫県西宮市の辰馬考古資料館に収蔵されている。

また，岩の鼻にのぼる階段脇の石垣に，古代寺院の礎石が組み込まれている。これは，古瓦の散布から阿波川島駅周辺に推定される大日寺の礎石と考えられている。

模擬天守の南西200mほどに麻名用水の取水口があり，巨大な記念碑が立つ。江戸時代から明治30年代まで隆盛をきわめた阿波藍は，化学染料などの普及で一気に衰退し，高燥地は桑園(養蚕)に，低地は水田への転換を余儀なくされた。水利灌漑のため，日露戦争(1904～05年)の勝利を記念して，1906(明治39)年に着工されたのが麻名用水である。城跡の山塊を隧道で抜き，麻植郡(現，吉野川市)鴨島町・名西郡石井町の1300haをうるおした。

上桜城跡 ㉔

〈M ▶ P.82, 112〉吉野川市川島町桑村字植桜2918ほか [P]
JR徳島線阿波川島駅 [徒]40分，または [車]15分

JR阿波川島駅の南約1.1km，川島城跡と反対の方向，四国山地の中腹に上桜城跡(本丸・西の丸，県史跡)がある。平地との比高差は

上桜城本丸跡

約120m, 源光寺池から山道をのぼると本丸跡にたどり着く。車利用の場合は, 国道192号線から美郷地区に抜ける県道43号線をのぼり, 農道交差点にある標示を300mほど入ると説明板がある。

阿波三好家悲運の重臣最期の城

　上桜城は, 三好氏家臣団の有力国衆篠原長房の居城である。長房は, 畿内の合戦での活躍や, 分国法として全国的に評価の高い「新加制式」の起草者としても知られる三好家の重臣であった。しかし讒言に遭い, 1572(元亀3)年, 三好長治に攻められた。この上桜合戦(川島合戦)で長房は戦死, 落城。重臣を失った阿波は, 10年後, 土佐(現, 高知県)の長宗我部氏に制圧されることとなる。

　城は実戦に使用されたため, 遺構は明瞭であり, 東西のなかば独立した遺構からなる。東の遺構は, 本丸にあたる曲輪と東側に一段低い曲輪があり, これに付随する若干の遺構で構成される。本丸は東西約27m・南北約15mで, 現在は三角点・上桜神社・上桜城址碑がある。西の遺構は単一の曲輪で東西約14m・南北約40m。V字形の堀切は東の遺構の弱点である尾根続きの西方と南方を防御するように設けられていることから, 合戦の際, 新しくつくったものと推定されている。

鴨島から川島・忌部の里へ

④ 名峰高越山の麓をめぐる

「おこうっつあん」の山麓に広がる阿波忌部氏の本拠地をめぐり、川田川を遡って、自然と歴史豊かな山村に分け入る。

山崎忌部神社 ㉕

〈M▶P.82, 116〉 吉野川市山川町忌部山14 ㋐
JR徳島線山瀬駅 徒歩20分

阿波忌部氏の故地 式内社の系譜を引く社と古墳群

古代、忌部氏は朝廷祭祀に中臣氏とともに重要な役割をはたし、祭祀に必要な物資を貢納させるための品部を出雲・紀伊・讃岐（現、島根県東部・和歌山県および三重県南部・香川県）・阿波などに設置した。斎部（忌部）広成が807（大同2）年に著した『古語拾遺』には、「天富命が、天日鷲命の孫を率いて阿波国に移り、穀・麻を植えさせた。その一族が、今、阿波国におり、大嘗祭には木綿・麻布（荒妙・麁布とも書く）など種々の物を献上する。それゆえ、郡の名を麻殖という」（抄訳）と記されている。

現在の山川町忌部周辺（旧、山崎村）は、律令制下の「忌部郷」の遺称とされる。中世には、「やまさきのいち」と称する、山間部を含む旧麻植郡内の領主の集まりがこの地で定期的に催され、忌部一族の意志決定をしていたという。

JR山瀬駅の南東約1.2km、忌部山の麓にある山崎忌部神社は阿波忌部氏の祖神天日鷲命をまつり、『延喜式』式内社忌部神社の比定社の1つである。もとは忌部山の黒岩にあり、1395（応永2）年の大地震で崩れたため、現在地に移転してきたと伝えられる。山川町川田字忌部山の種穂神社はもと忌部神社と称し、18世紀に式内社所

阿波山川駅周辺の史跡

在地論争を引き起こした。1871(明治4)年,全国の神社再編で式内大社忌部神社が国幣中社とされたとき,再び所在地論争が巻き起こった。国学者小杉榲邨の考証により,1874年に当社がそれと判断されたが,論争の末,1881年,美馬郡西端山村(現,つるぎ町)の御所神社に決定された。しかし,論争が収まらなかったため,1885年,徳島市二軒屋町勢見山に国幣中社忌部神社を新設することで決着させた。その後,当社は『神社明細帳』からも削除されたが,1919(大正8)年に天日鷲神社として復活,1967(昭和42)年に山崎忌部神社と改称した。

山崎忌部神社から30分ほどのぼった標高240mの地点に,忌部山古墳群がある。6世紀後半築造の円墳5基からなり,1976年,徳島県博物館がこのうち3基を発掘調査した。いずれも墳丘径は約10m,石室長は約6mを測る。玄室の平面形が隅丸・胴張りで,石室全体をドーム状に築くことに特徴があり,忌部山型石室とよばれ,周辺地域に分布している。

境谷古墳 ㉖ 〈M ▶ P.82, 116〉 吉野川市山川町境谷
JR徳島線山瀬駅 🚶 20分

JR山瀬駅から旧伊予街道(県道244号線)を西に進み,1913(大正2)年に建てられた旧山瀬郵便局などの擬洋風近代建築を眺めながら,美郷の種野山につながる県道245号線に入ると,山麓に金勝寺(真言宗)があり,墓地の中に横穴式石室のみ遺存する,金勝寺古墳がある。

県道245号線に戻って台地にのぼり,山麓沿いに市道を進むと標示がある。これに従って山道をのぼると境谷古墳に至る。川田川流域の代表的後期古墳で,墳丘径は約13m,北西方向に開口する横穴式石室の石材はすべて結晶片岩で,全長は約6.4m,形態はドーム

川田川東岸の後期古墳と中世城館などを散策する

境谷古墳

名峰高越山の麓をめぐる

が緩やかだが忌部山型石室に属する。6世紀後半の築造とみられる。

境谷古墳の北約300m、河岸段丘の端に青木城跡がある。城主市原造酒正は、1579(天正7)年、脇城外の長宗我部軍との戦いで討死し、廃城となったという。城の北は比高23mの段丘崖、東西は開析谷、本丸の曲輪は東西66m・南北35mで、現在は全体が墓地になっている。

青木城跡から国道193号線を南に約1.5km行くと、川田川東岸の山麓部に旗見窯跡がある。1967(昭和42)年に同志社大学が発掘調査を行った。現在は、窯体に覆屋をかけて保存されている。全長は9.6m、中央部の幅1.26mの規模である。8世紀後半〜9世紀、須恵器の椀や皿など供膳具を中心に焼成されていたとみられる。

阿波和紙伝統産業会館 ㉗
0883-42-6120

〈M ▶ P.82, 116〉吉野川市山川町川田141
P
JR徳島線阿波山川駅 🚶15分

阿波和紙を守る伝統工芸 今に生きる

川田は和紙の里である。江戸時代中頃から、川田川沿いの川東や奥川田の一帯で、手漉き和紙が盛んに生産された。最盛期の1907(明治40)年前後には200軒を超えたという。

川田和紙の歴史は、上古、忌部氏が阿波に入国し、楮や麻を植えて紙や布を製造し神事に供する技術がもたらされたことに始まるという。材料となる楮やノリウツギは山野に自生しており、収穫が容易であった。また楮や布をさらすのに、川田川の清流も欠かせないものであった。1616(元和2)年、蜂須賀氏は紙の専売制をしいた。藩内では川田のほか、種野山や木屋平の麻植郡内(現、吉野川市)を始め、美馬郡貞光・半田(現、つるぎ町)、三好郡池田(現、三好市池田町)、那賀郡拝宮・坂州木頭(現、那賀町)などが産地であった。藩札や奉書、仙画紙などの御用紙などがおもな製品で、とくに藍染和紙は全国的に有名であった。1901(明治34)年の統計では、県内の製紙業者962戸で生産額は全国9位であったが、機械製紙にしだいに押され、1941(昭和16)年には236戸、1962年には5戸と急減した。

このようななかで、1970年に山川町川東の藤森実が手漉和紙製造の技法(県無形)の保持者として認定され、1973年には川田手漉和

阿波和紙伝統産業会館

紙製造用具88点が県の有形民俗文化財に指定された。さらに1976年には、阿波和紙が通商産業大臣により伝統的工芸品に指定された。

阿波山川駅の南1kmほどの所にある阿波和紙伝統産業会館は、阿波和紙の啓蒙と継承を目的として、1989（平成元）年に建設されたものである。なお川田手漉和紙製造用具は、現在は美郷ほたる館で展示されている。

川田八幡神社 ㉘
0883-42-5111
〈M ▶ P.82, 116〉 吉野川市山川町川田八幡191　P
JR徳島線阿波山川駅 徒20分

高越山の登山口例大祭で賑わう古社

阿波和紙伝統産業会館から南西へ向かい川田川を渡り、県道249号線を400mほど北上した所で左折すると、川田八幡神社がある。旧郷社で、息長三神・宗像三神をまつる。社伝では、嵯峨天皇の勅願で、忌部氏が造営したとされる。「建久八(1197)年」「嘉元元(1303)年」銘などの棟札から、守護小笠原・細川氏、細川氏の代官土肥氏らが社殿を再建したことがわかる。

山川町神代御宝踊（県民俗）は、旱魃の年に高越権現で奉納すると慈雨があるという雨乞いの踊りである。神のいさめの踊りとして京都で踊られていたものを、川田村の者が習い覚えて持ち帰ったといわれ、1303年、雨乞い祈願として踊りを奉納したと伝えられている。明治時代には一時途絶えていたが、1928（昭和3）年に復活、現在は毎年10月22日の川田八幡神社例大祭で、勇壮な屋台の担ぎあげとともに、巫女姿の少女たちによって奉納される。

山川町神代御宝踊（川田八幡神社）

名峰高越山の麓をめぐる　119

川田八幡神社から南へ700mほど行くと，河岸段丘上の井上城跡に着く。井上城は，川田城とも泉屋形ともよばれた。今は，土肥氏の墓・柳の井戸以外に遺構はない。当初は小笠原氏，ついで細川氏が，戦国時代には土肥兵部太夫が拠点とし，脇城外岩倉の戦い(1579年)で土肥康吉が討死した後，落城した。

高越山 ㉙
0883-42-2518(高越寺)

〈M ▶ P.82〉吉野川市山川町木綿麻山 P
JR徳島線阿波山川駅 🚶 3時間30分，または🚗 1時間(Pから)

歴史と自然豊かな吉野川中流域のシンボルの山

　秀麗な山容を誇り，阿波富士とも尊称され，また「おこうっつぁん」の愛称でも親しまれる高越山(1122m)は，自然の豊かさだけでなく，険しい修験の山としても知られる。登山道はいずれのコースも3時間ほど，車の場合も山頂近くの駐車場まで1時間ほどかかる。阿波の土柱(国天然)を含む付近一帯は，土柱高越県立自然公園となっている。

　山頂近くには高越寺(真言宗)がある。蔵王権現と千手観音を本尊とし，境内は神仏習合の時代の名残りの配置になっている。寺伝では役小角(役行者)が開き，空海(弘法大師)が千手観音を刻んで一字一石の法華経を山頂に埋めたという。阿波修験道の発祥地といわれ，大和(現，奈良県)の吉野金峯山を東上山とよぶのに対して西上山ともいう。山岳修験の霊場として，中世には熊野信仰との関係が深い。

　寺宝の絹本著色仏涅槃図(国重文，京都国立博物館寄託)は鎌倉時代の作で，県内最古の涅槃図である。大般若経600巻は，川田八幡神社にあったものが，1757(宝暦7)年に高越寺に移された。経巻第154に「保安三(1122)年」の書き込みがある。さらに上にのぼ

高越山

った所にある高越神社は阿波忌部の祖天日鷲命をまつる。

　高越山と奥野々山(1159m)の間にある標高1050mの北東向きの緩斜面に，船窪のオンツツジ群落(国天然)がある。長さ500m・幅100mの範囲に，オンツツジ・ミツバツツジなど約1000株が群生する。5月中〜下旬に燃えるように真っ赤な花が咲き乱れるオンツツジは，植物学者牧野富太郎がこの地のものをもとに命名した。近畿南部・四国・九州，韓国済州島に分布するが，これだけの群落はきわめて珍しい。

　船窪から車道をくだった所に含銅硫化鉄鉱を産出した高越鉱山の跡地があった。1870(明治3)年，名東県がアメリカ人フハリントンに鉱山調査を依頼し，1872年に発見された。大正年間(1912〜26)以降，生産量が伸び，1971(昭和46)年に閉山となるまで145万tを採掘し，最盛期には約3000人の従業員がいた。

美郷ほたる館 ❸⓪　　〈M▶P.82〉吉野川市美郷字宗田82-1　Ｐ
0883-43-2888　　　JR徳島線阿波山川駅🚌15分

ホタルの里を導いた子どもたち

　JR阿波山川駅から国道193号線を5.5kmほど南下すると，川田川に沿って美郷ほたる館が立っている。美郷のホタルおよびその発生地(国天然)の活用施設として，2000(平成12)年4月に開館した。

　国の天然記念物としてのホタル発生地は，環境保護のため，旧美郷村全域が指定範囲となっている。当地域では，水棲のゲンジボタルを中心とし，ヘイケボタル，陸棲のヒメボタル・オバボタル・オオマドボタルの5種が確認されている。分布の中心は，川田川の大正橋から田平橋までの約3.5kmで，ほたる館もこの区間にある。今は休校となっている，当時の美郷村立中枝小学校の児童が，1966(昭和41)年からホタルの生態観察と研究を始めたことがきっかけとなって，村をあげての保護活動となり，県・国の天然記念物指定につながった。この観察記録はほたる館で見ることができる。

川田川と美郷ほたる館

名峰高越山の麓をめぐる

川田川の水源に近い最上流には母衣暮露滝がある。落差20mほどもある滝で、滝が結晶片岩の岩体を穿った痕跡が随所にみられ、景観は雄大である。

高開の石積み段々畑 ㉛

〈M ▶ P.82〉吉野川市美郷字大神
JR徳島線阿波山川駅🚌30分

山村の歴史を重ねた要塞のごとき石積み

吉野川市美郷地区の開発は平安時代に遡るとみられ、中世には種野山(麻植山)とよばれた山の所領の中核であった。江戸時代には藍・煙草・木綿など商品作物と林業、東山銅鉱山(1971年閉山)開発など山の産品で栄えた。

山腹斜面の各所に、石積みの段々畑が造成されている。とくに高開の石積み段々畑は、標高約350〜400mの南向きの急斜面に約1.7ha、二十数段の段々畑が集中する。開墾の際に出土する結晶片岩の野石を形によって分類し、石垣は積み上げられる。失われつつある山村集落の畑地景観として、2001(平成13)年に文化庁が行った「農林水産業に関する文化的景観」調査で重要地域とされた。

高開集落から川田川におりた所に谷の四つ足堂がある。現在の建物は昭和時代初期のものだが、辻堂として古い形状を残している。四つ足堂東側の谷を渡ると、南北朝時代の板碑を集めた所がある。美郷地区内300基ともいわれる板碑の中ではもっとも古いといわれている。

高開の石積み段々畑

5 吉野から市場・阿波まで

吉野川北岸を吉野町から阿波町まで歩く。『平家物語』ゆかりの地や，戦国時代を彩った大方殿の生誕地などを訪ねる。

西条城跡 ㉜

〈M ▶ P.82〉阿波市吉野町 西条字町口
JR高徳線・牟岐線徳島駅🚌二条・鴨島線一条西🚶3分，またはJR徳島線鴨島駅🚗15分

阿波九城　吉野川をおさえる

一条西バス停の南東約200m，JA一条支所と県道15号線を挟んですぐ南側に西条城跡がある。当城の西方約500mにも城跡があり，それを西条西城とよぶのに対して，当城を西条東城とよぶこともある。室町時代には岡本美作守が拠っていたが，蜂須賀氏入部後は1638（寛永15）年まで阿波九城の１つとして機能していた。城域は東西40m・南北90mほど，周囲には幅12〜20mの堀がめぐらされ，北西隅に天守台と推測される盛り土が外側に張り出していたと伝えられているが，現在は耕地となり，井戸跡１カ所を残すのみである。

西条城跡の北東約２km，上板町七條と阿波市吉野町五条の境にほど近い，県道14号線南側の田園の中には五条神社（祭神速玉男命・事代主命ほか）があり，さらにその南側が，戦国時代に高志氏が居城とした五条城跡とされている。「城屋敷」という地名が残るが，現在は耕地となっていて，当時を偲ばせるものは何もない。

西条東城跡付近

西光屋敷跡 ㉝

〈M ▶ P.82〉阿波市吉野町柿原ヒロナカ
JR高徳線・牟岐線徳島駅🚌二条・鴨島線阿波高校前🚶3分，またはJR徳島線鴨島駅🚗15分

鹿ヶ谷の陰謀関連の地

西条東城跡から県道15号線を約３km西進すると，県立阿波高校があり，同校グラウンド北側に西光屋敷跡（ヒロナカ城跡）の石碑が立つ。西光とは，平安時代末期，国衙領郡原に含まれる柿原を根

吉野から市場・阿波まで　123

西光屋敷跡の石碑

拠地とした在庁官人藤原師光のことで、この碑は師光800年忌を記念して建立された。師光は、初め藤原信西に仕え、のち後白河法皇の近臣となった。『平家物語』に、1177（治承元）年の鹿ヶ谷の陰謀に連座して、平清盛に惨殺されたとある。

また当地では、鹿ヶ谷の陰謀後、師光の留守を守っていた4男広永が、当時阿波で平家方として最大の勢力を誇っていた桜間城（現、石井町）城主田口成良に追われ、土成町宮川内で自害したという伝承が伝えられている。当地の「ヒロナカ」という地名も、広永の名に由来するとされている。

大野寺 ㉞
0883-36-4406
〈M▶P.82〉阿波市市場町山野上字大西63　Ｐ
JR徳島線阿波川島駅🚌15分、またはJR徳島線鴨島駅🚗20分

奈良時代の宝篋印塔
北朝年号の釈迦仏像

阿南高校から県道15号線と12号線を西進し、約5kmほど行くと大野寺がある。当寺は、吉野川中流域最大の中洲である善入寺島を望む、吉野川北岸の河岸段丘の南端に位置する。高野山真言宗に属し、本尊は大日如来である。寺伝では、天智天皇の勅願によって、現在地の南東約1.3kmほどの大野島御所ノ原に創建されたという。その後、平安時代初期には嵯峨天皇の尊崇を受けて七堂伽藍が整えられたが、吉野川の氾濫でたびたび被害を受けたため、文亀年間（1501～04）に白坂、さらに享保年間（1716～36）に現在地に移転した。

境内には、県内唯一の中世の紀年銘をもつ宝篋印塔があ

大野寺

名西・吉野川・阿波

る。砂岩製で高さ1.12m、北面に北朝年号の永和元(1375)年十一月十四日と刻まれている。寺宝の木造大日如来坐像(県文化)は12世紀後半の作で、像高56.6cm。また、銅造誕生釈迦仏立像(県文化)は灌仏会の本尊として造立されたもので、像高10.3cm。灌仏会でかけられる甘茶による腐食を防ぐため、金銅仏としてつくられており、日本製ではなく朝鮮半島からの渡来像の可能性も否定できない。鋳造年代が奈良時代に遡る像として貴重である。

大野寺から南西へ約400mほど進むと、1870(明治3)年に『延喜式』式内社と決定された建布都神社(祭神武甕槌命ほか)の境内に建布都古墳がある。径17m・高さ1.5mの円墳で、内部主体や造営年代は不明だが、墳頂部には緑泥片岩の板石が露出しており、墳丘南側の裾には年代不明の4個の砂岩の立石がある。これとは別に、上質の緑泥片岩を使用した「応安二(1369)年」銘の阿弥陀三尊種子板碑が墳頂に建てられている。高さ194cm、幅81cm・厚さ18cmで、古墳主体部の石材を利用した可能性が高い。1959(昭和34)年の伊勢湾台風の際にマツの大木が倒れかかって折損し、1969年に修復されている。

野神の大センダン ㉟

〈M ▶ P.82〉阿波市阿波町 野神3-1　P (久勝小学校校地内)
JR徳島線阿波山川駅 🚗15分

伊沢氏の故地
修験者の道標となった老樹

建布都神社から県道12号線に戻って西に向かい、日開谷橋を渡り、右斜め前方に分かれる道を2kmほど進むと、市立久勝小学校の東隣に野神の大センダン(国天然)がみえてくる。地上1.3mで測る幹周りは約7.85m、樹高約11m、推定樹齢約900年で、江戸時代の絵図にも記載がある。昔、讃岐(現、香川県)から日開谷を越えて、高越山や剣山を詣でる修験者がこの樹を目印とし、樹下で休息をとったという。県内随一のセンダンで、1953(昭和28)年に県指定、1957年には国の天然記念物となった名木である。

野神の大センダンの西方約1.5km、阿波市役所の手前で南に折れて進むと、神社と池がみえる。伊沢神社である。旧郷社で、八幡神社と称していた。この地に入った伊沢氏が鎮守として勧請したものだが、大正時代に近隣の25社を合祀して伊沢神社とした。

吉野から市場・阿波まで

野神の大センダン

社殿前面に蛭田池があり、その西側の比高15mの段丘面が中世の伊沢城跡である。現在は住宅地となり、城の遺構は遺存していない。鎌倉時代の初めに、伊沢家景が着任し、その後、細川氏・三好氏に仕えた。1399(応永6)年の応永の乱では、伊沢四郎兵衛尉が細川満元に従って、室町幕府方として功を挙げ、戦国時代には伊沢頼俊が、上桜合戦(1572年)に参戦するなど、中世阿波の有力国衆となった。なお神社裏手には、上桜城(現、吉野川市川島町)の城主篠原長房父子の首塚と伝える碑がある。

なお、藩政期には組頭庄屋として活躍、江戸時代中期の伊沢亀三郎は、宮島新田・鴻池新田や鮎喰川堤防普請などに大きな功績があった。

北岡古墳 ㊱

〈M▶P.82, 127〉阿波市阿波町北岡74-2・115-1 P
JR徳島線川田駅🚗10分

阿讃山脈隆起以前から南に流れ、讃岐との主要な交通路となっている曽江谷川と、吉野川とが運んだ砂礫の巨大な隆起扇状地で、その後の浸食作用によって短冊状に切れ込んだ曽江谷川東岸の台地全体を長峰台地とよぶ。

長峰台地の南西端に2基の円墳があり、北岡古墳(県史跡)と総称されている。東古墳は径約15m・高さ約5m。南東に開口する横穴式石室は全長5.26m・奥壁幅

北岡東古墳

長峰台地の古墳と遺跡

2mの胴張形両袖式で、いわゆる「段の塚穴型石室」の特徴を備えている。西古墳は東古墳の西約350mの道路沿いにあり、墳丘の多くを削り取られ、横穴式石室のみが遺存する。墳丘は径約10m・高さ約4mと推定でき、石室は東古墳と同じ胴張形両袖式、全長5.83m・奥壁幅1.9mである。2基とも古墳時代後期（6世紀後半）の築造と考えられるが、東古墳は石室全体が結晶片岩で構築されているのに対し、西古墳は側壁を砂岩で積んでいる。

　北岡西古墳の北西約500m、西長峰工業団地内に長峰古墳がある。長峰台地全体では、各支脈に旧石器の分布を始め、弥生時代と中世の集落跡が展開する。高速道路や工業団地の事前調査で判明した桜ノ岡遺跡（Ⅰ）・赤坂遺跡・日吉谷遺跡・西長峰遺跡がそれで、西長峰遺跡では、弥生時代後期初頭の大型掘立柱建物跡や分銅形土製品が出土した。

岩津周辺の史跡

岩津 ㊲

〈M ▶ P.82〉阿波市阿波町岩津
JR徳島線川田駅🚗10分

吉野川流域を東西に分ける結節点

　現在の吉野川河口からちょうど40kmの地点が岩津である。南から高越山・種穂山・鼓山の山塊が迫り、北岸には長峰台地、岩津はその名のとおり吉野川の地峡部である。吉野川は、かつては北岡古墳の下の切戸から北に曲がって長峰台地を浸食していたが、平安時代におこった2回の大洪水で、現在の流路になったと伝えられる。

　岩津を境に、吉野川流域は気候・文化とも異なる展開をみせる。西の上郡では、谷底平野は狭く、北岸を中心に河岸段丘が発達している。気候的には、夏は内陸性の高温少雨、冬は北西の季節風が吹き、雪の日も多い。生活・方言・文化とも瀬戸内地方とのつながりが強い。一方、東の下郡は楔状に徳島平野が広がり、気候的には夏・冬とも海洋性の温暖さが感じられる。文化的には関西方面とのつながりが強い。

　吉野川の舟運は、かつては川口（三好市山城町）まで入り、中間地点の岩津は、川湊として要衝の地であった。江戸時代には徳島

吉野から市場・阿波まで　　127

岩津橋と吉野川

藩が御分一所(おんぷいちしょ)を設けて，関料を徴収し，藩営の渡場もあった。現在みる巨大な常夜灯は1867(慶応(けいおう)3)年の建立で，灯台の役目をはたした。1958(昭和33)年の吊り橋架橋により渡船が廃され，1993(平成5)年に現在の斜張橋の岩津橋が完成した。

　常夜灯の石段下，杉尾大明神(すぎおだいみょうじん)の鳥居脇に花崗岩(かこうがん)製の石碑が立っている。刻まれているのは当地の神官出身で平田篤胤(ひらたあつたね)門下の国学(こくがく)者・歌人として知られる岩雲花香(いわくものはなか)の鯰(なまず)の歌である。碑には，篤胤の提唱した「神代文字」を用いて，花香自作の歌が刻まれている。平田篤胤は，その著書『神字日文伝(かんなひふみのつたえ)』で，日本の神代(じんだい)文字を提唱し，「朝鮮のいわゆる諺文(おんもん)に似るが，非なるものである」と説くが，ハングルの知識があれば基本的に読めるもので，碑銘は，上段に「杉尾の宮の御前(みまえ)に鯰の歌詠みて白石(しろいし)にゑらし奉れる」，下段に「波の間に出でて見えなむつぬさはふ岩津の淵(ふち)の底の鯰は　岩雲花香」(ともに音意訳)と記されている。

　対岸には，徳島線唯一の鼓山トンネルがある。1914(大正3)年の完成で，レンガをオランダ積みにしており，全長は74.43mである。

岩津の常夜灯と歌碑

⑥ 土成から市場・阿波まで

阿讃山麓沿いに土成町から阿波町までの史跡をたどる。四国霊場や中世細川氏の拠点秋月城跡など，見どころが多い。

神宮寺 ㊳
〈M ▶ P.82, 131〉阿波市土成町吉田字一之坂9 P
JR徳島線鴨島駅🚌15分，または徳島自動車道土成IC🚗2分

鎌倉時代の優品　絹本著色千手観音像

　県道139号線を西進し，上板町引野の四国霊場6番札所安楽寺を過ぎると，まもなく阿波市土成町高尾に入る。土成に入ると，すぐに道路の南側に円墳がみえてくる。土成丸山古墳（県史跡）である。周濠をもつ県内唯一の円墳で，徳島県の古墳時代中期を代表する大型古墳といえる。径42〜46m・高さ6.5〜7m，周濠の幅12.5〜14m。2段築成で5世紀中葉の築造とみられ，墳丘周辺からは葺石や埴輪片が採集されている。

　丸山古墳から西へ約200m行くと，道の北側，高尾字熊の庄に熊野神社（祭神伊弉那美命・速玉男命・事解男命）がある。南北朝時代，この周辺は日置庄とよばれる皇室領荘園があったことが知られており，1379（康暦元・天授5）年に南朝の長慶天皇がこの地を紀伊（現，和歌山県）熊野新宮領として寄進している。当地は早くから熊野と結びつきがあり，かつては七条（現，上板町）に熊野本宮，五条（現，阿波市吉野町）に新宮，西条（同前）に那智というように荘域の各所に熊野三社の分霊をまつっていたが，1560（永禄3）年，吉野川・宮川内谷川の水害を避けるため，七条城主七条兼伸らが現在地に合祀したと伝えられている。江戸時代までは熊野庄権現と称し，高尾・引野・泉谷・鍛冶屋原・神宅（現，上板町）などの村々の氏神であった。例祭は10月18日で，角力神事が行われる。

　熊野神社から少し西進すると，道路北側の山際に四国霊場7番札所十楽寺（真言宗）がみえてくる。裏山には十楽寺山古墳があ

土成丸山古墳

129　土成から市場・阿波まで

熊野神社

る。標高70mの尾根先端部に形成され、2基の竪穴式石室が露出している。径15mほどの円墳であったとみられる。

十楽寺の西約2km、徳島自動車道土成ICのすぐ北側には土成中央公園があり、土成町出身の66代内閣総理大臣三木武夫の銅像が立っている。近くには三木の生家もある。

土成中央公園から県道139号線で西進すると、まもなく神宮寺(真言宗)がある。寺宝の絹本著色千手観音像(県文化)は3幅からなり、中幅には千手観音立像と脇侍の不動明王・毘沙門天立像および諸菩薩が、左右両幅には二十八部衆が描かれている。中幅は南北朝～室町時代、左右両幅は鎌倉時代末期に製作された優品で、県内で千手観音を囲んで二十八部衆が描かれているのは同作品が唯一のものである。茅葺きの方丈は珍しい。

神宮寺から上の段丘面が椎ヶ丸遺跡である。県内最大級の旧石器散布地として知られ、1000点以上のサヌカイト製石器が採集出土されている。

熊谷寺 ㊴
088-695-2065
〈M▶P.82, 131〉阿波市土成町土成字前田185 P
JR徳島線鴨島駅🚗15分、または徳島自動車道土成IC🚗3分

四国霊場有数の豪壮な山門

神宮寺を道路南側にみながら広域農道を西進すると、まもなく四国霊場8番札所熊谷寺(真言宗)の豪壮な仁王門の裏側に出て、参道と交差する。

仁王門(山門、附 石碑1基、県文化)は、1687(貞享4)年、当寺の住職長意のときに建立された。高さ13.2m、山門重層造、和様・禅宗様の折衷様式で、四国有数の仁王門として知られており、

熊谷寺仁王門(山門)

徳島県を代表する近世寺院建築である。参道は坂道となっており、仁王門からさらにのぼると、本坊・多宝塔・中門・本堂へと進み、続いて鐘楼・長意和尚言行録碑・大師堂へと至る。木立に囲まれた境内は、古刹の雰囲気を漂わせている。

多宝塔(県文化)は1774(安永3)年の建立で、当寺のほかの建造物にくらべて新しいものだが、江戸時代に建てられた多宝塔の例は全国でも少なく貴重である。中門(県文化)は八脚門の形式で、細部の意匠が仁王門と共通する。鐘楼(県文化)は楼上にのぼって撞く形式で現在は袴腰付きであるが、これは近年の補修で付け加えられたものであり、かつては4本の角柱が露出していた。

熊谷寺多宝塔

土成周辺の史跡

本堂西側の急な石段をのぼると、1672(寛文12)年建立と伝える宝形造・本瓦葺きの大師堂(県文化)がある。大師堂内厨子(県文化)は堂と細部の模様が共通することから、17世紀後半の作と考えられている。また、ここには木造弘法大師坐像(県文化)が安置されている。像高60cm、寄木造・玉眼嵌入の彩色像で、胎内墨書銘から1431(永享3)年の作であることが知られている。

土成から市場・阿波まで

熊谷寺から南へ約800m、阿波市土成支所の一角に阿波市立土成歴史館がある。土成町内出土の考古遺物、民俗資料や三木武夫に関する資料を収集・展示しているが、入館するには阿波市教育委員会(088-696-3968)への事前連絡が必要である。

秋月城跡 ㊵

〈M ▶ P.82, 133〉阿波市土成町秋月字明月・字乾 P
JR徳島線鴨島駅🚗25分、または徳島自動車道土成IC🚗20分

阿波市土成支所南側の交差点を西進すると、法林地に至る。案内表示に従って進むと、やがて田園地帯の中に四国霊場9番札所法輪寺(真言宗)がみえてくる。当寺北方にある「法林地」の地名は旧寺地に由来するといわれている。

法輪寺から南下して県道12号線に入り、西進すると秋月に至る。やがて道路北側に案内板がみえ、そこを北上して県道139号線と出合った所でやや東に戻る。さらに標示に従って坂道を北へのぼれば秋月城跡に至る。現在、周辺は史跡公園として整備されている。

秋月城跡は標高約50m、吉野川平野を見下ろす扇状地の扇頂部に位置する。南側と東側は浸食谷の指谷川が流れ、天然の堀に囲まれた形になっており、東西約70m・南北約270mの城域の最北部が本城とされている。堀は広い所で幅約20m、深さは3〜6mある。本城東北方の山上には高丸とよばれる山城跡があり、秋月城の出城と考えられている。

近くには安国寺跡(初め補陀寺、夢窓疎石開山)・輪蔵庵(安国寺経蔵、現存)・宝冠寺跡(絶海中津開山)・光勝院跡(春屋妙葩開山)のほか、多くの井戸が残されている。また周辺地域に、「古町」「寺屋敷」「楼門」「門城」「馬場屋敷」「的場」などの地名が伝えられている。

秋月城は、1336(建武3)年、足利尊氏より四国経営を任された細川和氏が根拠地として以降、守護所が

法輪寺山門

細川氏四国経営の拠点

名西・吉野川・阿波

秋月城跡から吉野川平野を望む

勝瑞(現,藍住町勝瑞)に移されるまでの間,細川氏の阿波支配の拠点として重要な役割をはたした。往時,周辺は守護館とともに細川氏建立の寺院が軒を並べ,京都五山の名僧も招かれた。阿波統治のための政治の中枢としてだけでなく,阿波の文化サロンの中心地であったと推測される。細川氏が勝瑞に去った後は衰退し,在地領主の秋月氏が拠った。なお,秋月城跡から出土した遺物などは,現在,土成歴史館に収蔵されている。

秋月歴史公園周辺の史跡

切幡寺 ㊶　〈M ▶ P.82, 133〉阿波市市場町切幡字観音129　P
0883-36-3010　JR徳島線阿波川島駅🚗25分,または徳島自動車道土成IC🚗10分

秋月城跡から県道139号線を西へ約1km進むと,四国霊場10番札所切幡寺(真言宗)の参道入口に至る。切幡寺は,815(弘仁6)年,空海(弘法大師)開基と伝えられる古刹であり,吉野川を望む観音寺山の中腹に伽藍を構えている。本尊は千手観世音菩薩。南北朝時代には足利直義の発願により利生塔が当寺に建立され,善通寺(香川県善通寺市)の宥範が導師をつとめた。細川氏膝下ということもあってか,『宥範求法縁起』には,利生塔としては京について2番目に建立されたとある。細川氏の下で寺運は隆盛をきわめたが,天正年間(1573～92),長宗我部氏の阿波侵攻の際,兵火に

切幡寺大塔

土成から市場・阿波まで　133

罹って堂塔を焼失した。復興されたが、1909(明治42)年に再度失火により多くの堂塔を失った。その後、順次再興されて現在に至る。

参道の長い石段をのぼりきると、切幡寺大塔(国重文)に迎えられる。この塔は、元来、大坂の住吉大社神宮寺の西塔として豊臣秀頼により建立されたもので、1607(慶長12)年立柱、1618(元和4)年に完成した。明治時代初期、神仏分離・廃仏毀釈の嵐のなかで、神宮寺が廃寺となった際、切幡寺が利生塔再興のために購入し、1873(明治6)年から移築を開始、1882年に完了した。大塔形式の二重塔で、二重目は円形とする多宝塔が一般的だが、同塔は二重目も方形とする全国的にも珍しい様式をとっている。その堂々たる構えは、江戸時代初期の寺院建築の様相をよく伝えている。

切幡寺から約4km西に進むと、徳島自動車道北側、事代主神社の東側には上喜来遺跡がある。日開谷川により形成された段丘先端部に位置し、旧石器時代のサヌカイト製打製石器が多く出土した。また、上喜来遺跡から徳島自動車道を挟んで1kmほど南の市場町大俣には上池がある。この池は、土成町浦池の大池、三好市池田町の古池と並んで、846(承和13)年に阿波介として赴任した山田古嗣が築造させたものと伝えられている。

県道2号線を北に進むと市場町大影と香川県東かがわ市白鳥町の境界近くに、境目のイチョウ(県天然)がある。このイチョウも雌株で、樹高約25m・幹周り約8.6mを誇る。枝張りは東西約16m・南北約15m。地元では弘法大師の手植えと伝えている。

なお、阿讃山麓沿いに、旧石器〜室町時代の遺物・遺構が発見されている。中世の五輪塔が散乱しており、室町時代の中世墳墓地と推定される上喜来蛭子〜中佐古遺跡などがある。徳島自動車道にともなう発掘調査により発見されたものである。

尾開の市立市場中学校南側の道を西進すると阿波市立市場歴史民俗資料館があり、市場町内で発掘された石器の一部などが展示されている。

阿波の土柱 ⑫ 〈M▶P.82〉阿波市阿波町桜ノ岡 P
JR徳島線川田駅🚌15分

市場町上喜来から大規模農道に沿って走ると、阿波町の扇状地形

やねこじき

コラム

行

開墾の歴史が生んだ伝統行事

　阿波市市場町の中心部に位置する町筋地区では，商店や郵便局などの公共機関が，その年の流行や社会現象を風刺した人形やからくりをつくり，それぞれ店頭に展示する行事が毎年行われる。これを「やねこじき」という。

　かつて県北地域で，端午の節句に豪農の使用人が主家の男児の成長を祝って庭先につくる飾り物のことを，「だし（山車）」または「やねこじき」と称した。伝承では，1606（慶長11年），蜂須賀家政（蓬庵）が当地を巡検しており，村人は歓迎の意を込めてこの飾り物をつくり，「やねこい（粗末な）ものでございます」と謙遜して紹介したところ，「やねこじき」と聞き違えたのが由来という。旧来は端午の節句（5月5日）に，現在は10月（体育の日の前2日を含む3日間）に行われ，1992（平成4）年からは伝承をもとにした大名行列もある。

　市場町は江戸時代初期には古市村と称し，讃岐津田（現，香川県さぬき市津田町）に至る日開谷越えの街道に通じる交通の要衝であった。1604（慶長9）・1605年，蜂須賀蓬庵は高札（御判物）を出し，荒廃した当地の開墾を進め，市を立てるよう促し，住民の諸役の免除をうたった。これにより当町は発展した。町筋の人びとは，高札を「御判物様」とよんで，1945（昭和20）年まで毎年祭礼には，神酒と穀物を供えまつっていた。こうした歴史が，先の伝承を生んだものとみられる。一説には人形を飾るこのような行事となったのは明治時代以降といわれ，「御判物様」の行事と1つの系譜で語られることにより，長い伝統行事と伝えられるようになったのであろう。

　徳島藩2代藩主蜂須賀忠英は，荒廃した扇状地の開墾促進と領内の治安維持をかね，家老長谷川氏のもとに，原士とよばれる独特の制度をつくった。原士は開墾地の収穫を禄とした。興崎組（阿波市市場町）と広長組（同市吉野町）を編成し，周辺の警備にあたった。市場町筋から段丘を東にのぼった興崎には，彼らが馬場として使用した直線道路がある。また，原士は藩内の治安維持や異国船警備などに動員されるとともに，開墾で培ったすぐれた土木技術をもって，干拓や築堤に活躍した。

やねこじき

がよく観察できる。扇状地の発達した旧阿波郡は少雨・高燥地であり，農業用水に苦労した歴史がある。上池のように古くから溜池が

阿波の土柱

自然が織りなす天下の奇勝

築かれ，明治時代末期に整備された広さ3.3haの山王の別墅池などの大小さまざまな溜池群が点在していた。別墅池の西側には貴布禰神社があり，慶長年間(1596〜1615)に当地の豪族川人備前守が，雨乞いのために京から勧請したものと伝わる。しかし，1956(昭和31)年には阿波用水，1986年には吉野川北岸用水が灌漑用水として整備され，農地の区画整理が進むなか，溜池の多くは姿を消した。

別墅池から大規模農道を西に約2.4km進むと，山沿いに正広古墳がみえる。小さな円墳で，横穴式石室の天井石が4枚確認できる。石室は，吉野川市を中心に分布する胴張りで奥壁が隅丸の忌部山型石室である。

さらに西進すると，農道は徳島自動車道阿波PAに接する。ここに自然の芸術品阿波の土柱(国天然)がある。この地域には，阿讃山脈の和泉層群(白亜紀砂岩層)に由来する土柱層とよばれる扇状地性の礫層が，地下約600mに至るまで厚く堆積している。土柱層は，火山灰の年代測定によると130万〜45万年前のもので，この礫層が風雨に浸食されて，柱やカーテンの襞のような形状をなした。世界でもチロル地方(イタリア)とロッキー山脈(アメリカ)と当地の3カ所しかない，珍しい地質現象といわれている。

阿波の土柱は1934(昭和9)年に国の天然記念物に指定，一帯は1961年に土柱高越県立自然公園となった。土柱は「三山六嶽三十奇」といわれ，千帽子山に波濤ヶ嶽・扇子嶽，高歩頂山に橘嶽，円山に灯籠嶽・不老嶽・筵嶽がある。浸食地形であるため，年々刻々とその姿をかえつつある。1973年農林水産省の自然休養村に選ばれ，土柱休養村温泉など各施設があり，野口雨情の碑などもある。放浪画家山下清もこの地を訪れ，スケッチを残している。

美馬・三好

Mima Miyoshi

美濃田の淵

落合集落

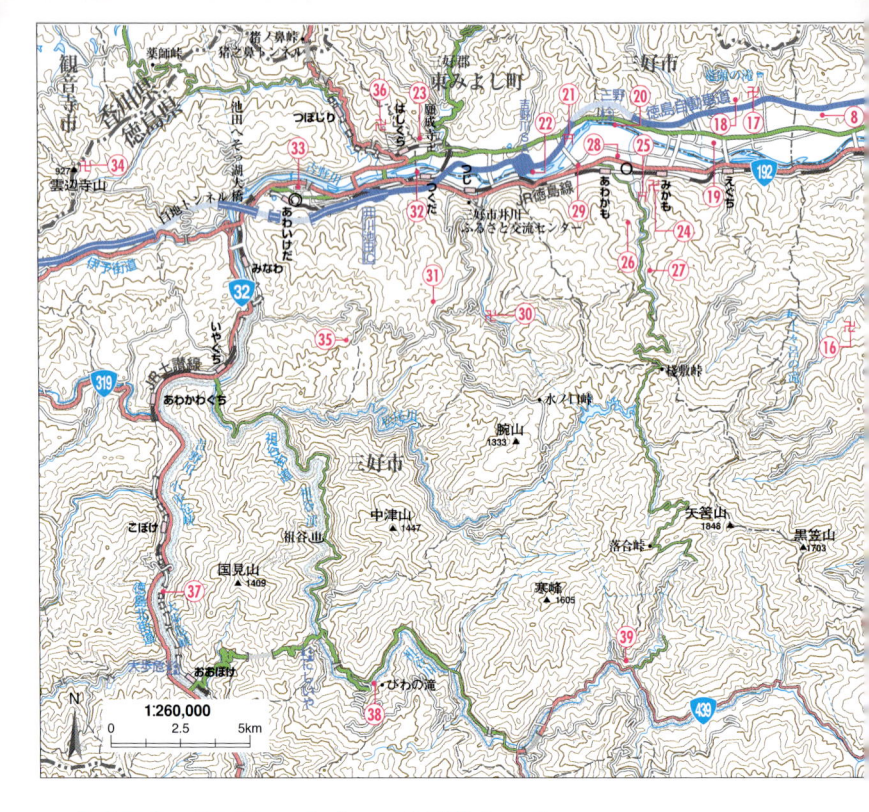

◎美馬市・美馬郡・三好市・三好郡散歩モデルコース

脇町コース　　　JR徳島線穴吹駅_10_脇町南町_5_脇町劇場_5_最明寺_3_旧長岡家住宅_10_大谷川堰堤_10_脇町南町_7_JR穴吹駅

美馬コース　　　JR徳島線貞光駅_15_段の塚穴_10_郡里廃寺_5_願勝寺・美馬郷土博物館_1_安楽寺_15_滝の宮経塚_10_JR貞光駅

貞光川コース　　JR徳島線貞光駅_15_貞光の町並み_10_東福寺_5_御所神社_5_東福寺_5_土釜_10_鳴滝_10_JR貞光駅

三好地区北部コース　　JR徳島線江口駅_10_瀧寺_30_青蓮寺_15_三好市三野総合支所_5_芝生城跡_10_太刀野の中央構造線_10_足代東原遺跡_20_美濃田の淵・円通寺遺跡_5_大柿遺跡_10_JR徳島線辻駅

阿波池田コース　　JR徳島線阿波池田駅_15_蓮華寺_10_馬宮家武家門_5_医家神社_5_うだつの町並み(阿波池田たばこ資料館・旧政海旅館)_10_池田城跡_5_諏

訪神社 _15_ JR阿波池田駅

祖谷山コース　JR徳島線阿波池田駅 _40_ 安楽寺 _5_ 五所神社の大スギ _5_ 古宮嶽 _25_ 祖谷の蔓橋 _20_ 木村家住宅 _20_ 阿佐家住宅 _10_ 東祖谷民俗資料館 _10_ 落合集落 _80_ JR阿波池田駅

①脇町南町
②旧長岡家住宅
③脇城跡
④岩倉城跡
⑤舞中島
⑥段の塚穴
⑦願勝寺
⑧重清城跡
⑨穴吹川
⑩三木家住宅
⑪森遠城跡
⑫剣山
⑬貞光の町並み
⑭御所神社
⑮土釜
⑯多聞寺
⑰瀧寺
⑱館山城跡
⑲三好市三野総合支所（旧三野町役場）
⑳太刀野の中央構造線
㉑足代のナギの林
㉒美濃田の淵
㉓東山城跡
㉔長善寺
㉕鍛冶屋敷のお地蔵さん
㉖丹田古墳
㉗加茂谷川岩陰遺跡群
㉘加茂の大クス
㉙稲持遺跡
㉚地福寺
㉛八石城跡
㉜内田弥八之碑
㉝池田城跡
㉞雲辺寺
㉟黒沢の湿原植物群落
㊱箸蔵寺
㊲大歩危渓谷
㊳祖谷の蔓橋
㊴落合集落

脇町から美馬へ

1

藍と養蚕、吉野川の恵みによって栄えたうだつの町並みが残る脇町。古代美馬の中心地、古墳や古代寺院跡の残る美馬町。

脇町南町 ❶

〈M ▶ P.139, 141〉美馬市脇町大字脇町　P（道の駅藍ランドうだつ）
JR徳島線穴吹駅🚌高松線脇町道の駅🚶3分

江戸時代の町家景観を今に伝える重要伝統的建造物群保存地区

　脇町道の駅バス停で下車すると、国の重要伝統的建造物群保存地区である美馬市脇町南町におり立つ。脇町は、江戸時代初期に徳島城の支城阿波九城の1つ、脇城の城下町として、城代の稲田植元により建設された。一国一城令（1615年）により脇城が廃城となった後も、脇町は吉野川の水運を利用した阿波藍の集散地として発展した。1889（明治22）年の市町村制施行時には、徳島・撫養（鳴門市）につぐ県内第3の町であった。明治30年代以降には、化学染料の輸入により藍作が衰退したが、当時盛んとなった養蚕にともない、繭商や製糸業で賑わう町となった。江戸時代から明治時代にかけての南町・中町・北町・本町・大工町・茶の子町などの地名に、その繁栄の名残りをとどめる。

　脇町南町には、東西約400mの通りに、江戸時代中期から昭和時代にかけて建築された、伝統的な造りの町家およそ50棟が軒を連ねる。江戸時代の町家は切妻造平入で、前面に下屋庇を設ける。明治時代以降の町家は、入母屋造妻入のものが加わる。屋根は本瓦葺きで、壁と軒裏は防火のために塗り込めの漆喰仕上げとし、2階の窓を虫籠窓にしたものが多い。

　南町の町家最大の特徴であるうだつは、2階の壁面から突き出した袖壁で、漆喰塗りの本瓦葺き屋根をもつ。火事の際に、隣家からの延焼をくいとめるための防火

脇町南町

壁の役目をはたした。うだつは，富裕のシンボルであり，脇町の商人は競ってうだつをあげた。ここから転じて，慣用句「うだつが上がらない」の語源であるともいう。

通りの南側，町家の裏手には高い石垣が積まれ，各戸に石段が設けられている。吉野川は，かつて町のすぐ南を流れていたため，ここに船着き場が設けられ，荷の積みおろしがなされた。

南町の通りのほぼ中央にある吉田家住宅は，1835（天保6）年に建てられた。主屋・質蔵・中蔵・藍蔵・離れの5棟が中庭を囲んで立ち並び，豪壮な藍商屋敷の暮らしぶりがうかがえる。また，森家住宅は，1919（大正8）年から1954（昭和29）年まで病院として使用された屋内に，大正時代初期の診療器具や薬局・看護婦詰所などが残されており，毎週土・日曜日，祝日に内部が公開されている。

通りの西側には脇町郷土資料館がある。1899（明治32）年に建築された脇町税務署が前身である。鉄筋コンクリート造りだが，外観は擬洋風のデザインで町並みによくとけ込んでいる。脇町の歴史を伝える資料や，脇町出身の第12世将棋名人小野五平に関する資料などが展示されている。また，館内に脇町うだつの町並みボランティアガイド連絡会があり，事前予約で観光ガイドを受け付けてくれる。

北町にある旅館たおか（主屋・表門及び添屋・蔵屋，国登録）は，もとは呉服商の別邸で，大正時代末期に旅館として創業した。漆喰壁の練塀が表門と蔵屋につながり，道路を挟んだ漆喰塗りの旧脇町農協倉庫とともに美しい街路景観をみせる。

脇町から美馬へ　　141

南町の東端を流れ，吉野川にそそぐ大谷川は，川沿いに植えられたヤナギが美しい。この大谷川の川畔に脇町劇場（オデオン座）がある。1934（昭和9）年に芝居小屋として建てられ，第二次世界大戦後は映画館として長く町民に愛されてきた。1995（平成7）年に閉館，取り壊される予定であったが，翌年，映画「虹をつかむ男」（山田洋次監督）のロケ地として脚光を浴び，保存されることとなった。間口14m・奥行27mの2階建で，舞台には直径6mの回り舞台が設けられている。

　大谷川は，阿讃（讃岐）山脈を浸食し，多量の土石が流れ出すので，これを防ぐために多数の砂防堰堤が建設されてきた。美馬市役所脇町庁舎のやや上流にある大谷川堰堤（国登録）は，1873（明治6）年に政府に招聘され，日本各地の港湾計画や河川改修工事に多大な功績を残したオランダ人技師ヨハネス・デ・レーケの指導の下，1886年から2年間かけて築造された砂防堰堤である。全長97m・高さ3.8mで，表面は石張りとなっている。国内に現存するデ・レーケの砂防堰堤の中でも，最大級で保存状態もよい。堰堤周辺は公園として整備され，市民や観光客の憩いの場となっている。

旧長岡家住宅 ❷

〈M ▶ P.139, 141〉美馬市脇町猪尻字西上野34　Ｐ
JR徳島線穴吹駅🚌高松線脇町道の駅🚶15分

土壁が美しい江戸時代中期の民家

　脇町南町から大谷川を東に渡ると，猪尻の集落に入る。猪尻には，稲田氏が淡路洲本城（現，兵庫県洲本市）の城代となり脇城を去った後，藩内の給地支配の拠点とした稲田氏会所があった。会所周辺には，家臣団や稲田家用人，各種職人などが居住していた。

　稲田氏会所跡から北に向かうと旧長岡家住宅（附棟札1枚，国重文）がある。もとは，脇町字西大谷の傾斜地にあったが，1979（昭和54）年に現

旧長岡家住宅

在地に移築された。主屋は桁行5間半(約10m)・梁間4間(約6.3m)の寄棟造・茅葺きで、外壁は土壁である。棟札によると1735(享保20)年の建築で、江戸時代中期の民家の姿を今に伝える。

旧長岡家住宅に隣接する上野八幡神社(祭神誉田別命ほか)がある。石段登り口には、稲田家家臣で勤王の志士として活躍した工藤剛太郎や尾形長栄の記念碑がある。

旧長岡家住宅の北には、最明寺(真言宗大覚寺派)がある。寺伝によると行基の開創で、初め西光寺と号したが、最明寺入道(鎌倉幕府5代執権北条時頼)が訪れたのを機に最明寺と改めたとする。寺宝の木造毘沙門天立像(国重文)は、ヒノキの一木造で平安時代後期の作とされる。また、寄木造の木造阿弥陀如来坐像(県文化)は平安時代末期頃の作とされる。絹本著色地蔵来迎図(県文化、徳島県立博物館寄託)は、鎌倉時代の作風をよく示す。

脇城跡 ❸

〈M ▶ P.139, 141〉 美馬市脇町脇町
JR徳島線穴吹駅 🚌 西村線本町南 🚶 30分

三好氏・長宗我部氏・豊臣氏の攻防の舞台 大規模な堀切が今も残る段丘上の城跡

脇町南町を西側に抜け、北を望むと、大きく平野に張り出した山塊が目に入る。一名虎伏山ともよばれる脇城跡である。城名は岩倉城の東脇に築かれたことによるとされる。古くは藤原仲房の居城であったといい、1533(天文2)年に三好長慶により修復され、城下の整備がなされたと伝わる。その後、武田信顕が城を守ったが、1579(天正7)年、土佐(現、高知県)の長宗我部氏の侵攻により落城した。

阿波制圧後の長宗我部氏は、家臣を国内の主要な城に入れて、それぞれに守りをかためさせた。脇城には、長宗我部親吉が入ったとされる。1585年の豊臣秀吉による四国平定の際、阿波には、羽柴秀長・秀次軍があたった。秀長・秀次軍は、まず、木津城(現、鳴門市)を攻略した後、一宮城(現、徳島市)と脇城を攻めた。脇城は秀次軍に包囲され、ほどなく開城した。四国平定の功により、阿波に封じられた蜂須賀家政は、徳島城を本城とし、国内に9つの支城(阿波九城)をおいて、領国経営に着手した。脇城は、阿波九城の1つとして、筆頭家老の稲田植元が兵500(300とも)をもって入城したが、江戸幕府の一国一城令(1615年)を受けて、1638(寛永15)年に廃城と

脇町から美馬へ

脇城跡の堀切

なった。
　脇城跡には，南麓の秋葉神社(祭神軻過突知命)からつづら折りの道をのぼる。城は，西・南・北が比高差約60mの段丘崖に面し，東側の台地続きに空堀を設け，防御をかためている。本丸に相当する曲輪は，東西約80m・南北約60mの規模で，南側をのぞく3面に土塁を配し，中央に石組みの大きな井戸を穿つ。大堀とよばれる本丸東側の堀切は幅約20m，北側は竪堀となり，南側に土橋を設けている。

　脇城の直下にある貞真寺(曹洞宗)は，稲田植元が母貞真尼の菩提を弔うために建立した寺院といい，のちに稲田家の菩提寺となった。貞真寺の西にある武田信顕・信定父子をまつる脇人神社にかけての一帯は，大屋敷とよばれる稲田氏の屋敷跡で，一部に水堀の跡が残る。

　秋葉神社南東の東林寺(浄土宗)は，1522(大永2)年の創建で，岩倉城主三好氏や脇城主稲田氏の信仰が篤かったとされる。江戸時代には，徳島藩主や藩の役人の休泊所とされた。木造阿弥陀如来立像・木造十一面観音菩薩像，山門および庭園は，ともに脇市有形文化財に指定されている。

岩倉城跡 ❹

〈M ▶ P.139, 141〉美馬市脇町田上
JR徳島線穴吹駅 🚌 西村線うだつアリーナ入口 🚶15分

断崖に聳える天然の要害

　脇城跡の西約1km，東西を深い谷に刻まれた標高111mの河岸段丘突端に岩倉城跡がある。

　岩倉城は，1267(文永4)年に三好氏の祖小笠原長房が築城したと伝えられる。戦国時代には三好山城守康長(笑岩)が居城とし，康長が畿内に転出した後，その子徳太郎が守った。1579(天正7)年に徳太郎は長宗我部氏に降伏，脇城の武田信顕と共謀して三好方の将兵を誘い出し，これを打ち破った。この戦いは，脇城外の戦いとよばれ，三好氏の重臣である矢野駿河守や森飛驒守を始め，麻植郡

稲田氏と庚午事変

コラム

徳島近代化の軋轢が生んだ悲劇

　徳島藩主蜂須賀家は，当初阿波一国を領国としていたが，大坂夏の陣(1615年)の戦功により，淡路(現，兵庫県淡路島)一国を加増された。淡路城代には，藩の筆頭家老であった稲田氏が命じられ，1631(寛永8)年に稲田修理亮は洲本に移った。以後，稲田氏は，淡路と美馬周辺をその知行地として幕末を迎えた。

　1869(明治2)年の版籍奉還により，徳島藩14代藩主蜂須賀茂韶は徳島藩知事となり，旧家臣は士族として新政府下に編成された。洲本城代の稲田邦植も士族となるが，その家臣は陪臣ということで卒族とされた。これに不満をもった稲田氏側は，新政府に対し，徳島藩から淡路を分離して，稲田邦植を藩知事とする洲本藩の新設を求める運動を展開。本藩(徳島藩)側は，これを旧藩主に対する反逆行為とみなし，両者は激しく対立することとなった。

　1870年5月，ついに本藩側の強行派が稲田討伐の檄に応じ，脇町猪尻(現，徳島県美馬市脇町猪尻)と洲本の急襲を決した。これを知った，猪尻の稲田氏家臣は，混乱を避けるために高松藩内に避難し，また猪尻に向かった徳島藩兵も，途中，死を賭した穏健派の藩士の説得に応じて襲撃を取りやめた。こうして，阿波国内での最悪の事態は回避された。しかし淡路では，洲本城下の稲田氏家臣屋敷や稲田氏の学校益習館が襲撃され，稲田氏側は死者17人(うち自決2人)・負傷者20人を出したほか，家屋25棟が焼失するなど甚大な被害をこうむった。明治維新の激動期のなかでおきた最後の御家騒動ともいえるこの一連の事件を，庚午事変あるいは稲田騒動という。

　事態を重くみた新政府は，藩知事蜂須賀茂韶に謹慎を命じ，首謀者新居与一助ら10人を死罪(日本法制史上最後の切腹といわれる)，26人を流罪，45人を禁固に処した。また，稲田氏は家臣の士族編入が認められたものの，主従ともども北海道への移住が命じられ，日高静内の開拓に従事することとなった。北海道への渡航の途中，稲田氏旧家臣が乗った船が遭難するなどの不幸な出来事もあり，厳寒の地の開拓は艱難をきわめたが，稲田氏主従は着実に原野の開拓を実現していった。

　現在，北海道で競走馬の飼育が盛んなのは，風土に応じて，彼らの始めた牧場経営によるものである。こうした歴史的経緯のもと，現在，脇町(現，美馬市)・洲本市(現，南あわじ市)・静内町は姉妹都市となり，交流が続けられている。なお，稲田氏主従の北海道開拓については，2005(平成17)年に吉永小百合主演の「北の零年」で映画化されている。

脇町から美馬へ　　145

野村八幡古墳

を中心とした吉野川中流域の武将が数多く戦死したとされる。長宗我部氏と三好氏の抗争において重要な転機となった戦いである。長宗我部氏の阿波制圧後は、長宗我部掃部頭（かもんのかみ）が岩倉城を守ったが、脇城と同じく、豊臣秀吉の軍門に降り、廃城となった。

城跡の北側を通る徳島自動車道の建設にともなう発掘調査では、空堀状の溝や犬走（いぬばしり）状の遺構が確認されている。本丸に相当する曲輪は東西約17m・南北約39m、北側に幅約9mの堀切を設けている。本丸の周辺には、観音坊や丹波ノ坊（たんば）など六坊とよばれる6つの出城が配され、防御をかためていたとされる。城跡北側にある真楽寺（しんらくじ）（真言宗大覚寺派）は、岩倉城廃城後に六坊の1つである北ノ坊に建立されたことに始まるともいう。

岩倉城跡の南に広がる沖積地（ちゅうせき）には、かつて条里地割（じょうりちわり）の痕跡とみられる方形地割が残存していた。吉野川の堤防沿いにある別所の大クス（べっしょ）（県天然）は、樹高約25m・幹周り約10mの巨樹である。

岩倉城跡の西約3km、美馬町（ちょう）との境付近にまつられている野村八幡神社（はちまん）境内には、野村八幡古墳（県史跡）がある。墳丘の一部は社殿により削り取られているが、復元径約30m・高さ約6mの円墳（えんぷん）である。発掘調査は行われていないが、採集された須恵器片（すえき）から6世紀後半の築造と考えられている。南に開口する全長約9mの横穴式（よこあな）石室（せきしつ）は、玄室（げんしつ）が胴張り（どうば）・ドーム状を呈する、いわゆる段の塚穴型石室（だんつかあな）である。墳丘規模は段の塚穴の太鼓塚古墳（たいこづか）につぎ、脇町地域では最大のものである。当地域を治めた首長の墓の1つと考えられる。

舞中島（まいなかしま）❺

〈M ▶ P.139, 141〉美馬市穴吹町（あなぶき）三島字舞中島（ちょうみしま）
JR徳島線穴吹駅（せんあなぶき）🚶15分

脇町から吉野川に架かる舞中島潜水橋（せんすいきょう）を南に渡ると舞中島に着く。吉野川は一名を四国三郎（しこくさぶろう）といい、全国有数の暴れ川である。吉

146　美馬・三好

舞中島の屋敷

野川堤防が整備されるまでは、流域の村はたびたび洪水におそわれた。

舞中島は、周囲を堤防と竹林で囲んだ輪中構造をなす。家屋は約1.5〜2mの高石垣の上に建てる城構えの造りで、とくに洪水がおそってくる上流側の石垣の角を鋭角とし、下流側に丸みをもたせて流水をさばく独特の構造である。また石垣前面には竹林やムク・エノキなどの大木を植え、流木などから家屋や石垣を守る備えとしている。屋敷には中2階が設けられ、洪水の際には家財を「ヤマト」とよぶ屋根裏倉庫に避難させた。

吉野川の洪水と闘った先人の知恵と工夫の結晶

堤防や河川の整備により、以前のような洪水には襲われず、こうした独特の屋敷構えも姿を消しつつある昨今であるが、江戸時代より洪水対策として整備された水防竹林や護岸礫群とともに、洪水と闘った住民の知恵を伝える貴重な景観として後世に伝えたいものである。

舞中島の中央部、光泉寺(真言宗)の境内には、当地出身の医学博士三宅速の墓がある。墓碑銘は、博士が治療したことがきっかけで親交を深めた、アインシュタイン博士によるものである。

舞中島の南にある三谷には、戦国時代の山城である三谷城跡や、6世紀後半の三島古墳群のほか、幕末に樺太を探検した岡本監輔(韋庵)の生家などがある。

段の塚穴 ❻

〈M ▶ P.139, 149〉美馬市美馬町坊僧363-1 ほか 🅿
JR徳島線貞光駅🚌石仏行一番坂🚶5分

段の塚穴胴張りプランとドーム状天井の型石室で有名

JR貞光駅から国道192号線を東へ2.5km行き、美馬中央橋を渡り北上すると、吉野川北岸の河岸段丘上に県道12号線に面して東西約30mの間隔で並ぶ2基の円墳がある。これが段の塚穴(国史跡)である。東側が太鼓塚古墳で、墳丘径約34m・高さ約10m、横穴式石室が南に開口している。この石室は、横穴式石室としては県内最大規模のもので、6世紀後半から7世紀半ばにかけて使用された。玄室

脇町から美馬へ

段の塚穴

は中央部が大きく膨らむ胴張りの平面形態になっており，天井は石材が階段状に積み上げられ，中央部がもっとも高くなるようにドーム状になっている。石材は，主として結晶片岩が使用されている。西側は棚塚古墳で，墳丘径約20m・高さ約7m，同じく南に開口する横穴式石室がある。玄室は，ほぼ長方形の平面形態で，天井はドーム状である。奥壁に接して石棚が設けられており，古墳の名称の由来になったといわれる。

この２つの古墳にみられる石室の形態を段の塚穴型石室といい，同様の石室をもつ古墳（段の塚穴型石室古墳）が主として美馬市・美馬郡に分布している。このことから，吉野川上流域に展開した豪族の勢力を想定する見解がある。なお，太鼓塚古墳からは須恵器や金銅装馬具などの鉄製品が出土しており，これらは願勝寺境内にある美馬郷土博物館に展示されている。

段の塚穴の北東約500mには，江戸時代後期から明治時代後期にかけて建てられた鎌村家住宅がある。鎌村家は，近世に山奉行をつとめるとともに，藍商を営んでいた。もと武家格を有した農家の屋敷構えをよく伝えている。主屋，蔵，便所，納屋，風呂，北井戸，東井戸，中庭，土塀，西土塀がある。主屋は1839（天保10）年の建築で，当家の建物のうち，もっとも古い。２階には，幕末に坂本龍馬が泊まったとされる隠し部屋がある。これらは，すべて国の登録文化財に指定されている。

願勝寺 ❼　〈M ▶ P.139, 149〉美馬市美馬町願勝寺8　P
0883-63-2118　JR徳島線貞光駅🚌石仏行寺町🚶5分

四国最古級の寺院跡　文化財の宝庫願勝寺

段の塚穴から県道12号線を南西へ約２km進んだ辺りで，東に入ると，樹齢約800年といわれるイチョウの巨樹がある。ここが白鳳期から平安時代の寺院跡，郡里廃寺跡（国史跡）である。塔を東，金堂を西に配する法起寺式伽藍配置をもつ，四国でも最古級の寺院跡

である。寺域は東西約94m・南北約120mで, 創建時には四周を土塁で囲み, さらに石敷がめぐらされていた。塔の中央の礎石は地下式で, 八角形である。この地域の豪族や, 段の塚穴などの後期古墳の被葬者などと関連して建立されたものと考えられる。瓦・土器類や獣脚付盤, 塔の水煙の一部とみられる青銅片が出土しており, 現在, 美馬郷土博物館や徳島県立博物館に保管・展示されている。

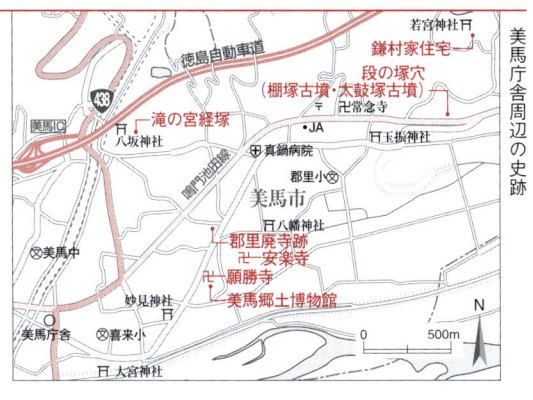

郡里廃寺跡周辺には寺院が多く, 一帯を総称して寺町とよんでいる。郡里廃寺跡の南約300mにある願勝寺(真言宗)は, 行基の開基と伝えられる。南北朝時代の作庭とみられる庭園(県名勝)は, 四国最古の枯山水庭園といわれる。また, 本尊阿弥陀三尊像のほか, 絹本著色聖衆来迎図(県文化), 両界曼荼羅・仏涅槃図など, 鎌倉・室町時代の仏像・仏画が多い。明治時代に建立された山門(国登録)は, 三間一戸の八脚門で, 植物文様が特色とされる。境内には美馬郷土博物館があり, 段の塚穴・滝の宮経塚・郡里廃寺跡の出土品, 重清城主関係資料など, 多数が展示されている。

願勝寺の北東約50mの所には, 安楽寺(浄土真宗)がある。本尊は阿弥陀如来。寺地付近は, 古代美馬郡衙の所在地であったとも伝えられる。古くは真如寺(天台宗)といったが, 鎌倉時代に関東から移った千葉氏が寺に入り, 浄土真宗寺院として再興したという。江

郡里廃寺跡

脇町から美馬へ

戸時代には，四国各地に末寺84カ寺を有し，真宗では四国最大の寺勢を誇った。寺宝に約2000点にのぼる安楽寺文書があり，学術的価値が高い。

安楽寺の北側に隣接している西教寺(浄土真宗)は，1609(慶長14)年，安楽寺第10代住職が隠居し，建立した寺院である。本尊は阿弥陀如来。1858(安政5)年建立の本堂，1843(天保14)年建立の山門，1930(昭和5)年建立の経蔵(いずれも国登録)は，重厚なつくりである。

郡里廃寺跡から北西へ約1km行くと，鎌倉時代初期の築造と推定される滝の宮経塚(県史跡)がある。砂岩を直径約4m・高さ約1mのほぼ円形に積み上げた石塚で，経筒を納める結晶片岩製の八角形の小石室がある。銅板製経筒が完全な形で残っており，ほかに経筒の外容器や和鏡・合子・刀子など(滝の宮経塚出土品，県文化)がある。

重清城跡 ❽

〈M ▶ P.138〉美馬市美馬町重清城西
JR徳島線阿波半田駅🚶30分，JR徳島線穴吹駅🚌西村線竹の内🚶5分

2重の堀と土塁が残る小笠原氏の居城跡

郡里廃寺跡から県道12号線を西へ約4km行くと，重清西小学校があり，その北西約500mの段丘上に重清城跡がある。西側と北側は急崖により区切られ，南側と東側は2重の堀と土塁により囲まれている。県内では，もっとも残存状況のよい山城の例である。

城域は東西約100m・南北約100mにおよび，現在，小笠原神社(祭神城主小笠原氏)の境内地となっている主郭と，西側のやや小規模な郭からなる。築城年代や築城者は不明だが，戦国時代には小笠原氏が居城とした。1578(天正6)年，四国平定のために土佐(現，高

重清城跡

知県)から侵攻してきた長宗我部軍と，阿波方の小笠原氏との合戦の地となった。

　重清城跡から東へ約350m行くと，倭大国魂神社(祭神大国魂命・大己貴命)の境内には，近辺に広がる八幡古墳群に属する大国魂古墳がある。南東に開口する横穴式石室は，段の塚穴型石室の中でもっとも古いタイプのものと考えられている。

　重清城跡の西約1kmには，青木家住宅がある。青木家は，藍の生産などで栄えた農家で，近代には建設業を営んだ。3590m²の広大な敷地をもつこの住宅は，1915(大正4)年に当主の隠居所として建てられた。主屋，土蔵(一)(二)，倉庫，納屋，門，土塀，煉瓦塀が残る。主屋は入母屋造の2階建て，大屋根の四方に庇をつけた堂々とした外観などに特徴がある。これらの建物は，すべて国の登録文化財に指定されている。

　また，重清城跡の北方には，標高790mの三頭越がある。阿波と讃岐(現，香川県)を結ぶ峠道で，金比羅参詣や借耕牛の道として賑わった。借耕牛とは，讃岐の小農家が，農繁期に阿波の山間の農家から借りていた農耕牛で，農繁期が終わると米や砂糖をつけて返されていた。近世から1965(昭和40)年頃まで行われていた。

❷ 穴吹川に沿って剣山へ

四国一の清流穴吹川から、霊峰剣山へ向かう。山と川の織りなす歴史と文化そして、自然をめぐる。

穴吹川 ❾ 〈M ▶ P.139, 153〉美馬市穴吹町
JR徳島線穴吹駅🚶10分

剣山に源を発する四国一の清流を遡る

近年、国土交通省の水質調査により四国一の清流として脚光を浴びている穴吹川は、剣山北東面のコリトリ谷を源流とし、木屋平を経て穴吹で吉野川にそそぐ。穴吹川と吉野川の接点となる穴吹は、いわゆる谷口集落であり、古来、山間部と平野部の経済・流通の結節点として栄えた。

JR穴吹駅から国道492号線を南へ約14km、鍵掛に差し掛かると、穴吹川は東に直角に折れ曲がる。ここで合流する内田谷川を約2km遡り山中に入ると、内田のエドヒガンや内田のヤマザクラ(ともに県天然)がみられる。ともにサクラの巨樹であるが、エドヒガンは、年により開花量の多少があるという。それが世の中の景気を反映しているとの言い伝えがあり、世の中桜とよばれている。

三木家住宅 ❿ 〈M ▶ P.139, 153〉美馬市木屋平字貢143 P
JR徳島線穴吹駅🚌市営バス穴吹木屋平線三ツ木🚶30分

山の頂に立つ県内最古の民家建築

三ツ木バス停から案内板に沿って約30分坂道をのぼると、標高約550mの山頂部に三木家住宅(附棟札1枚、国重文)がある。三木家は、阿波忌部氏の末裔といわれ、国衙領種野山に属する三木名の名主の後裔とされる。南北朝時代には、南朝方の阿波山岳武士として北朝方の細川氏と対峙した。また、歴代天皇の大嘗祭においては、麁服(麁布・荒妙)貢進のつとめをはたし、昭和天皇・今上天皇即位の際にも麁服を貢進している。

三木家住宅

三木家住宅は、主

屋は桁行10間半(約20m)・梁間4間半(約88m)の寄棟造・茅葺きで、前後面に鉄板葺きの小さな庇がつく。県内の現存民家では最古、江戸時代初期(17世紀中頃)の建築と考えられ、中世の系譜を引く民家として、貴重である。また、三木家に伝来する三木家文書45通(県文化、徳島県立博物館寄託)は、鎌倉時代末期・南北朝時代の国衙領種野山の支配の実態や、鎌倉時代後期の大嘗祭での麁服御衣奉仕の関係文書などを含み、貴重である。三木家住宅に隣接する三木家住宅資料館では、麁服製作に関する一連の資料が展示されている。

森遠城跡 ⓫

〈M ▶ P.139, 153〉 美馬市木屋平字森遠
JR徳島線穴吹駅🚌市営バス穴吹木屋平線森遠下🚶15分

阿波山岳武士の系譜をひく木屋平氏の拠点

三木家住宅から国道492号線に出て南へ約9km行くと、穴吹川に面した標高500mの高台に、三木氏と並び阿波山岳武士として活躍した木屋平氏の本拠地森遠城跡がある。現在は森遠八幡神社(祭神天日鷲命ほか)の境内地となっており、東・西・南は急斜面、東側から北側にかけては2重の空堀をめぐらせている。

木屋平氏は、南北朝時代には南朝方として北朝方の守護細川氏と争ったが、1372(応安5)年に北朝に降り、細川氏の家臣となった。1572(元亀3)年の上桜合戦に際しては、三好方につき活躍し、1578(天正6)年

森遠城跡

穴吹川に沿って剣山へ

頃には，阿波に侵攻した長宗我部氏に服属し，軍功を立てた。蜂須賀氏の入封後は，山間土豪一揆の鎮圧で功があったとして，徳島藩藩主より松家の姓を授かった。松家家文書15通（県文化）は同家伝来の文書で，南北朝時代から戦国時代に至る山間部の土豪層の動向を伝える貴重な資料である。

　森遠から国道438号線を南下し川上カケを過ぎると，道は剣山に向かいつづら折りの上り坂となる。車で60分ほどのぼると剣山登山の起点となる見ノ越(1450m)に着く。見ノ越は，神山町・美馬市穴吹町方面，つるぎ町貞光方面，および三好市東祖谷方面からの終着点であり，食堂・みやげ物屋・民宿が集まり，駐車場・剣山登山リフトなどがある。

剣山 ⑫

〈M ▶ P.139〉三好市東祖谷・美馬市木屋平・那賀郡那賀町木沢
P
JR徳島線穴吹駅🚌剣山登山バス（春〜秋季，運行日要確認）見ノ越
🚶 2時間

晴天時は大山まで望める西日本第2の高峰

　剣山(1954.7m)は四国山地東部の主峰で，愛媛県の石鎚山(1982m)につぐ西日本第2の高峰であり，一帯は剣山国定公園に指定されている。古くから山岳信仰の山であり，見ノ越の木屋平側には，安徳天皇・大山祇命・素戔嗚尊をまつる剣神社，三好市東祖谷側には，同じ祭神をまつる劔神社が鎮座する。江戸時代初期に山伏修験の霊山として開発され，最盛期の明治時代には，四国のみならず，近畿・中国地方からも多くの参詣者が訪れ，鎖の行場・不動の岩屋・蟻の塔渡りなどとよばれる行場で修行した。

　剣山の標高1700m以上は，剣山並びに亜寒帯植物林（県名勝天然）である。ダケカンバ・ナナカマド・ミネカエデ・シコクシラベなどの純

剣山

美馬・三好

林からなる。山頂付近は絶えず強風にさらされるため,高木はなく,シコクザサの笹原となり,コモノギク・コガネギク・シコクフウロなどの群落が点在する。

　剣山の名称は,安徳天皇の遺勅によって剣を納め,剣山大権現を勧請したのがその由来とされる。このほか,剣山には平家の落人にまつわる伝説が多く残る。なだらかな山頂は,「平家の馬場」とよばれる。源氏に敗れ,祖谷に逃れた平家の落人が再起を期して馬術の訓練をした所とされる。また「宝蔵石」とよばれる巨大な珪岩は,軍用金埋蔵場所の目印といわれる。

　剣山山頂は,見ノ越から登山道をのぼり2時間程度,登山リフトを利用すれば1時間程度で到着する。山頂の眺めは雄大で,丸笹山・塔の丸・次郎笈・三嶺などが一大パノラマを展開する。さらに,晴れた日には,徳島市街地を越えて和歌山県,愛媛県の石鎚連峰,土佐湾,さらに伯耆大山まで望むことができる。

③ 貞光川・半田川に沿って

つるぎ町の剣山北側、2つの谷筋に沿った山間地を行く。歴史的遺産はもちろん豊かな自然に触れることができる。

貞光の町並み ⑬

〈M ▶ P.139, 157〉美馬郡つるぎ町貞光字辻ほか
P（旧永井家庄屋屋敷、道の駅・貞光ゆうゆう館ほか）
JR徳島線貞光駅 徒 15分

二層うだつが伝える繁栄
有名な祇園さん

　JR貞光駅の東を通る一宇街道とよばれた剣山に向かう道に沿って南へ歩くと、二層うだつの町並みが続く。近世以来、貞光川の谷口集落として町場化して栄えた貞光の中心である。ここのうだつは、段になった防火壁に立派な屋根がある重厚なもので、正面には家ごとに美しい絵模様が施されている。町並みのところどころに、祇園小路・永井小路などと名づけられた細い路地がある。

　公開されている古い住宅として、織本屋と旧永井家庄屋屋敷がある。織本屋（旧折目家住宅主屋、国登録）は、酒造業を営んだ商家の家屋で、1772（明和9）年に建築、1871（明治4）年に大改築されている。切妻造平入の2階建てで、本瓦葺きの屋根や漆喰塗りの外壁など、全体に重厚感がある。旧永井家庄屋屋敷は、1791（寛政3）年の建築とされる。増改築を繰り返したらしく、現在は、築地塀に囲まれた敷地の南側に表門をおき、主屋・蔵・鶴亀蓬莱庭園・井戸などがある。

　貞光の町には寺庵・神社が多く、つるぎ町・東みよし町に広がっている。四国八十八カ所の写し霊場「端四国八十八箇所」の札所もみられる。貞光駅から南へ1kmほど行くと、八坂神社（祭神素盞嗚命ほか）がある。「貞光の祇園さん」とよばれるこの神社は、1653（承応2）年、悪疫が流行した際、京都祇園社（現、八坂神社）を

織本屋

美馬・三好

勧請したものといわれる。毎年1月7日と7月第3日曜日の祇園祭は盛大で、八朔の踊りと湯釜祭でも知られる。また、貞光駅の南約500mの高台にある真光寺(真言宗)には、第二次世界大戦末期の1945(昭和20)年、火災により犠牲となった疎開学童を慰霊するために造立された十六地蔵尊がある。

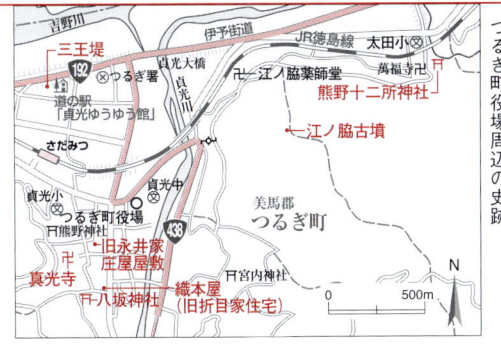

八坂神社の南西約100mにある県立西部テクノスクールの校地は、縄文〜鎌倉時代の遺構が発見された貞光前田遺跡である。県内では数少ない縄文時代の住居跡が検出された。

貞光駅から線路沿いに東へ約2km行くと、町立太田小学校南側の熊野十二所神社(祭神伊弉冉命ほか)には、「永徳二(1382)年」銘の鉄釣燈籠(県文化)がある。小学校の南西約1kmの段丘上には江ノ脇古墳がある。吉野川を挟んで段の塚穴を望む。径約10mの6世紀末から7世紀初頭に築造された円墳で、段の塚穴型の横穴式石室が南東方向に開口している。出土品には、勾玉、鉄鏃、馬具などがある。

また、貞光駅の北約400m、道の駅貞光ゆうゆう館の南には三王堤が移築されている。1656(明暦2)年から翌年にかけて吉野川の洪水対策のために築かれたもので、史料で確認のできる現存する堤防では県内最古といわれる。

御所神社 ⑭　〈M ▶ P.139〉美馬郡つるぎ町貞光字吉良370
JR徳島線貞光駅🚌 剣橋行・つづろお堂行広瀬🚶60分

古代阿波忌部氏の伝承地明治時代初期の論争に揺れた

JR貞光駅から剣山方面に向かう国道438号線を約6km南下すると、西に吉良発電所がみえる。発電所から吉良谷を挟んで北西に東福寺(真言宗)がある。8世紀に阿波忌部氏が建立したとか、9世紀に空海(弘法大師)が不動明王を刻んで本尊として開創したとか伝えられる。絹本著色十三仏図(県文化)のほか、多くの寺宝を蔵す。境内には東福寺美術館が設けられており、多数の仏画・仏像や

貞光川・半田川に沿って　157

御所神社

書画, 歴史資料が展示されている。

東福寺の北東約600mには, 木屋堂がある。端山の踊り念仏(県民俗)のうち, 木屋の踊り念仏が行われる。これは, 新仏のあった年の8月13日の夜, 供養のために踊るものである。貞光川の対岸, 南西約3kmの川見堂で毎年8月14日の夜に行われる川見の踊り念仏とともに, 中世の踊り念仏の系譜を引くものとされている。

東福寺の南西約1.5kmには, 御所神社(忌部神社)がある。阿波忌部氏の祖神である天日鷲命をまつる。明治時代初期,『延喜式』式内社の忌部神社の所在をめぐる論争がおこったとき, 古代以来の由緒を認定され, これに比定されたことがある。現在は, 論争時に徳島市二軒屋町に新設された忌部神社の摂社となっている。なお東福寺は, もとはこの神社の別当寺であり, 戦国時代に焼失し, 現在地に移ったといわれている。神社の隣には, 吉良のエドヒガン(県天然)がある。推定樹齢400年, 樹高約20m・幹周り約4.5mの巨樹で, この種のものでは県内最大である。

土釜 ⑮ 〈M▶P.139〉 美馬郡つるぎ町一宇字樫地
JR徳島線貞光駅🚌剣橋行・つづろお堂行土釜🚶3分

一宇峡の代表的名所 近世の義民伝承

東福寺の南約3km, 旧貞光町・一宇村境辺りは一宇峡とよばれ, 山と川が美しい景観をつくり出している。とくに代表的な名所が, 土釜(県天然)と名づけられた滝で, 結晶片岩の岩層が浸食されてできたものである。土釜バス停の南約100mにある土釜橋からみることができるが, 橋のたもとからくだり, 滝壺の上から眺めるとよい。幅2mほどの清流がせきとめられて3段の滝(落差約7m)になっており, 各段に深くえぐられて釜の形をした滝壺がある。白波が渦巻き, それが岩盤の底をえぐるようにして流れ落ちる様子は圧巻である。

土釜

　土釜橋のたもとには、谷貞之丞の顕彰碑がある。1710(宝永7)年、飢饉と重税に苦しんだ一宇山の農民約3000人が立ち上がったが、庄屋の谷貞之丞はこれを制し、藩に直訴して農民を救った。貞之丞は処刑された(土釜・鳴滝騒動)が、義民として長くたたえられた。

　土釜の約1km下流の左岸には、鳴滝がある。3段からなる落差約85mの滝で、県内一の高低差を誇る。対岸から全容を望むことができるほか、滝の上部の展望所から眺めることもできる。

　土釜の南西約3km、旧一宇村中心部の地蔵寺(真言宗)の周辺に、一宇の雨乞い踊り(県民俗)が伝承されている。本来は、日照りが長く続き、作物が穫れなくなったときに、各神社・集落などで竜神に降雨を祈願するための踊りだが、現在は伝統芸能として運動会などで踊られている。この辺りから剣山に向かって山深くなっていくが、四国一や県内一といわれるほどの巨樹が多い地域としても知られる。代表的なものに、赤羽根大師のエノキ(国天然)、白山神社のモミ・桑平のトチノキ・奥大野のアカマツ(いずれも県天然)がある。とくに、つるぎ町役場一宇支所の南東約1kmの山の斜面に立つ赤羽根大師のエノキは、樹齢約800年と推定され、樹高約18m・幹周り約8.7mあり、この種としては日本一の大きさを誇る。

多聞寺 ⑯　〈M ▶ P.138〉美馬郡つるぎ町半田字上喜来57　P
0883-65-0062　JR徳島線阿波半田駅🚌紙屋行下喜来🚶15分

竜門瀑にちなむ庭園

　JR阿波半田駅から南南東へ約1.5km行くと、つるぎ町役場半田支所に至り、その南東約300mの台地上に神宮寺(真言宗)がある。創建以来、移転を繰り返したといい、寺号は貞光の御所神社(忌部神社)、あるいは字西久保の滝宮神社の別当寺であったことによると伝えられる。現在地に移ったのは1742(寛保2)年で、さらに周辺の寺院を合併したともいう。平安時代末期のものとされる銅錫杖頭(県文化)、鎌倉時代後半〜室町時代の作とみられる絹本著色愛染

貞光川・半田川に沿って

木地師の里

コラム

産

剣山周辺の山の民　半田漆器の由来

　剣山周辺の山間部は森林資源が豊富であったことから，木地師の活動が盛んだった。木地師とは，山中で材木を求め，椀や盆などの日用器物をつくった職人である。木地師の生活は，原料木を求めて山中を移動するものだった。平安時代に実在した惟喬親王（文徳天皇の皇子）を祖とするという伝説を共有し，近世には一定の生活拠点をもって，全国的な統制組織のもとに編成されていた。近代になると，戸籍制度が整備され，山林所有権が確立されていくなかで，木地師の活動は制約されるようになり，農民になるなど，衰退していった。

　こうした木地師の生産活動を背景に成立したのが，つるぎ町半田地区でつくられた半田漆器で，膳・椀・盆・重箱など，日常的に使用する道具類が生産されたことで知られている。その起源は明確ではないが，18世紀前半，木地師が塗師をつとめるようになったことに求められる。木地師が塗師になれたのは，山中で漆液の採取が可能であったからである。半田漆器は，関東にまで販路を広げて栄え，幕末から明治時代中期にかけて最盛期を迎えた。昭和時代後期に断絶したことがあったが，今は，伝統工芸として復活・継承されている。

　なお，半田地区の特産品には，半田素麺という，独特の太めの素麺もある。幕末に，大和（現，奈良県）の製麺技術が伝わって始まったといわれている。

明王像（県文化）のほか，密教法具や仏画・彫刻が多数ある。

　半田支所前に戻り，半田川に沿って県道256号線を南に進む。途中，川又から県道258号線を東へ約1.5km行くと，高清東集落の東部山腹に高清の大スギ（県天然）がある。約10m離れて生育した2本のスギの巨樹である。

　川又から半田川沿いに県道258号線を南西へ約2km行くと，下喜来バス停がある。バス停から南東へ約800m進み，多聞寺（真言宗）に至る。8世紀の創建といわれるが，たびたび移転し，1698（元禄11）年に現在地に落ち着いたといわれる。境内の庭園（県名勝）は，多聞寺がおかれる以前から，現在の本尊である毘沙門天の堂宇とともにこの地にあったと伝えられている。竜門瀑の故事にちなんだ3段の枯滝組を配するなど，13世紀後半の手法がみられる。

　下喜来バス停から南西へ約2km進むと，万才に至る。ここから

多聞寺庭園

半田川の支流大藤谷川に沿って西へ約1km進むと、つるぎ町・東みよし町の境に土々呂の滝がある。落差30mの県内有数の大滝で、周辺は親水公園として整備されている。町境から500mほど西で道は南東に分岐し、約1kmで中熊に至る。集落に多聞寺が管理する観音堂がある。

④ 吉野川に沿って三好市へ

東西に流れる吉野川に南北から山地がせまる緑豊かな自然の中で，古代より人びとの暮らしが営まれた地域である。

瀧寺 ⑰　〈M ▶ P.138〉三好市三野町加茂野宮1796　P
0883-77-2486　　JR徳島線江口駅 🚶50分

JR江口駅から東三好橋を渡って県道12号線に入り東へ約800m，左折して滝谷川沿いに北へ約2km行くと，紅葉温泉のすぐ西方の山裾に瀧寺(真言宗)がある。寺伝によると，天長年間(824～834)に空海(弘法大師)が開基したといわれている。また，池田城の城主で三好氏の祖とされる小笠原氏の菩提寺といわれ，1575(天正3)年からの一時期，三好長治により日蓮宗に改宗されたという。本尊の木造聖観音立像(国重文)は，10世紀頃に製作された一木造である。なお本堂は，1974(昭和49)年に鉄筋コンクリート造りに建てかえられている。

瀧寺から北へ約500m行くと，竜頭の滝・金剛の滝という2つの滝がある。周囲の原生林が紅葉の季節に美しいことから，「紅葉の滝」ともよばれている。周辺は遊歩道が整備されている。

瀧寺の南西約1km，勢力には青蓮寺(真言宗)がある。奈良時代，行基による創建といわれ，境内に「みのり地蔵」とよばれる石仏がある。1806(文化3)年の干害による飢饉の際，農民は郡代に税免除を要求したが，話し合いがうまくいかなかったため峠を越え，讃岐(現，香川県)の丸亀藩へ逃散した。徳島藩は丸亀藩と交渉し，農民の要求を聞き入れ，表沙汰にしないことを条件に農民を引き戻した。大多数の農民はそのまま許されたが，伊左次ら3人の首謀者だけは捕らえられ処刑された。のちに芝生・勢力・加茂野宮の農

瀧寺

治水での農民の苦労と農業の発展

美馬・三好

三村用水

コラム

農業発展の礎であり誇れる文化遺産

　三村用水は，芝生村庄屋助役山本新太夫らの献身的な努力と熱意で1806（文化3）年から建設が始まった。しかし，再三，洪水で破壊されて使用できなくなるなど，芝生・勢力・加茂野宮3カ村の農民は水での苦労が続いた。

　あるとき，山本新太夫は九州の炭坑夫の話から隧道掘削による導水を思いつき，再度，藩の許可を得て，1822（文政5）年から5年間で3人の犠牲者を出しながらも，高さ1.5m・幅0.7m・長さ268mの隧道を掘り抜いた。その結果，3村は用水により水田面積が倍増し，豊かな穀倉地帯へと変貌したのである。この用水は，徳島藩でのトンネル式用水の初例であり，風呂谷には1855（安政2）年に建立された記念碑「芝生勢力加茂野宮溝水記」が残されており，2000（平成12）年には新しく口語訳の「三村用水溝水記」が建立され，三村用水記念碑公園として整備されている。

　なお，1808（文化5）年には，河内谷川の西岸に給水する太刀野用水の建設も始まったが，水源地が三村用水のすぐ下流であったために，しばしば水量不足となった。幕末から大正時代にかけては，両用水の利用者の間で水争いが絶えなかったが，1927（昭和2）年に和解が成立し，合同のカマ（取水口）がつくられ分水されることになった。両用水の取水カマのある岩角には，和解時に建てられた「分水記念碑」がある。

三村用水

民が集まり，3人の霊を供養するために建立したのがこの地蔵尊である。いつしか農作物の豊かな実りも祈願するようになり，「みのり地蔵」の名がついた。

　なお，この農民逃散事件をきっかけに，芝生村庄屋助役山本新太夫が中心となり，血判状をつくって藩に嘆願し，許可を得て河内谷川から取水する用水路工事を行った。こうして建設されたのが三村用水であり，現在も芝生，勢力，加茂野宮地区の田畑は豊かに流れる水の恩恵を受けている。

吉野川に沿って三好市へ

館山城跡 ⑱   〈M ▶ P.138〉三好市三野町勢力字北原820-2 ほか
JR徳島線江口駅🚶40分

　青蓮寺の北方約500m，阿讃山脈から延びる標高約140mの段丘上に館山城跡がある。館山城は屋形山城とも書かれ，三方を崖に囲まれた天然の要害である。古くからサヌカイトの石鏃や破片が採集され，土器片などが出土することで知られていた。1995（平成7）年，高速道路建設工事の際の調査で，弥生時代後期初頭の環濠をともなう高地性集落跡である大谷尻遺跡が確認されたが，中世の館山城に関する遺物・遺構は発見されなかった。館山城跡は，高速道路の北側にあると考えられるが，規模・構造などは不明である。

　県道12号線から河内谷川沿いに入ったすぐ北の一段高い河岸段丘面上に，芝生の殿屋敷とよばれる所があり，芝生城跡といわれている。現在は水田が広がり，城跡の明確な遺構は確認できないが，西側には河内谷川があり，切り立った崖を形成している。戦国大名として京都で活躍した三好長慶は，芝生城で生まれたとも伝えられている。現地の道路脇には，解説板が設置されている。

館山城跡遠望

三好市三野総合支所（旧三野町役場）・太刀野の中央構造線 ⑲⑳
0883-77-4800（三野総合支所）・0883-72-3910（教育委員会文化財課）

〈M ▶ P.138, 165〉三好市三野町芝生1039 🅿／太刀野1941-3 🅿
JR徳島線江口駅🚶15分／JR徳島線三加茂駅🚶50分

　JR江口駅から東三好橋を渡り，その北詰から西へ300mほど行くと三好市三野総合支所がある。庁舎は，1933（昭和8）年に三野町役場として建てられた木造2階建ての洋風建築で，近代化遺産の1つである。左右対称をなし，丸いアーチ型の玄関入口などは，今も壮麗であった当時の姿をとどめている。昭和時代初期以前に建てられ

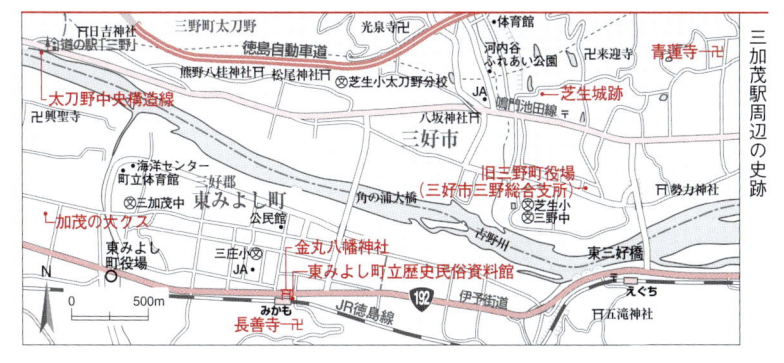

た洋風木造庁舎は県内ではほとんど残っておらず，現在も庁舎として使われているのは大変貴重といえる。

　三野総合支所から西へ約3.5km行くと，道の駅三野の南側に太刀野の中央構造線(県天然)がある。県道12号線から吉野川上流をみると，西方へ大きな結晶片岩の列が続いている。

　中央構造線は明治政府に招聘されたドイツ人地質学者ナウマンの命名であるが，関東から九州まで延びる長さ約900km以上におよぶ世界的にも知られる断層である。県道12号線拡張整備に際しては，中央構造線の露頭部分を保存する架橋の工法がとられた。指定地点は吉野川北岸の河床で，注意してみると，断層破砕で生じた粘土が露出しているのがわかる。年代測定の結果，破砕帯は6000万年前という値を示している。

三野総合支所

足代のナギの林 ㉑　〈M ▶ P.138〉三好郡東みよし町足代字宮ノ岡3026
JR徳島線阿波加茂駅🚌西谷線北村🚶20分

　道の駅三野から県道12号線を西へ約2km，徳島自動車道の高架をくぐると，まもなく南側に足代八幡神社(祭神応神天皇・仲哀天皇)のこんもりとした林がみえる。社叢をなす足代のナギの林(県天然)は大小あわせて二十数株あり，鳥居のすぐ東側にある老木が柵

吉野川に沿って三好市へ

足代八幡神社ナギ林

大規模集落の存在を示す遺跡群 県内では珍しいナギの樹林

に囲われている。また、南側の道をへだてた集会所にも老木がある。ナギは、別名「チカラシバ」「ベンケイノチカラシバ」とよばれ、昔は、葉の筋が強く両端を引いても切れないことから、夫婦の縁が切れにくいということで、嫁入り道具の手鏡の模様にしたといわれている。広い境内には、ナギのほかにも大きなイチョウやクスなどの落葉樹・常緑樹が群生している。

　足代八幡神社から県道12号線を西へ約800m行くと、足代東原遺跡（県史跡）がある。弥生時代後期から終末期に営まれた積石墓群であり、1981（昭和56）年に吉野川北岸農業水利事業の用水建設にともなう発掘調査で明らかになった。葬送儀礼に関係するとみられる土器だまりからは、サルやイノシシを模した土製品も出土した。弥生時代から古墳時代への墓制の変遷を知るうえで、貴重な遺跡である。前方後円形積石墓と小型円形積石墓各1基が保存・復元されており、見学することができる。

　足代東原遺跡から西へ約3.5km行くと、『延喜式』式内社に比定される天椅立神社（祭神伊邪那岐命・伊邪那美命）の南側の田園地帯に大柿遺跡がある。遺跡の範囲は東西約1.5km・南北約500m、通称「シマ」とよばれる標高80m前後の微高地全体に広がると推定される。1975（昭和50）年に吉野川北岸農業水利事業にともなう発掘調査、1996（平成8）年・97年には高速道路建設にともなう発掘調査が行われた。遺跡の年代は縄文時代から中世にわたっており、弥生時代前期の棚田、古墳時代後期の県内最大級の集落跡、鎌倉時代（13世紀頃）の柱跡に埋納された白磁の壺などが確認されている。

美濃田の淵 ㉒　〈M ▶ P.138〉三好郡東みよし町足代字小山3822 ほか P
　　　　　　　JR徳島線辻駅🚶30分、または🚌西谷線美濃田大橋🚶20分

　足代東原遺跡の南西約1kmの所にある美濃田の淵（県名勝天然）

美濃田の淵

は，吉野川南岸に連なる結晶片岩の地層からなっている。吉野川が池田町イタノ付近で中央構造線谷へ直角に流路をかえた際の反動で，再び南岸の結晶片岩の岩盤を浸食し，長さ約2km・幅約100mにわたる深い淵を形成したものである。川の両岸や中央には，阿波の青石が露出している。その個性的な岩々には名前がつけられて親しまれ，名勝にふさわしい景観をみせている。また，付近一帯は箸蔵県立自然公園に指定されており，バンガローでの宿泊も可能なレジャー施設もある。

吉野川がつくった景観美

美濃田の淵に西接する標高約70mの河岸段丘上に，円通寺遺跡がある。1997（平成9）年，徳島自動車道吉野川ハイウェイオアシスの建設工事にともなって発掘調査が行われ，平安時代末期〜南北朝時代の城館関係とその他の遺構や遺物が確認された。城館跡の北東角（鬼門の方向）からは14世紀後半の葬墓が発見され，現在，吉野川ハイウェイオアシスに移設・復元されている。

また，吉野川ハイウェイオアシスの南西，美濃田大橋北詰には比高約30mの林に覆われた小山がある。ここが東昼間城跡で，城跡の頂上には滝宮神社（祭神素戔嗚尊）がまつられている。

東山城跡 ㉓　〈M▶P.138〉三好郡東みよし町東山字柳沢358-2
　　　　　　　JR土讃線箸蔵駅 [徒] 50分

JR箸蔵駅から東へ1.2kmほど行くと，小川谷川が吉野川に流れ込む西岸の段丘上に盛り土をしたような所があり，ここが田岡城跡といわれている。盛り土は南北に並んで2つあり，それぞれ高さ5m・長さ20m・幅5mほどで，南側の盛り土上に小さな祠がまつられている。

天然の要害に築かれた山城

田岡城跡から，北側の一段高い段丘面にあがると願成寺（真言宗）がある。白地城（現，三好市池田町）の城主大西氏の菩提寺と伝えられ，寺宝として大西元武寄進の薬師如来坐像（県文化）を所蔵し

吉野川に沿って三好市へ　　167

東山城跡空堀

ている。ヒノキの寄木造で、両脚内部の墨書から、1547(天文16)年に奈良の宿院仏師源次によりつくられたことがわかっている。また、この寺は白地城最後の城主大西覚用の最期の地としても知られている。

　願成寺のすぐ北側に聳える山はジョウ山(城山、標高401m)とよばれ、頂上にある熊野三所神社の社地に東山城跡がある。楠木正成の築いた河内千早城(現、大阪府南河内郡千早赤阪村)に範をとった、典型的な中世の山城といわれている。尾根伝いに頂上へのぼることができ、城跡には、案内板や復元された逆茂木などが設置されている。頂上は平坦で、その周りを深さ5〜6mもある空堀が取り巻き、東・西・南側は急崖である。投石用に利用したとされる割石が草に埋もれて散乱する山頂からは、槍の穂先、中腹からは刀身、山麓からも武具が発見されている。

長善寺 ❷❹
0883-82-2358
〈M▶P.138, 165〉三好郡東みよし町中庄2586
JR徳島線三加茂駅 🚶 2分

藩政時代、旅人を保護した駅路寺

　JR三加茂駅のすぐ東側、山裾の高台に長善寺(真言宗)がある。江戸時代、徳島藩の定めた8つの駅路寺のうちの1つであった。

　長善寺の歴史は古く、弘法大師の開基といわれている。現在の本堂は、1858(安政5)年に復興・再建されたものである。本尊虚空蔵菩薩を始め、数多くの寺宝を伝えており、なかでも絹本著色文殊菩薩像・絹本著色金剛薩埵像(国重文)は有名である。鎌倉時代のすぐれた仏画で、現在は京都国立博物館に寄託されている。

　長善寺(三加茂駅)の北方、東みよし町中庄から西庄周辺は、古い道路が東西と南北に1町(約109m)ごとに規則正しく通っており、古代から中世にかけての条里遺構として、その名残りをみることができる。吉野川堤防工事にともなう中庄東遺跡の発掘調査でも、おおよそ現在の地割とも重なる9世紀の条里溝が確認されている。

条里の町並み

三加茂駅のすぐ北隣、国道192号線と挟まれるように金丸八幡神社(祭神応神天皇・神功皇后・仁徳天皇・天津加佐比古命・武内宿禰命)がある。神社の境内の北側と西側には、387個の立石群が立ち並んでいる。立石は結晶片岩の板石を使用しており、大きいものは、地表からの高さ約1.5m、幅約1.2m・厚さ約30cmにおよぶ。このように立石で神社を取り囲んでいる例は、全国でも唯一のものといわれており、神域を区画する磐境という解釈もなされている。

金丸八幡神社の秋祭りに行われる宵宮の神事(県民俗)は、降神の行事と神代神楽を中心とするものである。神楽は江戸時代には神職により舞われていたようで、その後、中断した時期もあったが、現在は宵宮神事保存会により毎年10月14日の夜に境内で奉納されている。こうした秋祭りが残っているのは県内でも珍しい。

金丸八幡神社の東隣に、東みよし町立歴史民俗資料館がある。加茂谷川岩陰遺跡群・丹田古墳などからの出土品を始めとする原始から近代にかけての考古資料、古文書などの歴史資料や民俗資料を展示している。

金丸八幡神社の立石群

鍛冶屋敷のお地蔵さん ㉕

藩政時代から信仰を集める供養塔

〈M ▶ P.138, 170〉 三好郡東みよし町鍛冶屋敷
JR徳島線阿波加茂駅 🚌 西谷線かじやしき　🚶 2分

かじやしきバス停から北東へ約100m入ると、台石も含めて高さ3m以上の石造地蔵像がまつられている。この地蔵は、加茂山騒動

吉野川に沿って三好市へ

加茂山騒動供養塔

の供養塔である。

　加茂山騒動は，あいつぐ凶作と年貢の取り立てを背景に，1841（天保12）年12月から翌年２月までに徳島県西部でおこった徳島藩最大の百姓一揆である上郡一揆一連の出来事である。加茂山の重松・鹿次郎・六次郎の主導により一揆が始まり，1842年１月５日から３日間で4000人を超す農民が集まった。一揆は加茂村・井川村・足代村まで広がり，各村の組頭庄屋の邸を破壊するなど，上郡一揆の中でも行動がもっとも激しいものであった。やがて郡代と会談が行われ，農民の要望はすべて聞き届けられたが，首謀者３人は死罪となった。供養塔は1849（嘉永２）年に建立されたもので，現在も地域の人びとにより手厚くまつられている。

西庄の史跡

丹田古墳 ㉖　〈M▶P.138, 170〉三好郡東みよし町西庄字加茂山222・加茂1733ほか P

JR徳島線阿波加茂駅 西谷線浪内 30分

阿讃地域独特の積石で築かれた古墳

　浪内バス停から山道を西へのぼると，加茂山の中腹の尾根上に丹田古墳（国史跡）がある。古墳時代前期（４世紀）に築造された前方後円墳，または前方後方墳と考えられている。結晶片岩の角礫を積み上げてつくられた積石塚で，全長35m。

　前方部は高さ１m・先端幅6.6mでやや撥形に開き，推定後円部は高さ３m，東西径17m・南北径17.5mあり，積石塚としては県内では徳島市の八人塚古墳につぐ規模である。後円部のほぼ中央が，竪穴式石室になっている。石室は結晶片岩を小口積みに持ち送る合

掌型構造であり，石室も攪乱を受けているが，中国製の銅鏡のほか，鉄斧・鉄器片が出土している。

丹田古墳

加茂谷川岩陰遺跡群 ㉗

〈M ▶ P.138〉三好郡東みよし町西庄字小伝96（1号）・97（2号）・字谷東103（5号）
JR徳島線阿波加茂駅 西谷線神社前 1分

縄文人のキャンプサイト

　加茂山騒動の供養塔から加茂谷川を遡ると，結晶片岩の巨岩がそそり立つ渓谷に沿って岩陰遺跡が点在している。これらが加茂谷川岩陰遺跡群である。

　1969（昭和44）年，加茂谷川中流の新田神社の近くの岩陰遺跡から縄文土器が発見された。1970年代に発掘調査が行われた1号・2号・5号岩陰遺跡（県史跡）からは，縄文時代前期〜晩期にわたる遺物が出土した。また，縄文時代前期の地層中に阿蘇山噴火の際の火山灰の堆積が確認されている。1号・2号は新田神社の近くの標高約240mの渓谷に，5号は加茂谷川上流の神木谷に沿った標高496mの南向きの高所にある。

加茂谷川岩陰遺跡

加茂の大クス ㉘

〈M ▶ P.138, 165〉三好郡東みよし町加茂1482　P
JR徳島線阿波加茂駅 10分

　JR阿波加茂駅の北東700mほどの所に，加茂の大クス（国特別天然）がある。根周り23.35m・幹周り16.72m，地上約3m付近から十数本の太い枝を四方に広げている。樹高約26m，枝張りは東西

吉野川に沿って三好市へ　　171

加茂の大クス

全国的に知られる巨大なクス

52m・南北42mにおよぶというきわめてまれな巨樹であり、樹齢は約1000年と推定されている。国内のクスの代表的なものの1つとして全国的に知られている。

　大クスから北へ約500m行くと、東原(ひがしばら)に石敢当(せきがんとう)と刻まれた石造物がある。石敢当は中国の風習で、石の堅固さによって邪悪な霊をさえぎり防ぐものといわれている。旧三加茂町内には、2つの石敢当がある。1つがこの東原地区の畑中のブロック造りの堂そばに立つもので、高さ約1.5mの自然石でつくられている。この位置は旧加茂村の鬼門にあたり、江戸時代、村に疫病が流行し、火災や水難が続いたため建てられたといわれている。もう1つの石敢当は、稲持(いなもち)の吉野川に向いて立つ地蔵菩薩坐像の台石の横にあり、30cm足らずの小さい石に、「石敢当」と浅く刻まれている。

稲持遺跡(いなもち) ㉙ 〈M ▶ P.138〉三好郡東みよし町稲持 [P]
JR徳島線阿波加茂駅 🚶 12分、または 🚌 西谷線北村 🚶 2分

地元産蛇紋岩の玉造り遺跡と点在する古墳

　JR阿波加茂駅から国道192号線を西へ約1km進むと、三三大橋(さんさんおおはし)へつながる交差点に出合う。その周辺が稲持遺跡(いなもち)で、1986(昭和61)～89(平成元)年、三三大橋の建設にともなう発掘調査により、縄文時代晩期、弥生時代中期末～古墳時代、平安時代の遺跡であることが確認された。縄文時代の遺物は晩期前半のものが主体である。弥生時代は、この地域で採取される蛇紋岩(じゃもんがん)を用いて勾玉(まがたま)を製作・加工して

稲持遺跡出土品

いた四国においても数少ない玉造り遺跡である。とくに，製作工程が復元できる遺跡は少なく，貴重である。

地福寺 ㉚
0883-78-2759
〈M ▶ P.138〉三好市井川町井内東2375 P
JR徳島線辻駅 🚌 井内谷線馬場 🚶 2分

祖谷へ通じる街道の拠点

JR辻駅から東へ約300m行くと，多目的ホール・会議室・図書室・民俗資料室を備えた文化総合施設，三好市井川ふるさと交流センターがある。民俗資料室には，周辺で採集された石器や土器，町内の民具，特産品の刻み煙草関係の資料，江戸時代の棟付帳・検地帳・夫役帳，当地出身の作家・翻訳家内田弥八の書簡などが展示されている。

井川ふるさと交流センターのすぐ東側の交差点を左折し，井内谷川沿いに約5km遡ると地福寺（真言宗）がある。平安時代の創建とされ，本尊の大日如来坐像（県文化）は，12世紀頃の作といわれる。また当寺は，大般若経590帖（附 唐櫃3合，県文化）を所蔵する。貞治年間（1362〜68）を中心とする時期に書写されたもので，唐櫃に収められており，長年にわたり地域社会の信仰の拠り所となってきた。

地福寺には，脇屋（新田）義治が仮住まいしたという言い伝えや，平家の落人が一時滞在したという記録も残っているが，記録の年代も不明で，真偽のほどは定かではない。

地福寺のすぐ南には，『延喜式』式内社に比定される馬岡新田神社（祭神埴山姫命・倉稲魂命・天神玉命・大己貴命・少彦名命・水波女命・安徳天皇・新田義治公）がある。境内の2本のスギは幹周りが約6mあり，見事である。なお，馬岡新田神社と境内社の八幡神社，200mほど北にある武大神社（祭神素戔鳴命・稲田姫命・八気蛇猛命）をあわせ，三社の森とよんでいる。

地福寺

吉野川に沿って三好市へ

八石城跡 ㉛ 〈M ▶ P.138〉三好郡井川町井内西 P
やついしじょうあと

JR徳島線辻駅 🚌 井内谷線 腕山口 🚶 30分

山岳武士の活動を伝える城跡

八石城は，南北朝時代，南朝方の山岳武士が北朝勢に備えて築いた城といわれている。築城者の名や，ここでどのような戦いが行われたかなどは不明であるが，新田義貞の弟脇屋義助の子義治が城主と言い伝えられている。

城跡には巨大な岩が目につく。頂上平坦部の西方に「八石城跡」の碑があり，東方には東屋，南へ少しさがった所に八石神社の祠がある。空堀は，東側で4段，北側では3段，確認できる。南北朝時代の典型的な山城で，河内千早城・赤坂（現，大阪府南河内郡千早赤阪村）城を範として築城されたといわれている。

八石城跡

内田弥八之碑 ㉜ 〈M ▶ P.138〉三好市井川町西井川
うちだやはちのひ

JR徳島線・土讃線 佃駅 🚶 2分

福沢諭吉に愛された内田弥八

JR佃駅の西約150m，井川公民館佃分館の東隣に内田弥八之碑がある。内田弥八は，1861（万延2）年，三好郡西井川村に生まれた。1885（明治18）年に『義経再興記』を出版し，今でいうベストセラーになった。これは英国外交官末松謙澄の英文著書を翻訳し，弥八自身の研究成果を加えたもので，「ジンギスカンは義経なり」とする着想の面白さが明治時代初期の青年たちの心をつかんだといわれている。

碑文は前段と後段に分かれており，前段は亡くなる3日前の1891年1月13日夜，死期を悟った弥八が，みずからの一生を回顧した漢文を刻んだものである。後段は福沢諭吉の追悼文で，とくに目をかけていた弟子の弥八を失った悲しみを述べており，「福沢諭吉涙を揮って記す」と結ばれている。

内田弥八之碑

佃駅から東へ約700m行った山の手に長楽寺(真言宗)がある。寺伝には、江戸時代に幾つかの寺をあわせて建立されたと伝えられている。寺宝の絹本著色楊柳観音像(国重文)は華麗な観音像で、右手にもつヤナギの小枝があらゆる病苦をのぞくということから、楊柳観音とよばれ、信仰されてきた。元朝初期(13世紀)頃の作とみられる。

このほか、長楽寺には弘法大師の一生を刺繍した曼荼羅(弘法大師行状曼荼羅4幅、県文化)もある。1843(天保14)年に伊予(現、愛媛県)でつくられ、初め讃岐(現、香川県)の象頭山松尾寺(後に廃絶、現、金刀比羅宮)に奉納され、明治時代初期の廃仏毀釈運動の際、長楽寺に譲渡されたといわれている。

⑤ 阿波池田から祖谷山へ

古来，阿波西部の中心地である阿波池田，秘境として知られる祖谷山地方。古い街道沿いには，各時代の史跡が点在する。

池田城跡 ㉝

〈M ▶ P.138, 177〉三好市池田町ウエノ
JR土讃線阿波池田駅 🚶10分

山間の小盆地に残る中世の城跡

　JR阿波池田駅の北方には阿讃山脈が連なるが，国道32号線南側の小高い台地が池田城跡である。承久の乱（1221年）の功績により阿波守護となった小笠原長清の築城と伝えられている。1585（天正13）年，蜂須賀家政は阿波入国後，阿波九城の1つと定め，土佐・伊予・讃岐（現，高知県・愛媛県・香川県）への備えをはたす重要性から，家老牛田掃部を城番に配した。しかし一国一城令により，1638（寛永18）年には廃城とされた。

　台地上は，西から東へ県立池田高校・市立池田中学校・市立池田幼稚園・市立池田小学校と並ぶ文教地区であり，幼稚園東側には往時を偲ぶ石垣の一部と城郭並木が残っている。池田高校の西に隣接する三好警察署の建設工事に際して，弥生時代後期の竪穴住居8棟が確認されたウエノ遺跡もある。また台地東端には，小笠原氏が信濃（現，長野県）の諏訪大社から勧請したとされる諏訪神社があり，諏訪公園として知られる。台地上を東西に延びる昭和天皇行幸にちなんで名づけられた御幸通りとともに，県内有数のサクラの名所でもある。

　『阿波志』にも，「小山上にあり吉野川を枕にする」と記されるとおり，この池田城跡の台地上からは，南側周囲4kmほどの小盆地にある市街地，北側に徳島平野へと東流する吉野川が一望でき，東端の諏訪神社からは，川船交通の盛んな時代に築かれた川港の跡が美

池田城跡石垣

176　美馬・三好

しい景色として広がる。

諏訪神社から川港を左にみながら、長い石段を南にくだり、書院橋を渡ると、かつて阿波葉とよばれ、北海道で重宝されたという刻み煙草で栄えた東町通りに出る。池田図書館前の東西に延びる旧伊予街道沿いに残るうだつの町並みは、国の重要伝統的建造物群保存地区である美馬市脇町南町とは、また異なる趣をもっている。入母屋化粧・入母屋・寄棟・切妻・片妻・本卯建など、あらゆる形式のうだつをみながら東から西へ進むと、町並みのほぼ中ほどに旧真鍋家住宅がある。真鍋家は刻み煙草製造の旧家で、幕末・明治頃建築の切妻造・瓦葺きの邸は、阿波池田たばこ資料館となっている。

さらに東に進むと、1941(昭和16)年、作家 林芙美子が当地を訪れた際に宿泊した旧政海旅館がある。町並みの西端には、考古資料から近代資料までを所蔵する三好市中央公民館(郷土資料室あり、見学可)がある。なお、諏訪神社からこれまでのルートは、林芙美子が散歩した道でもある。

阿波池田駅から国道32号線を南へ4kmほど行った池田大橋の西南斜面に大西神社がある。この一帯が長宗我部元親の生涯を描いた、司馬遼太郎『夏草の譜』の舞台となった白地城跡である。国道32号線を挟んだ東麓には、林芙美子が2週間ほど滞在し、『旅人』を執筆した白地温泉小西旅館があり、彼女の自筆原稿などを集めた資料室も設けられている。

阿波池田駅の南東約800m、山の中腹には蓮華寺がある。真言宗御室派仁和寺に属する準別格本山で、七宝山光明院と号す。729(天平元)年頃に行基が開基したと伝えられ、1648(慶安元)年、池田城主中村重勝の孫近照が再興したという。平安時代前期の作とされる木造十一面観音立像(県文化)を所蔵する。

阿波池田駅の東900mほどの所には、蜂須賀家の崇敬の篤かった

『延喜式』式内小社医家神社，その西200mほどには現在は造酒家の表門となっている馬宮家武家門があり，歴史を偲ぶ文化財には事欠かない。

雲辺寺 ㉞
0883-74-0066

〈M ▶ P.138〉三好市池田町白地ノロウチ763-2　P
JR土讃線阿波池田駅🚗40分

4 山頂を望む県の古刹

　白地城跡から車で約30分で雲辺寺山門に着く。四国霊場66番札所の雲辺寺(真言宗御室派)は，雲辺寺山(930m)のほぼ頂上部にあり，御詠歌のとおり，「はるばると雲のほとりの寺にきて　月日を今はふもとにぞ見る」という眺望を味わえる。三好市池田町馬路からの登山道と，香川県観音寺市大野原町からのロープウェイにより，寺の直近まで行くことができる。

　寺伝では，空海(弘法大師)が16歳のときに一宇を建立したとも，のちに嵯峨天皇の勅を奉じて千手観音像を刻み，本尊としたともされる。その後，数度の火災に遭ったが，そのたびに復興した。戦国時代に，白地城主大西氏からウマを徴発されたとの記録が残る。あるいは，「まず，この大西さへ手に入り候へば，阿・讃伊予三ヶ国の辻にて，いず方へ取り出づべくも自由なり」と『元親記』にあるように，戦略的な重要地点でもあることから，1577(天正5)年，大西氏を追って長宗我部元親が進入すると，元親は当寺の住職に讃岐侵攻の是非を問い，止められたという逸話も残る。1650(慶安3)年，徳島藩2代藩主蜂須賀忠英により本堂が修復され，翌年，100斗の田地が寄進されており，澄禪の『四国遍路日記』もこのことを記している。

　寺宝は，12世紀半ば，備中(現，岡山県)の僧経尋作の本尊の木造千手観音坐像のほか，1184(寿永3)年，阿波の仏師慶尊作の木造毘沙門天立像(ともに国重文)，鎌倉時代の作とされる絹本著色聖衆来迎図(国重文，奈良国立博物館)など数多い。

黒沢の湿原植物群落 ㉟

〈M ▶ P.138〉三好市池田町漆川黒沢
JR讃岐線阿波池田駅🚗30分

湿原植物の宝庫

　JR阿波池田駅の西約300mの池田市総合体育館から道路標識に従い，30分ほど車を走らせたところに黒沢湿原がある。黒沢湿原は，標高約550mの沼沢盆地で，周囲はアカマツの繁るなだらかな山で

黒沢湿原

囲まれている。南北約2km・東西100〜300m, 面積約40haで, 全体が緩やかに南に傾斜している。湿原の中央部は長く水田として利用されてきた低層沼沢地で, ヨシを始め, 数種の抽水性植物や, ミズオトギリ・アギナシなどの水生植物が数多く生育している。中心部は, 黒沢の湿原植物群落として県の天然記念物に指定されている。

また沼沢地の周辺部には, 各所にオオミズゴケが生育し, キセルアザミ・サギソウ・トキソウを始め, 食虫植物のモウセンゴケなどの群生もみられ, 黒沢湿原の中核をなす貴重な植物が生育している。

さらにその周縁部には, アカマツの林との間に丘陵草原がみられ, 秋にはススキのほか, キキョウ・リンドウ・オミナエシ・ミヤコアザミ・タムラソウ・ウンヌケなどが湿原を彩り, 美しい景観を展開している。

箸蔵寺 ㊱
0883-72-0812

〈M ▶ P.138〉三好市池田町 州津蔵谷1006 P
JR土讃線阿波池田駅🚗10分, またはJR土讃線箸蔵駅（🚶5分）
ロープウェイ本坊駅🚶5分

JR阿波池田駅から北東4kmほどに, 箸蔵寺（真言宗御室派）がある。寺域は, 吉野川北岸に聳える箸蔵山（約720m）の南斜面, 中腹から山頂付近を占める広大なものである。

1766（明和3）年の高野山金剛峰寺南山沙門霊瑞による『由来略記』によれば, 828（天長5）年, 当山で修行中の空海が出現した妖怪を調伏したとき, 金毘羅神があらわれ,「衆生救済のため, 讃岐象頭山（現,

箸蔵寺本殿

阿波池田から祖谷山へ

香川県仲多度郡琴平町)と箸蔵山を往来するゆえ,当地に道場を建てよ」という託宣があり,薬師如来像を刻んで安置したという。近世では蜂須賀氏の保護を受け,慶長年間(1596〜1615)には金毘羅信仰の隆盛にともない松尾寺(現,金刀比羅宮)と並ぶ二大中心本山として成長した。

国道32号線沿いの赤鳥居駅からロープウェイに乗ると,庫裏西側の本坊駅に着くが,本来は,旧参道を中腹までのぼった山門が寺域の入口である。隣接して,かつての吉野川交通の灯台「高灯籠」があり,ここから幅10mほどの玉砂利の参道が始まる。北へ約300mで鞘橋,西へ直角に向きをかえると100mほど石段が続き,さらに北に向きをかえると本坊(方丈,附棟飾平瓦1枚)に至る。本坊の奥に護摩殿があり,その前庭や本殿への参道には7代市川海老蔵奉納,8代市川団十郎奉納などの石灯籠が並んでいる。護摩殿の東,石段を30mほどのぼると鐘楼堂,ここからまた北へ直角に石段が始まり,右に薬師堂(附厨子1基),左に天神社本殿をみながら90mほどのぼると,箸蔵寺本殿(附御本社再建寄進帳2冊)に着く。以上6棟は,江戸時代末期から明治時代初期の建造であり,国の重要文化財に指定されている。本殿の前庭は東西約150mあり,東端に観音堂(県文化)がある。鞘橋から本殿まで続く石段の両側には,九州から北海道,旧朝鮮・満州などから奉納された玉垣・石灯籠・満願石などが,延々と続いている。

ロープウェイ登山口駅から国道32号線に沿って南へ2kmほど進むと,三好大橋に至る。橋の北詰の東の段丘には,東州津遺跡がある。県内ではもっとも西に位置する,弥生時代後期の方形周溝墓が発見されたことで知られている。

大歩危渓谷 ㊲

〈M ▶ P.138, 181〉三好市山城町西宇
JR土讃線阿波池田駅🚌25分,またはJR土讃線大歩危駅
🚶15分

高知県と愛媛県の境,石鎚山地瓶ケ森に源を発し東流する吉野川は,高知県と徳島県の境で流路を北にかえ,四国山脈を横断,横谷を形成する。この山肌を削った深い渓谷が大歩危・小歩危である。古来,交通の難所として知られ,渓谷両岸地域の往来は,下流の祖

谷川と吉野川の合流点である川崎か、約3km上流の榎渡しまで遡らねば困難であった。榎渡しは、東岸の西祖谷山旧家の徳善家に伝わる1377(天授3)年の文書にも「当所河関」と記される古い渡しである。また、国道32号線・JR土讃線の開通まで、両岸には各山腹に古道が通っていた。

西岸の古道は、江戸時代初期の軍記物語『元親記』に、長宗我部元親の阿波侵攻に際し、「この大西への道筋、日本一の難所なり。阿波境に、上名の橋とて、大木一本、割りを付けうち渡したる橋あり。それを過ぎ、西宇のほけ(歩危)とて三里(約12km)の難所あり」と記されている。また、1825(文政8)年、太田章三郎の紀行文『祖谷山日記』にも、雲辺寺に詣で、三好郡佐野に至り、山城谷の芝川・細川・引地名を経て、大歩危・小歩危の難所を通り、下名から榎渡しを使って西祖谷山に入ったと記されている。両書に記されている難所の名称は、聖泣かせ・空穂・犬帰し・大鋸の歯坂などがある。

東岸の古道は、三好市池田町川崎から国見山(1409m)を越え、西祖谷山村有瀬に至る山腹の道があったが、1828年、徳島藩12代藩主蜂須賀斉昌の祖谷旅行に際して、道普請がなされた。

JR大歩危駅から大歩危橋を通って西岸に渡り、北へ約1km行くと、石の博物館ラピス大歩危や、渓谷の船下り発着場に着く。往復1時間足らずの遊覧では、峡谷を形成する変成岩の一種、祖谷・三名含礫片岩(県天然)の奇岩をみることができる。

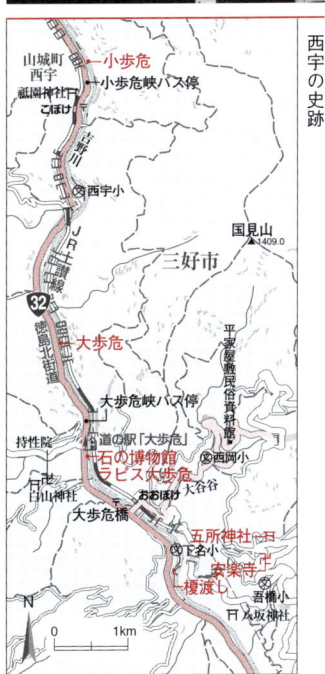

五所神社の大スギ

西宇の史跡

阿波池田から祖谷山へ

近隣のJR阿波川口駅からは、山城町長福寺の大月のオハツキイチョウ(県天然)、長宗我部氏の阿波侵攻の名残りをとどめる山城町黒川の田尾城跡に行くことができる。また、大歩危駅の南東約2kmの西祖谷山村上吾橋には、元弘の変(1331年)で土佐(現、高知県)に流された後醍醐天皇の第1皇子尊良親王の後を追ってきて落命したという妃加羅宇多姫の伝説にちなむ、安楽寺(真言宗)・五所神社の大スギ(県天然)・古宮嶽の古宮神社などの史跡がある。

祖谷の蔓橋 ㊳

〈M ▶ P. 138, 185〉三好市西祖谷山村善徳 P
JR土讃線阿波池田駅 🚗 40分、またはJR土讃線大歩危駅 🚗 15分

平家落人伝説が残る秘境の育んだ文化財

大歩危渓谷の東岸、蔓橋のある西祖谷山の人びとの生活は、榎の鉾神社の所蔵する袈裟襷文銅鐸(通称榎銅鐸、県文化、徳島県立埋蔵文化財総合センター寄託)の存在から、弥生時代には、他地域との交流があったと推測できる。また、大昔、恵伊羅御子と小野老婆という高貴な夫婦(一説に親子とも)が当地にきて、東祖谷山の12集落と西祖谷山の24集落を切り開いたという伝説もある。

祖谷の蔓橋は、シラクチカズラ(学名サルナシ)を主材料としてつくられた吊り橋で、全長約45m・幅約1.5mを測る。祖谷川に架かるカズラの吊り橋は、1921(大正11)年頃には十数カ所が知られていたが、現在では、善徳に架かる1カ所となった。原始的形態をもつカズラの吊り橋は、全国でもここだけといわれ、1955(昭和30)年に国の重要有形民俗文化財に指定され、多くの観光客が訪れている。

祖谷の蔓橋

西祖谷の神代踊

コラム 芸

勇壮・華麗な民俗芸能

　祖谷の蔓橋で知られる三好市西祖谷山村善徳地区には、西祖谷の神代踊（国民俗）が継承されている。神代踊は、天満神社に伝承されている太鼓踊りで、毎年旧暦6月25日の祭礼で奉納される。もともとは「太鼓踊り」「笠踊り」などとよばれていたが、1922（大正11）年、皇太子（のちの昭和天皇）の三好郡行啓の際に上覧して以来、「神代踊」と称せられるようになった。

　西祖谷の神代踊の由来については、2つの言い伝えがある。1つは、菅原道真が、讃岐守在任中の仁和年間（885～889）に、干魃に苦しむ讃岐（現、香川県）の人びとを救うため、里謡20種を歌わせながら雨乞い踊りをさせたことに始まるというものである。たしかに、こうした太鼓踊りは、かつて県内各地の大師堂などで、干天のときに雨乞い踊りとして催されていたことも事実である。もう1つは、中世以来の祖谷山の土豪片山氏が、出陣の際、善徳の村人たちに神前で踊らせたのを始まりとする。山伏のほら貝の合図で始まり、棒や薙刀などを使った古流武術を思わせる芸態と、近世初頭、祖谷山の土豪たちが、蜂須賀氏に反抗しておこした、検地反対一揆などを考えあわせると、その勇壮さなどから、出陣または凱旋時の儀式とも考えられたのであろう。

　このように起源は不明確だが、1828（文政11）年、徳島藩12代藩主蜂須賀斉昌の祖谷旅行に際して上覧したという記録から、かなり古くから伝承されていたことは確かである。また善徳以外に、昭和30年代までは田ノ内と下名地区で、大正時代頃までは吾橋地区などでも同様の踊りが行われていたが、現在は大歩危近隣の徳善地区に伝承されているのみである。

　なお、有瀬地区には有瀬かぐら踊り（県民俗）が伝承されている。高知県の土佐神楽との関係がうかがわれるユニークなもので、狂言まわしの役をつとめる「芋植え爺さん」の所作が楽しい。三部神社の祭礼にあわせて、毎年10月第3日曜日に奉納される。

西祖谷の神代踊

落合集落 ㊴　〈M ▶ P.138〉三好市東祖谷落合
JR土讃線阿波池田駅🚗70分，またはJR土讃線大歩危駅🚗40分

急斜面に形成された中世以来の山村集落

　東祖谷は，三好市の南端に位置し，高知県との県境に接する。域内には四国山脈の標高1000mを超える山々が連なり，剣山に端を発した祖谷川が山間を縫う。人びとは屋島の合戦(1185年)で敗れた平家一族が，この地に逃れて定住したという落人伝説を語り，各地に中世の名集落の名残りをとどめる。

　国の重要伝統的建造物群保存地区に選定されている三好市東祖谷山村落合は東祖谷山全集落のほぼ中央に位置し，祖谷川の北，山腹の南斜面に広がる。保存地区は約32ha。東西約750m・南北約850m，標高差約390m，急勾配に営まれる畑や屋敷地，地区内をめぐる里道は，斜面を切り盛りし，出てきた結晶片岩で石垣を築いている。こうした石垣は地区内に350カ所，総延長は約8kmにおよぶ。屋敷地は等高線に沿った細長い形状で，横並びに棟を配置する。伝統的屋根は寄棟造の茅葺き。江戸時代中期から昭和時代初期建造の家屋が54棟あり，近世以前の遺風をもつ間取りがそのまま残されている。

　対岸の中上地区より保存地区を眺望すると，斜面一面に耕作地と民家や石垣が一体となった壮大な景観が展開する。春には若葉，夏には深緑，9月にはソバの花，11月には紅葉，冬には雪景色と，季節や天候，時刻により異なった表情をみせる。集落中央に鎮座する三所神社の社叢は，東祖谷の社叢群(県天然)の1つである。

　菊地武矩は，1793(寛政5)年に著わした『祖谷紀行』の中で，「落合名あり，一の川東北より流れ来り，久保川と落合へり。よって落合

落合集落全景

美馬・三好

と名つくとなり」とあり，これに従えば，「落合」の地名は自然地形による命名となる。

この落合地区から，西へ5kmほどの京上(きょうじょう)集落に，祖谷山の民具や古文書などを展示する東祖谷歴史民俗資料館があり，西約6.5kmの釣井集落には，寄棟造茅葺き平屋，近世の支配層の民家である木村家住宅(国重文)がある。また，落合地区から南西約7kmの阿佐(あさ)集落は，平家の落人平国盛(たいらのくにもり)を始祖と伝える，阿佐氏の邸宅である阿佐家住宅(県文化)がある。落合地区から東約7kmにある菅生(すげおい)集落には，近世の小規模農家である旧小采家住宅(国重文)がある。なお，菅生集落からは，東約10kmの奥祖谷二重かずら橋，四国第2の高峰剣山などへ行くことができる。

阿波池田から祖谷山へ

Katsuura
Komatsushima
Anan

勝浦・小松島・阿南

鶴林寺

椿泊

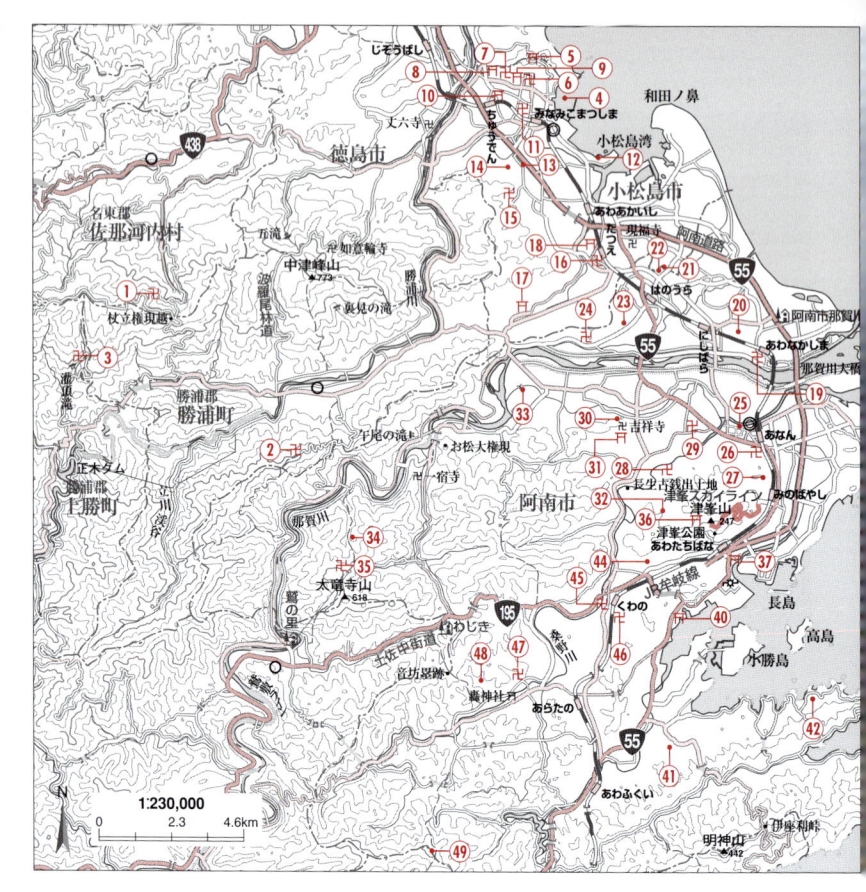

◎勝浦・小松島・阿南散歩モデルコース

勝浦・信仰の道コース　　JR高徳線ほか徳島駅_60_鶴林寺_30_灌頂滝_5_慈眼寺_40_田中家住宅_20_神明神社_80_JR徳島駅

小松島コース①　　JR牟岐線南小松島駅_8_小松島港_50_日峰神社_30_桂林寺_10_成願寺_5_建島神社_10_東八幡神社_10_豊国神社_1_堀越寺_15_地蔵寺_5_JR南小松島駅

小松島コース②　　JR南小松島駅_20_金磯砲台跡_50_弁慶の岩屋_5_旗山_30_恩山寺_10_立江寺_10_櫛淵八幡神社_10_JR牟岐線立江駅

阿南コース①　　JR牟岐線阿波中島駅_5_西光寺_25_平島公方館跡_3_阿南市立阿波公方・民俗資料館_8_JR牟岐線西原駅_5_JR牟岐線羽ノ浦駅_10_拳正寺

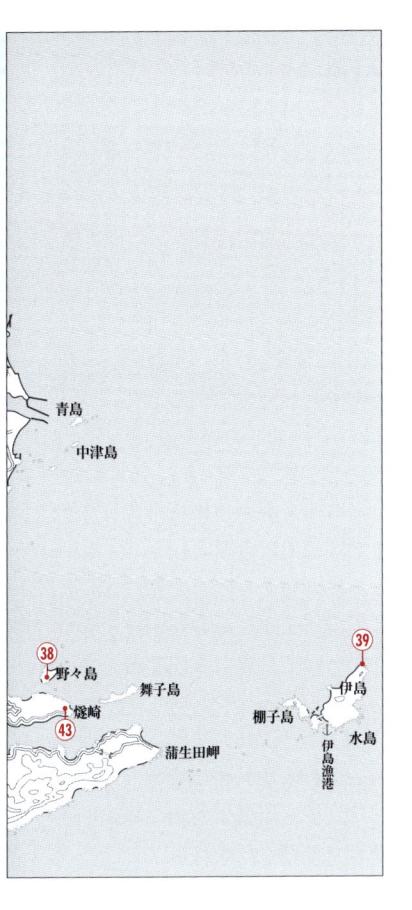

①徳円寺	㉖正福寺
②鶴林寺	㉗学原剣塚古墳
③慈眼寺	㉘桂国寺
④小松島港	㉙隆禅寺
⑤日峰神社	㉚西方城跡
⑥桂林寺	㉛八桙神社
⑦成願寺	㉜石門公園
⑧建島神社	㉝上大野城跡
⑨東八幡神社	㉞若杉山遺跡
⑩豊国神社	㉟太龍寺
⑪地蔵寺	㊱津峯神社
⑫金磯砲台跡	㊲塩竈神社
⑬旗山	㊳野々島塁跡
⑭弁慶の岩屋	㊴伊島の観音堂
⑮恩山寺	㊵海正八幡神社
⑯立江寺	㊶弥勒庵
⑰櫛淵八幡神社	㊷曲り銅鐸出土地
⑱立江八幡神社	㊸森甚五兵衛屋敷跡
⑲西光寺	㊹国高山古墳
⑳平島公方館跡	㊺梅谷寺
㉑拳正寺	㊻萬福寺
㉒羽浦神社	㊼平等寺
㉓美馬順三墓所	㊽岡花座
㉔取星寺	㊾後世山
㉕牛岐城跡	

 1 観音山古墳 3 羽浦神社 15 紫雲庵跡・美馬順三墓所 45 取星寺 45 JR羽ノ浦駅

阿南コース②　　JR牟岐線阿南駅 7 牛岐城跡 10 正福寺 15 学原剣塚古墳 10 隆禅寺 25 桂国寺 30 石門公園 25 八桙神社 10 JR阿南駅

阿南コース③　　JR牟岐線桑野駅 3 萬福寺 5 梅谷寺 3 JR桑野駅 5 JR牟岐線新野駅 25 平等寺 15 岡花座 40 JR新野駅

勝浦郡・小松島

山深い勝浦は弘法大師ゆかりの寺院が多く、天然の良港であった小松島は徳島の玄関口として栄えた。

徳円寺 ❶
088-679-3146
〈M▶P.188〉 名 東郡佐那河内村下字壁ケ岳1 P
JR高徳線・牟岐線徳島駅 🚌 佐那河内線嵯峨農協前 🚶 90分

厄除けの花咲く徳円寺

　嵯峨農協前バス停から県道18号線を渓谷沿いに南へ約4km行くと、杖立山中腹に徳円寺（浄土宗）がある。開基は加賀（現、石川県南部）生まれの徳円上人である。徳円は、1816（文化13）年、31歳のときに阿波に来国し、各所で修行と布教をすすめ、境内にある上人壁という岩の辺で修行を重ね、信者の援助によってこの寺を建立したという。

　本尊は木造阿弥陀如来像。本堂やその上方の如来堂周辺には、背丈以上もあるシャクナゲが群生する。当寺では徳円の再現と伝え、シャクナゲを厄除けの花とする。花の咲く4月下旬から5月上旬には活況を呈する。手首ほどの太さになるのに200年はかかるというが、岩の間に生えた当寺のシャクナゲは時代を経て見事なものである。

　徳円寺からさらに南へ約1.5km行くと、杖立峠（724m）に出る。峠からは、大川原高原へ至る5km余りの大川原林道が通じている。林道の終点にある大川原牧場は、1961（昭和36）年、酪農振興のため、佐那河内村が高原を切り開き、翌年、10町（約992a）の放牧場としたのが始まりである。その後、300町余りに拡張され、今も村内外から集められた乳牛が5～10月に放牧されている。この高原は、旭ケ丸山（1019m）の中腹に位置し、一帯はゆるやかな傾斜をなし、アワミツバツツジの群生地として知られる。眺望も素晴らしく、

徳円寺

淡路島や紀伊水道が俯瞰できる。

鶴林寺 ❷
0885-42-3020

〈M▶P.188〉勝浦郡勝浦町生名字鷲ケ尾14 **P**

JR高徳線・牟岐線徳島駅🚌勝浦線生名🚶90分

神々しい寺伝に彩られた四国霊場の札所

　県道16号線沿いの生名バス停南側が，四国霊場20番札所鶴林寺（真言宗）の表参道入口である。近くに遍路道の表示が出ていて，標高550mの鶴ノ嶽山頂まで急傾斜の山道が約3km続く。この道は，四国霊場の中でも有名な難所である。

　参道には，道標の丁石（県史跡）が11基残っている。花崗岩製で，高さはもっとも大きなもので138cm，小さなもので59cm，幅と厚さはいずれも約17cmである。尖頭方柱形式で尖頭部に二条の切り込みがあり，五輪塔形卒塔婆を祖型とする模式的丁石である。全体的に磨滅してしまっているが，9基には刻銘があり，年号や願主の名がみえる。年号は北朝の「貞治二（1363）年」がもっとも古く，判読できるものでは県内最古の丁石とされる。なお車の場合は，鶴林寺表参道入口のすぐ西側からドライブウェイを利用すれば，約20分でのぼれる。

　798（延暦17）年，空海（弘法大師）が太龍寺（阿南市）を創建しているとき，北に望む山が古伝法輪の霊地という夢告を得て，同地に赴いたところ，老杉の梢に，雌雄2羽の鶴が翼を広げて1寸8分の黄金の地蔵菩薩像を守護していた。これに歓喜した大師は，みずから霊木に3尺の地蔵菩薩像を刻み，黄金の地蔵菩薩像を胎内仏として納め本尊としたことから山号を霊鷲山と称したとされる。2世真然が七堂伽藍を完成させ，天皇の信仰も篤く，戦国大名の三好氏・徳島藩主蜂須賀氏からも保護が加えられた。

　運慶作と伝えられる仁王像のある山門を入ると，すぐ右手に1861（文久元）年建立の六角堂があり，弘法大師作と伝えられる御砂地

鶴林寺

勝浦郡・小松島　　191

蔵尊6体が安置されている。少し入って石段を右にのぼると，1604（慶長9）年再建の本堂があり，本尊の木造地蔵菩薩立像（国重文）が安置されている。この地蔵尊は「波切地蔵」「矢負い地蔵」ともよばれ，多くの人びとの危難を救ったとの伝承をもつ。一木造の彩色像で，平安時代後期の作とみられる。

　本堂の右に立つ美しい三重塔（県文化）は，県内唯一の三重塔である。棟札から，初重が1817（文化14）年，二重が1818（文化15）年，三重が1818（文政元）年の着工で，上棟は1827年とわかる。本堂前の石段をおりると，左手に護摩堂と大師堂・本坊，その向かい側に鉄筋2階建ての大きな宿泊所がある。

　寺宝として，鎌倉時代末期から南北朝時代の作と考えられる絹本著色地蔵来迎図（県文化），室町時代初期の絹本著色釈迦三尊像（国重美，京都国立博物館寄託）などの仏画も所蔵している。

慈眼寺 ❸　〈M▶P.188〉勝浦郡上勝町正木字灌頂瀧18　P
0885-45-0044　JR高徳線・牟岐線徳島駅🚌勝浦線藤川🚶60分

弘法大師も修行した穴禅定

　藤川バス停から藤川谷川に沿って西へ約500m，北方へ約1km進み，さらに山道を約700m進むと灌頂滝がある。灌頂とは「霊水を頭頂に灌ぐ」という意味で水行のことをいい，弘法大師がこの滝で修行したために名づけられたという。約80mもの高さの崖上から水が落ち，細い滝を形作っている。なお滝の真下約70mの旭の滝では，時間帯によっては水しぶきに虹がかかり，不動明王の出現として「御来迎の滝」とよばれる。

　灌頂滝から約2.5kmのぼると慈眼寺（真言宗）に至る。慈眼寺は弘法大師が灌頂の秘法を修めた旧跡といわれ，現在は鶴林寺の奥の院となっている。創建年代や開基は不明だが，1684（貞享元）年，宥久が中興し，平安時代の木造十一面観音を本尊とする。本堂以外の建物は1925（大正14）年に全焼し，全国の信徒約5000人の浄財により再建された。寺の上方に，禅定ケ窟とよばれる石灰岩の洞窟がある。狭い洞窟の中には，多くの仏像に見立てた石があり，約100m奥に弘法大師像がまつられている。弘法大師が修行したというこの洞窟の中をローソクの明かりだけで先達に案内されて通り抜けるという穴禅定とよばれる修行は，寺務所で受付が必要である。

慈眼寺

藤川バス停の南約1kmの所には，勝浦川総合開発の一環として1977(昭和52)年につくられた正木ダムがある。南下して旧福原地区に入ると，平間に月ヶ谷温泉がある。町営温泉保養センターがつくられ，多くの利用者がある。

上勝町の西端，那賀郡木沢村との境にあたる旭の八重地地区には田中家住宅(附 棟札1枚，国重文)がある。1685(貞享2)年に建てられたこの住宅は，県内では，建築年代が明確な住宅のうちで2番目に古い。主屋は，現在は桁行6間半(約11.7m)・梁間3間半(約6.3m)。鉄板葺きで，正面と側面に庇がつくが，当初は寄棟造・茅葺きであった。

同じ八重地にある長楽寺(曹洞宗)の薬師堂は，欄間彫刻や天井絵の豪華さで知られる。旭の神明地区にある神明神社(祭神天照皇大神)の社殿は総ケヤキ造りで外欄間の彫刻が見事である。

小松島港 ❹

〈M ▶ P. 188, 194〉 小松島市小松島町
JR牟岐線 南小松島駅 🚶 8分

古い歴史をもつ阿波屈指の良港

JR南小松島駅から東へ約200m進み，県道120号線に出ると小松島港が一望できる。

小松島の港は，天然の良港であることをいかして，江戸時代には，藍玉・藍染物，ミカン，材木が畿内や関東に向けて積み出された。明治30年代には，神田瀬川の河口を浚渫し，南岸に300t級の汽船が接岸できるようになった。さらに1913(大正2)年，阿波国

小松島港

小松島市役所周辺の史跡

共同汽船が小松島・徳島間に軽便鉄道を敷設し，小松島・大阪天保山間の阿摂航路の旅客便を開設すると，徳島港をしのいで小松島港が徳島県の海上輸送の拠点となった。これ以降も港湾機能の拡幅が行われ，1934(昭和9)年に完成した新小松島港は3000ｔ級の船舶が係船できるようになった。1973年には，1万5000ｔ級の岸壁が完成し，外国貿易港としても栄えたが，昭和60年代以降伸び悩み，昔日の面影は今はない。

日峰神社 ❺ 〈M ▶ P.188, 194〉小松島市 中田町 東山29-3 Ｐ
ひのみねじんじゃ
0885-32-3568　JR高徳線・牟岐線徳島駅 🚌 小松島方面行中田新開 🚶35分

　中田新開バス停から北に直進すると，日峰山にのぼる道が設けられている。徒歩では約40分かかる。日峰山(191.6m)は，津峰(阿南市)・中津峰(徳島市)とともに阿波三峰の1つで，眺望のよいこと

で有名である。鳥居がある広場からは,北方に大神子海岸や徳島市街,さらに淡路島を望み,南には小松島市街と和田ノ鼻に囲まれた小松島湾内の様子がよくみえる。

日峰山の山頂に,日峰神社(祭神天照大神・少彦名命・市杵島比女命)が鎮座する。創建年代は不詳であるが,韓背足尼が長国(現,徳島県南部)の国造に就任するに際して,日峰山頂で火焚神事を行ったという伝説がある。この神事は,中津峰・津峰と呼応するものであったという。阿波三峰は海人族の航海の目印で,火焚も夜間航海の目印になったという説もある。天平宝字年間(757～765)に悪疫が流行し,人びとが疲弊したとき,国司豊野篠原が当社前で火を焚き祈願を行い,これを鎮めたと伝える。

また日峰神社には,カニの絵馬が多く奉納されている。昔,小松島の農民たちは,毎年田植えしたばかりの稲がカニに食いちぎられるので困っていた。当社に祈願したところ,カニがあらわれなくなり被害はなくなったという伝説がある。

日峰神社の参道をおりて100mほど南下,左折して約200m進むと,小松島市営グランドの手前に金長大明神がある。鳥居の脇には「阿波八百八狸総本家」の大きな看板がみえる。この金長大明神は,「阿波狸合戦」の話に由来する。1839(天保10)年頃,小松島に住んでいた紺屋梅山(大和屋)茂右衛門が,村の子どもたちにいじめられているタヌキを憐れみ,子どもたちに金を与えてタヌキを解放した。

その後,たびたびタヌキの夢をみるため,邸内に祠を設けてまつったところ,それ以降,代々繁栄したという。これをもとに松寿堂月荷が『金長狸』として由来記を著し,昭和時代初期には新興キネマが『阿波狸合戦』という映画を制作し好評を得,第二次

火焚神事伝説とカニの絵馬

日峰神社

勝浦郡・小松島

世界大戦後も映画化された。なお現在の社は，1956(昭和31)年に再建されたものである。

桂林寺 ❻
0885-32-1945

〈M ▶ P.188, 194〉 小松島市中田町寺前27 [P]
JR高徳線・牟岐線徳島駅🚌小松島方面行中田八幡社前🚶5分

阿波国守護細川持常の開基

中田八幡社前バス停から東進し，県立小松島西高校西側の道に入り北へ約600mほど進むと，日峰山の麓に桂林寺(真言宗)がある。開創年代は不詳だが，阿波国守護細川持常の開基，古幢周勝の開山とされる。周勝は幼少時に細川頼之の養子となり，京都南禅寺・天龍寺に住し，のち京都相国寺鹿苑院の10世院主として僧録を兼ねた。桂林寺は多くの子院・末寺をもつ寺であったが，細川氏の没落とともに衰えた。元和年間(1615～24)に長俊が再興し，臨済宗から曹洞宗，さらに真言宗に改め，現在に至っている。本堂には，室町時代の作とされる像高1m余の釈迦如来坐像がある。

寺宝の五山版とみられる法華経8巻(県文化)は，現在では巻子本に仕立てられ，1行17字詰の木版刷である。第8巻の奥書には細川持常の書判と，「文安四(1447)年閏二月廿日」，「此御経者，為頼春朝臣百年忌，自公方様賜之」とあり，室町幕府8代将軍足利義政から持常に与えられたものであることがわかる。詳しい経緯は不明だが，持常自身の寄進と推定されている。また桂林寺は持常の位牌を有し，寺号は持常の戒名「桂林院殿四州太守細川讃岐守持常月峰先山大居士」からつけられた。

細川持常の墓は中田町千代ケ原の東八幡神社の裏にあり，細川神社とよばれる小祠である。

桂林寺

成願寺 ❼
0885-32-2049

〈M ▶ P.188, 194〉 小松島市中田町奥林5-1 [P]
JR高徳線・牟岐線徳島駅🚌小松島方面行中田八幡社前🚶5分

中田八幡社前バス停から西へ100mほど行くと，右側に「天竺伝

来阿弥陀仏成願寺これより二丁」という石柱が立っている。その道を北へ進むと，日峰山麓に成願寺(黄檗宗)がある。山門前に立つ「石将軍敢當」「天王山成願寺」と彫られた2本の石柱は，「阿波の一休」とよばれた閑々子の筆とされている。

　鎌倉時代初期，讃岐(現，香川県)に流されていた浄土宗の祖法然は，許されて京都に帰る途中，嵐に遭い小松島に停泊した。これを知った付近の人びとは，一目，上人を拝み説教を聞きたいと集まり，風がやんでも出航することができなかった。そこで法然は，弟子の成願と天竺伝来の阿弥陀如来像を残して京都に向かった。こうして成願寺は創建されたが，成願没後は後嗣もなく衰微した。元禄年間(1688～1704)，竹林院(徳島市)の鉄崖が由緒ある寺院の荒廃を嘆き，黄檗宗寺院として再興。その後，時代の推移とともに再び衰え真言宗にかわり，1883(明治16)年，黄檗宗に復して現在に至っている。

　本尊の木造阿弥陀如来立像(県文化)は，クス材一木造で無彩色，県内でも珍しい等身大(像高179cm)の立像で，平安時代前期の作とされる。境内には，稲妻塚とよばれる松尾芭蕉の句碑があり，「稲妻や闇の方行く五位の声」と刻まれている。

成願寺

建島神社 ❽　〈M▶P.188, 194〉小松島市中田町広見42
　　　　　　　JR高徳線・牟岐線徳島駅🚌小松島方面行中田🚶3分

　中田バス停西側の道を北へ100mほど行くと，建島神社(祭神建島女祖命)の鳥居がみえる。当社は，『延喜式』式内小社の建島女祖命神社に比定されており，大宝令で位田8町歩を給され，944(天慶7)年従五位下を授かっていたという。

　当社に合祀されている西八幡神社は，もとは多家良村本庄(現，徳島市多家良町)にあったが，勝浦川の洪水のために流されて下流の江田に漂着し，同所にまつられていた。のちに建島神社に合祀し

「阿波の一休」閑々子の認めた石柱

『延喜式』式内小社の建島女祖命神社

勝浦郡・小松島

建島神社

たので，例祭は創建の古い西八幡神社の習わしが残ったという。

　建島神社裏手の採石場からは，昭和時代初期に古墳が発見され，勾玉や土器などが出土した。また，平家方に味方したため源氏に攻められ落城した桜庭氏の中田城は，当地の南方にあったとされる。

東八幡神社 ❾

〈M ▶ P.188, 194〉小松島市中田町千代ケ原33-4　P
JR高徳線・牟岐線徳島駅🚌小松島方面行中田八幡社前
🚶1分

藩祖蜂須賀蓬庵が隠居生活を送った

　県道120号線の中田八幡社前バス停そばに立つのが，東八幡神社（祭神応神天皇）の二の鳥居である。一の鳥居の額は勝海舟の揮毫といわれるが，現在は別に保管されている。1589（天正17）年，蜂須賀家政から社領10石が寄進され，その後も徳島藩歴代藩主により保護された。当社は，1601（慶長6）年，前年の関ヶ原の戦いで隠居した蜂須賀蓬庵（家政）が別邸を建てて移り住んだとされ，本殿は千代の松原の北端にある。

　今も「中田の八幡さん」と親しまれ，境内には氏子や藍商人や上方の魚問屋の奉納した鳥居や灯籠が立ち並ぶ。『寛保改神社帳』には「八幡宮」とみえ，中田・小松島・金磯・日開野・中郷5カ村の鎮守で，境内の東にあった宿坊は近在の人びとの集会場であったという。例祭は毎年9月15日に行われる。

東八幡神社

豊国神社 ❿ 〈M ▶ P.188, 194〉小松島市中郷町豊ノ本4
JR牟岐線中田駅 🚶 6分

豊臣秀吉十七回忌に造営され明治時代に再興

　東八幡神社の境内，千代の松原の中を南へ通り抜け，県道120号線を横切って直進すると豊国神社に至る。

　当社の神体は豊臣秀吉の木像である。この木像は，秀吉の遺言により，その死の翌年1599（慶長4）年に蜂須賀家政・至鎮父子に与えられ，最初は徳島城でまつられていた。十七回忌にあたる1614年8月に家政の隠居屋敷の隣に広大な神社を造営し，ここに木像を移してまつった。また別当寺の豊林寺を建て，京都高雄山から龍厳を招き，寺領200石が寄進された。

　秀吉の死の直後から，全国各地に分祀された豊国神社は，豊臣家と徳川家の対立が表面化した慶長10年代からは秘匿されるようになり，1615年に豊臣家が滅びると完全に廃棄された。当地でも，1616（元和2）年，徳島城下の勢見に観音寺を創建して龍厳を移し，豊林寺は廃寺，豊国神社は放置状態となった。承応年間（1652〜55）には社殿が倒壊し，木像・棟札などは庄屋久助が預かり，のち宝蔵寺が保管した。その後，宝蔵寺境内に新日吉明神として再興され，明治時代になって豊国神社の名前に復した。現在も神体の木像は健在で，境内には旧社殿の大きな礎石が残る。また棟札も，隣接する堀越寺（旧宝蔵寺）に現存している。例祭は毎年9月14日に行われる。

　堀越寺（真言宗）は延命院とも称され，10世紀に仏眼が開いたと伝えられる。蜂須賀家政の寄進した本尊延命地蔵，蜂須賀正勝銘のある不動明王・毘沙門天像がある。癪除け観音ともよばれる1寸8分（5.5cm）の小さい銅像は，「堀越の観音さん」として人びとの信仰を集めている。

豊国神社

地蔵寺 ⓫　〈M ▶ P.188, 194〉小松島市松島町 11-26
0885-32-1043　　JR牟岐線 南小松島駅 🚶 5分

平島公方館から移築された玄関と書院

　JR南小松島駅の北西約400mの所に地蔵寺(真言宗)がある。真言宗大覚寺派の京都嵯峨大覚寺の末寺で，縁起では弘法大師の創建，中興開山は長見という。

　地蔵寺の山門は，1615(元和元)年の建立で，市内最古の建造物とされる。玄関及び書院(県文化)は，足利義冬の子孫が住んだ平島公方館(現，阿南市那賀川町)から移築したものと伝えられ，「文化三(1806)年宥全再興」と記された棟札が現存する。玄関は吹き放ちの平屋建で向拝唐破風造で，本瓦葺きの屋根には菊の紋の入った室町時代の瓦が一部に使われている。現在本堂とよんでいる書院は，各室とも棹縁天井で，間仕切りの鴨居の上には透かし彫りの欄間が配されている。床の間の違い棚の配置などは，平島公方邸の面影をよく伝える。

　本尊の木造地蔵菩薩立像はヒノキ材の一木造で，脇侍の不動明王・毘沙門天とともに平安時代中期の作と考えられる。とくに毘沙門天の足元の天邪鬼は，同時代の傑作とされる。寛政年間(1789～1801)，本尊の地蔵菩薩が錫杖でネズミを突いたという話があり，「鼠突き地蔵」とよばれる。寺宝の胎蔵界曼荼羅図(県文化)は，弘法大師が天長年間(824～834)の後半に制作させた高雄曼荼羅(紫綾金銀泥絵両界曼荼羅図，国宝，京都神護寺蔵)を，1799(寛政11)年にほぼ同じ寸法で模写したものである。阿波藍を用いて絹本を染め，金銀泥で描かれている。

　地蔵寺の東隣に八坂神社(祭神素盞嗚命・大己貴命・奇稲田姫命)がある。10世紀，四国地方に悪疫が流行し，多くの人が亡くなった。とくに阿波では甚だ

地蔵寺

勝浦・小松島・阿南

しかったため，天皇は生比奈の宝珠丸城主 源 満重に命じて祇園社を勧請させ，ここにまつったのが起こりといわれる。明治時代初期の，神仏分離政策により八坂神社と社号を改め，北町の八幡神社を合祀した。なお合祀の際，八幡神社にあった「源義経の駒つなぎ松」が枯れていたので，その幹の一部が奉納された。これは，今も拝殿左側の上部に現存する。7月中旬から下旬にかけて行われる祭礼は「小松島の祇園祭」とよばれ，小松島港祭の行事とあわせて山車や子どもの樽神輿などが市中をめぐり，賑やかである。

八坂神社前から200mほど南進し，県道33号線を越えて約30～40mで南西に分岐する道を行くと五社大明神に至る。1667(寛文7)年から凶作が3年続いたため，村人を救おうと，日開野村の庄屋と五人組が相談し，年貢米の俵の中身を籾殻や糠に取りかえ，秋の収穫時に元に戻すという計画を立てて実行した。しかし，このことがのちに露顕し，庄屋桂長左衛門・吾一父子と勝山十作・中尾多平・梅本茂作・忠津甚作の6人が地蔵寺境内で処刑された。当社は彼らをまつるため，1932(昭和7)年に建てられた。

南小松島駅の東約300m，小松島市役所敷地内にお玉大明神がある。当地には，かつて潮止めの堰がつくられていたが，高潮や台風のため，毎年のように壊されて被害が出ていた。そこで人柱を立てることになり，翌朝最初に堰の前を通りかかった娘を捕まえ，人柱として石垣の下に埋めてしまった。その後，堰は壊れることはなくなったという。このとき，坂野村刈屋(現，小松島市坂野町)でお玉という娘の行方がわからなくなり，人柱にされたのはお玉だという噂が広がったので，この堰を「お玉井理」とよぶようになった。のちに彼女の霊を慰めるために，この神社が建てられた。

金磯砲台跡 ⑫ 〈M ▶ P.188, 194〉小松島市小松島町金磯
JR牟岐線南小松島駅🚶20分，または🚌和田島・阿南方面行金磯🚶5分

小松島の豪農多田宗太郎が築造し藩に献上

小松島市役所から県道120号線を1.5kmほど南下すると金磯バス停があり，左折すると横須の松原に出る。この松原は，元禄年間(1688～1704)，潮風を防ぐために植えられたものである。付近は，徳島藩の藩札座本役をつとめた寺沢宗斎と六右衛門父子に与えられ

金磯砲台跡

　松原の南東にあたる小高い山が弁天山で、見晴らしのよい山頂に金磯砲台跡がある。1853（嘉永6）年、ペリー提督に率いられたアメリカ東インド艦隊の軍艦4隻が相模国浦賀（現、神奈川県横須賀市浦賀付近）に来航したことから、徳島藩でも海防の必要に迫られ、小松島の豪農多田家の9代宗太郎が自費で着工し、1862（文久2）年から1年6カ月をかけて砲台を築造し、藩に献上した。記録によれば、献上された設備は、大砲8門のほか、火薬庫2棟・兵舎・道具舎・番所・射撃練習場などであった。藩では、金磯新田の農民40人を砲台御用に任命し、外国船の侵入に備えた。

　弁天山の海に面した断崖にはアコウが自生する。アコウは臨海地に生育する熱帯・亜熱帯性の常緑広葉樹で、当地が日本国内の北限である（金磯のアコウ、県天然）。山麓には弁財天をまつった金磯弁天がある。この弁天は、天平年間（729～749）に行基が開いたとされ、四国霊場18番札所恩山寺の鬼門守護のため勧請された。堂内には船の模型や絵馬が残る。境内および横須の松原には、松尾芭蕉の句碑、国学者で『阿波国徴古雑抄』を記した小杉榲邨の歌碑、「兵隊不動」とよばれている石像がある。

旗山と弁慶の岩屋 ⓭⓮

〈M▶P.188, 194〉小松島市芝生町宮ノ前 P／芝生町大嶽 P
JR牟岐線南小松島駅🚌立江萱原行芝生中🚶2分／🚶2分

義経が源氏の白旗をたてたという旗山

　芝生中バス停の南方にみえる小山が旗山（63m）である。麓には、小松島市が設けた「ふるさとプロムナード」の大きな散策路案内図がある。旗山は、源義経が讃岐国屋島（現、香川県高松市）にいる平家軍を攻めるため、嵐の中、摂津国渡辺津（現、大阪府大阪市中央区）から20隻の船で出発し、阿波国に上陸、源氏の白旗を立てた地

弁慶の岩屋

と伝えられる。山頂には，妙見神社や凛々しい騎馬姿の義経の大銅像（高さ6.7m）が立つ。

旗山から西の県道136号線（旧田野街道）に出てすぐの所に立つ標柱に従い，墓地内を進むと弁慶の岩屋（県史跡）がある。弁慶ほどの怪力でなければつくることができないという意味から名づけられた，横穴式石室である。墳丘の盛土は残っておらず，石室は露出し，大きく損壊している。

玄室は長方形体で，その規模は長さ5.8m・幅1.8m・高さ1.75m，わずかに露出する一石によって復元される羨道部の長さは4.85m。石材は結晶片岩で1.5mほどもある大型の石を用い，もとは相当な規模の石室をもつ古墳であったと推定されている。出土品は不明で，巨石を多用していることから7世紀前半に築造されたと考えられている。

この山に沿って北西に2kmほど進むと，標高60mの尾根上に前山古墳を中心とする一群と谷を隔てて前山遺跡を含む一群がある。前山古墳は直径約15mの円墳の形をとり，内部は長さ6.6m・幅0.8m・高さ0.6mの竪穴式石室と粘土槨が並置されていた。棺内からは老人男子と思われる頭蓋骨などが，棺外からは内行花文鏡や鉄剣などが出土している。前山遺跡からは形象埴輪など大量の埴輪が出土している。

恩山寺 ⓯

0885-33-1218

〈M▶P.188, 194〉 小松島市田野町恩山寺谷40　P
JR牟岐線南小松島駅🚌立江萱原行恩山寺前🚶10分

弘法大師が女人解禁の修法を行った母養山恩山寺

旗山の西を通る県道136号線を400mほど南へ行き，右折して山道を進むと，四国霊場18番札所恩山寺（真言宗）に至る。

寺伝によれば，天平年間（729〜749），聖武天皇の勅願により，行基が厄払いのために薬師如来坐像を刻み，本尊として開基したとされる。初めは大日山福生院と号し，女人禁制の寺であった。延暦年間（782〜806），弘法大師が当寺で修行していたときに，母の

恩山寺

玉依御前が大師を慕ってきたが、女人禁制のため立ち入ることができなかった。そこで大師は門前で7日間にわたって女人解禁の修法を行い、母を入山させ、孝養を尽くしたという。寺号の母養山恩山寺は、これにちなむといわれる。また弘法大師は、弘仁年間(810〜824)に自像を刻んで安置し、のちに大師堂の本尊となった。

1203(建仁3)年の文書によれば、田野町付近は高野山領となっている。恩山寺へは、源頼朝も堂宇や所領を寄進した言い伝えがあり、室町時代には細川・三好氏の信仰が篤かった。江戸時代に入ると、徳島藩祖蜂須賀家政は堂宇11棟を復興し、初代藩主至鎮も山林を寄進し、当寺を保護した。1898(明治31)年、落雷のために大部分の建築物を焼失したが、その後再建され、罹災しなかった大師堂を含めて8棟の建物がある。

恩山寺前バス停から県道136号線を約1.4km南下した鳥居本の天王社には、満4〜6歳の幼児が舞う稚児三番叟(県民俗)が伝わる。一時期中断していたが、昭和時代初期に復活し、毎年10月22・23日に境内の舞台で演じられている。

立江寺 ⑯　〈M ▶ P.188, 205〉小松島市立江町若松13
0885-37-1019　JR牟岐線立江駅 🚶 5分

人びとの邪心を咎める四国霊場の関所

恩山寺をおりて田野街道に出ると遍路道で、道標に従って歩くと約1時間で立江に至る。JR立江駅の南西400mほどの所には、四国霊場19番札所立江寺(真言宗)がある。天平年間(729〜749)、聖武天皇の勅願により、行基が光明皇后の安産を祈願して1寸8分(5.5cm)の閻浮壇金の地蔵菩薩をつくり、堂を建てて安置したのが始まりとされる。815(弘仁6)年、修行の途中に当地を訪れた弘法大師は、行基作の地蔵菩薩像があまりにも小さいため紛失することを恐れて、みずから6尺(約181.8cm)の大きな地蔵尊をつくり、胎

立江寺

内に小像を納めたと伝えられる。これが現在本堂に安置されている地蔵像というが,実際は鎌倉時代の作とみられる。

もとの堂塔伽藍は,西方約500mの清水奥谷山麓にあったが,天正年間(1573〜92),長宗我部元親が阿波に侵攻した際に焼け,蜂須賀家政によって現在地に再建されたという。1659(万治2)年建築の本堂は1974(昭和49)年に焼失し,1977年再建された。大師堂・多宝塔・客殿・書院・接待所など,境内に多くの建物を有する。

寺宝の絹本著色釈迦三尊像(国重文)は,中央に釈迦如来,脇侍として,左には白象に乗り合掌した普賢菩薩,右には獅子に乗り経箱と剣をもつ文殊菩薩を描く。温和な大和絵風の描法などから,鎌倉時代の作とされる。1965(昭和40)年に行われた修復調査により,鮮やかな色使いと精巧な筆遣いが明らかとなった。

立江寺から立江川を渡り,南へ400mほど行くと,清水の山腹に景岩寺(曹洞宗)があり,そのすぐ下が立江城跡とされる。信濃国(現,長野県)守護の小笠原長時は,甲斐(現,山梨県)の武田信玄と戦い,1549(天文18)年に敗れて紀伊広城(現,和歌山県有田郡広川町)に拠っていたが,弘治年間(1555〜58),阿波で勢力のあった

立江・櫛淵周辺の史跡

三好氏の招きにより、那西郡中村(現、小松島市大林町中村)に移り住んだ。その後、長時は京都に移り、子の長幸が中村城主となり、孫の兼幸の時代に立江清水に居館を構え、櫛淵城主秋元氏と婚姻関係を結びながら、勢力を張った。景岩寺は、長時が護持仏として兜に入れていた1寸8分(5.5cm)の聖観音像をまつるため、みずからの居館跡に建てた寺ともいわれている。

櫛淵八幡神社 ⓱

〈M ▶ P.188, 205〉小松島市櫛淵町北佃 P
JR牟岐線立江駅🚌立江萱原行櫛淵八幡前🚶2分

景岩寺から県道28号線を南へ2kmほど行くと、市立櫛淵小学校西側の小山に櫛淵八幡神社、その西隣の丘陵上に秋元氏の居城櫛淵城跡がある。

当地一帯は、1017(寛仁元)年、後一条天皇が京都石清水八幡宮に行幸したときに寄進されて同八幡宮領となり、櫛淵八幡神社は、その別宮の1つとしてまつられるようになったという。承久の乱(1221年)後、櫛淵別宮地頭に秋元二郎兵衛尉が補任され、神領の侵犯が行われた。そのため、従来、当地を領有してきた石清水八幡宮の荘官と新補地頭秋元氏との間で、たびたび争論となった。しかし、新興の地頭側がしだいに勢力を伸ばし、1281(弘安4)年3月、和与の結果、地頭による土地の一円領有が法的に認められ、秋元氏は櫛淵に定着し、土豪化していった。秋元氏は、天正年間(1573～92)、長宗我部元親の阿波侵攻により一族の者がほとんど戦死し、分家の秋元幸左衛門成貞が100石で跡を継ぎ、蜂須賀氏の入国前後に功績があったため、その子孫は同氏の家臣となった。

櫛淵八幡神社の鳥居の左側に櫛淵のフウ(県天然)がある。フウは台湾などに自生する落葉喬木で、成長が早く、葉の先がアサガオの葉のよ

櫛淵八幡神社

京都石清水八幡宮の別宮として古い歴史をもつ

うに3つに分かれている珍しい植物である。江戸時代に日本に伝来したが、櫛淵には大正時代初期に植えられたという。

　櫛淵八幡神社の西約800m、山口バス停から裏通りに入った丘の上に法泉寺（曹洞宗）がある。櫛淵城主秋元和泉守盛貞が建てた寺で、創建時には下方にあったが、1714（正徳4）年に火災に遭い、現在地に再建された。境内墓地の奥には、五輪塔の秋元和泉守盛貞の墓がある。

立江八幡神社 ⑱
0885-37-3725
〈M ▶ P.188〉小松島市立江町新開18
JR牟岐線阿波赤石駅または立江駅 🚶10分

　JR立江駅から北西へ800mほど行くと、立江八幡神社（祭神誉田別命・帯仲彦命・息長足比売命）がある。1471（文明3）年、豊前宇佐宮（宇佐神宮、大分県宇佐市）の分霊を勧請したと伝えられる。1611（慶長16）年、小笠原兼幸が社殿を再建した際の棟札が残る。初め大林町にまつってあったが、その後、転々とし現在地に遷された。

　毎年9月15日の例祭に獅子舞とともに奉納されている囃子は、再建に際して京都から祇園囃子を招いて氏子に習得させ、神前に奉納するようになったものといわれる。祭礼に行われる吹筒花火などの大型花火は、天保年間（1830～44）以来のもので、第二次世界大戦前には豪華さで有名であった。戦後もその伝統は残り、花火製造業は今日に受け継がれている。

　立江八幡神社から東進すると、国道55号線大林交差点の東約500mの所に現福寺（真言宗）がある。本尊の木造薬師如来坐像（県文化）は、平安時代後期から鎌倉時代初期の作と推定されている。

獅子舞と囃子、吹筒花火で賑わう例祭

❷ 那賀川・羽ノ浦

那賀川・羽ノ浦地区は交通の便に恵まれ，古代から豊かな歴史をはぐくんできた。

西光寺 ⓳ 〈M ▶ P. 188, 210〉 阿南市那賀川町赤池185
0884-42-2316　JR牟岐線阿波中島駅 🚶 5分

平島公方の菩提寺

　JR阿波中島駅の南西約100mの所に西光寺(真言宗)がある。神亀年間(724〜729)，行基によって開かれたと伝えられる。当寺には，1470(文明2)年に平嶋長福寺の中林から西光寺の宥成にあてた「平嶋庄内惣講識寄進之事」が残されており，また，1942(昭和17)年の火災によって焼失した旧本尊の阿弥陀如来像は南北朝時代の作とされ，旧国宝指定を受けた優品であったことから，中世にはかなりの勢力を有する大寺であったことがわかる。西光寺は，足利将軍家の血をひく，平島(阿波)公方一族の菩提寺として知られている。

　管領細川高国と対立して京都を離れた室町幕府10代将軍足利義稙は，1523(大永3)年に阿波の撫養(現，鳴門市)で没した。11代将軍足利義澄の子で義稙の養子となっていた足利義維は，三好元長らに奉ぜられて摂津国堺(現，大阪府堺市)に入り，堺公方と称せられるほどの勢威を振るった。しかし，三好元長が本願寺勢に敗れて自害に追い込まれたことから，堺の政権は崩壊した。淡路(現，兵庫県淡路島)に逃れた義維(義冬と改称)は，阿波国守護細川持隆に迎えられ，1534(天文3)年，足利家ゆかりの京都天龍寺領で良港のある平島に居を定め，一時，西光寺に寓居していた。これが平島公方の始まりとされている。義冬の子義栄は三好氏らに擁立されて畿内に進出し，1568(永禄11)年に14代将軍となるが，足利義昭を奉じて上洛した織田信長に追われ，阿波に帰り没した。その後，義栄

平島公方墓所(西光寺)

の弟義助が2代平島公方となり，9代義根が1805（文化2）年に京都へ退去するまで，当地に居住した。

現在，山門から本堂に向かって左側に足利義稙・義冬・義栄の墓が並び，向かって右側の墓域には歴代の平島公方一族の墓とともに，公方家ゆかりの阿波の儒学者高橋赤水の墓がある。

平島公方館跡 ⑳
0884-42-2966
〈M ▶ P.188, 210〉阿南市那賀川町古津339-1　P
JR牟岐線阿波中島駅🚶20分

数奇な運命に翻弄された一族の夢の跡

JR阿波中島駅から県道141号線を北へ1.2kmほど進むと市立那賀川中学校や阿南市那賀川支所のある交差点に至る。左折して西へ700mほど進むと，農村地帯の一角に，校倉造を模した阿南市立阿波公方・民俗資料館がみえる。この付近が平島公方館跡である。

初代足利義冬時代の平島公方の所領は16カ村3000貫におよんだといわれており，1582（天正10）年に阿波を制圧した長宗我部氏の支配下でも，その所領は安堵されていた。1585年の蜂須賀氏阿波入国後，蜂須賀氏の客分となった平島公方は，茶領100石を与えられて，平島に居住し，4代義次は平島又八郎と名乗った。

8代平島公方義宣は，京都から儒学者島津箕山を招いて館内の栖竜閣に住まわせた。箕山のもとには多くの文人が集い，公方館は県南の文化の一中心の観を呈していた。9代義根も箕山の薫陶を受け，『栖竜閣詩集』に多くの漢詩を残している。平島公方に対する蜂須賀氏の扱いに不満を募らせた義根は，1805（文化2）年に平島を退去して京都に向かった。ここに平島公方の歴史は幕を閉じる。

公方館は，藤原清兼の居城であった古津の平島塁を永禄年間（1558～70）に改修したもので，1町（約109m）四方の広大な居館であったと伝えられている。現在，公方館跡には堀の一部がわずかに残っているほかは，目立った遺構は残っていないが，周辺には，お屋敷・

阿南市立阿波公方・民俗資料館

那賀川・羽ノ浦

那賀川支所周辺の史跡

お花畠・馬場などの館との関連をうかがわせる地名が残っている。小松島市の地蔵寺の玄関及び書院(県文化)は、公方館の建物を移築したものと伝えられている。

平島公方館跡の一角にある阿南市立阿波公方・民俗資料館は、1988(昭和63)年に開館した那賀川町歴史民俗資料館を前身とする。鉄筋コンクリート造りの高床式建築で、『栖竜閣詩集』などの平島公方関係資料のほかに、棟付帳や検地帳などの地域の近世文書や民俗資料などが収蔵されている。

拳正寺 ㉑　〈M▶P.188, 211〉阿南市羽ノ浦町中庄千田池33
0884-44-2427　JR牟岐線羽ノ浦駅 🚶10分

JR羽ノ浦駅から商店街を抜け北方へ進むと、観音山がみえてくる。この観音山には、戦国時代、中庄城(湯浅城)があった。城主の湯浅豊後守国貞は、1582(天正10)年、長宗我部勢との中富川の戦いで討死している。

観音山の麓に拳正寺(真言宗)がある。古くは見性寺・見正寺・建性寺などとも称していたが、1661(万治4)年、徳島藩3代藩主蜂須賀光隆が鷹狩りで訪れたときに寺号を拳正寺と改めた。徳島藩からは御鷹野祈禱料として毎年5石の米が与えられており、観音堂修復のための用材を境内外の観音山から採ることも認められていた。本尊は地蔵尊で、1830(文政13)年創設の西国33番の写し霊場などがある。

境内の観音堂に隣接して観音山古墳がある。封土の流出が著しいが、一部に残っている墳裾などから、径約12m・高さ約3.5mの円墳と推定されている。主体部は両袖式の横穴

古墳の石室内にまつられた穴観音

穴観音

210　勝浦・小松島・阿南

式石室で、南向きに開口している。石室の全長は7.35mで、玄室は長さ4.3m・幅2.1m・高さ約2m、羨道は長さ約3m・幅1.1m・高さ約1.5mで、県南屈指の規模を有している。出土遺物がないが、石室の形などから6世紀末〜7世紀初頭に築造された当地方の首長層の墳墓と考えられている。石室の奥壁付近には石造如意輪観音像が安置されており、「穴観音」として古くから近郷の信仰を集めている。

この近くには6世紀末頃の築造と推定される能路寺山古墳群がある。また、観音山北西の宮倉地区は、安閑天皇の時代に設置されたと『日本書紀』にみえる阿波国春日部屯倉に比定されている。

羽浦神社 ㉒ 〈M▶P.188, 211〉阿南市羽ノ浦町中庄千田池32
0884-44-6161 JR牟岐線羽ノ浦駅 徒10分

拳正寺の西隣に羽浦神社がある。もとは1658(万治元)年に勧請された八幡神社で誉田別命を主祭神とし、江戸時代には拳正寺が別当となっていた。1910(明治43)年、和耶神社・和奈佐意富曽神社など近郷の23社が合祀されて羽浦神社となった。

『延喜式』式内社に比定されている和耶神社は、もと宮倉字背戸田にあった。祭神は淡夜別命で、江戸時代には近くの能路寺が別当となっていた。1月7日の夕暮れに村人が豆をもって神社に集まり、修験者の祈禱が終わると、一斉に「わや、わや、わや」と大声で唱え、豆を投げて拝む風習が明治時代頃まで行われていた。

和奈佐意富曽神社はもと宮倉字羽ノ浦居内にあり、和奈左毘古命ほかを祭神としており、『延喜式』式内社に比定する説がある。かつては山上に社殿を構え、氏子が那賀川流域二十数カ

羽浦神社

羽ノ浦駅周辺の史跡

式内社での豆まき

那賀川・羽ノ浦

村に広がっていた。その後、しだいに衰微し、慶安年間(1648〜52)に山の中腹に再建されてからは宮倉一村の鎮守として崇敬された。

美馬順三墓所 ㉓

〈M ▶ P.188, 211〉阿南市羽ノ浦町岩脇神代地36
JR牟岐線羽ノ浦駅 🚶20分

シーボルトの高弟 蘭学の先覚者

JR羽ノ浦駅を南に出て、国道55号線の阿南共栄病院西側の交差点から丘陵沿いの県道276号線を南西に900mほど進むと、右手の丘陵中腹に霊園がみえてくる。この付近が紫雲庵跡で、その一角に美馬順三墓所がある。

美馬順三は、1795(寛政7)年に岩脇村で生まれた。号は如柳、諱は茂親。成人後、京都を経て長崎に遊学した順三は、通詞中山作三郎宅に寄寓して蘭学や中国語を学んだ。1823(文政6)年、来日したシーボルトに入門し、鳴滝塾の塾頭となった。順三はシーボルトの日本研究に協力するとともに、賀川玄悦の『産論』や石坂宗哲の『鍼灸知要一言』の大要をオランダ語に翻訳。この2つはシーボルトの斡旋でヨーロッパの学術誌に発表され、日本人の医学的業績が海外に紹介される端緒となった。

墓は長崎大音寺の中山家墓所に学友・門人らによって建てられ、学友岡研介が撰した墓誌銘が刻まれた。現在、岩脇にある順三の墓は、長崎の墓誌銘を写し取って、順三の妹が尼僧として庵住していた紫雲庵に建立したものである。

美馬順三墓所

取星寺 ㉔
0884-44-2779

〈M ▶ P.188〉阿南市羽ノ浦町岩脇松ノ本71
JR牟岐線羽ノ浦駅 🚶45分

美馬順三墓所から県道276号線を南西へ1.5kmほど進むと「星荒神登山口」の標柱があり、ここから山道をしばらくのぼると取星寺

阿州足利家の守札

コラム

平島公方発行のマムシ除け

　「阿州足利家」と書かれ、「清和源氏之印」という朱印が捺された守札が、徳島県内各地に残されている。これは、平島公方家が発行していたマムシ除けの守札である。

　あるとき、4代平島公方足利義次が屋敷の大掃除をしたところ、床下から多数のマムシの死骸が出てきたため、これをみた人びとは、「平島公方様のご威光にあたってマムシが死んだ」と考え、平島公方に守札の作成を頼んだのが始まりといわれている。江戸時代、新田氏の子孫である岩松家の当主が描いた「猫絵」がネズミ除けの守札として北関東で珍重されていたのは有名だが、平島公方家にもそれと同様の「貴種」ゆえの霊的な力が認められていたのではないだろうか。

　ただ、このような平島公方家の活動を徳島藩は快く思っていなかったようで、9代平島公方義根が阿波を退去する直前の1805（文化2）年4月には、禁止の徹底を再確認する通達が出されている。

弘法大師が祈り落とした妖星を納める

と明現神社に至る。この付近は、戦国時代に三枝氏が拠った岩脇城跡と考えられている。

　取星寺（真言宗）は、四国霊場19番札所立江寺の奥の院である。本尊は虚空蔵菩薩で、境内に三宝荒神などもまつられている。空海（弘法大師）が人びとを苦しめる妖星を祈り落として当地にまつったという開基伝承をもち、江戸時代の記録にも、「大師拘召」「大師感得」の星が納められているという記述がみえる。

　境内には廃庵となった紫雲庵から移してきた木造阿弥陀如来坐像（県文化）を納めた阿弥陀堂がある（見学要問い合わせ）。像高91cm、ヒノキ材寄木造の優品で、鎌倉時代初期の作と考えられている。

　星取寺に隣接する明現神社は、江戸時代には妙見宮とよばれ、『阿波志』には「星祠」と記されている。妙見菩薩をまつり、取星寺が別当となっていた。明治時代初期、神仏分離によって取星寺と分かれ、社号も明現神社と改め、現在は天之御中主神を祭神とする。さらに峰をのぼって行くと、1814（文化11）年に星取寺の住職快典が建設に着手し、3代かけて完成させた新四国写し霊場がある。この峰からは那賀川下流の平野部を一望の下に見渡すことができる。

那賀川・羽ノ浦

③ 阿南市北部

戦国争乱の城跡，古代の廃寺や由緒ある古社寺，遺跡にロマンを求めて富岡・長生・大野を行く。

牛岐城跡 ㉕
0884-22-5915
〈M ▶ P.188, 214〉阿南市富岡町トノ町24-3 P
JR牟岐線阿南駅 徒 7分

阿波九城の1つ 新開氏の夢の跡

　JR阿南駅から北西に歩くと，市街地の中心に標高約20mの独立した小山がみえてくる。城山とよばれるこの丘陵上に，牛岐城(富岡城)跡がある。1913(大正2)年の道路建設によって，城山は南北2つの小山に分断されたが，江戸時代の絵図と比較すると，道路や町割などに当時の面影をわずかながら残している。城山の最高所に本丸，南麓に城主の居館があったと考えられる。

　本丸跡には牛岐城趾館があり，北側の分断された山上には新開(城山)神社(祭神新開忠之)がまつられている。1998(平成10)年の発掘調査により，本丸跡から石垣遺構が確認され，石垣の一部に転用されたとみられる「大永二(1522)年」銘の五輪塔基部もみつかっている。牛岐城趾館では石垣遺構の一部が保存されており，3階の展望室からは富岡の町が一望できる。

　富岡は，鎌倉時代から南北朝時代には牛牧庄といわれ，京都仁和寺領であった。のちに牛岐とよばれるようになり，蜂須賀家政が富岡と改めたという。南北朝時代，南朝方の安宅氏が勢力をもったが，衰退するにおよんで，阿波守護細川氏の家臣新開氏が牛岐城に入ったとされる。戦国時代には新開遠江守忠之(実綱ともいう，

阿南駅周辺の史跡

号道善)が三好義賢(実休)の婿となり,土佐(現,高知県)から侵入してきた長宗我部氏の脅威と対抗した。長宗我部氏に降った桑野の東条関之兵衛,本庄の清原安芸守高国らと熾烈な戦いを繰り広げたが,1580(天正8)年,長宗我部元親に降伏した。1582年,元親はみずから大軍を率いて牛岐城に入り,三好氏の本拠勝瑞城(現,板野郡藍住町)攻略の拠点とした。

阿波三好氏を滅ぼし,阿波を掌中に収めた長宗我部元親であったが,1585年豊臣秀吉に降伏。蜂須賀家政が阿波に入国すると,家政の甥にあたる細山帯刀(のちの賀島主水)政慶が牛岐城の城番となり,阿波九城の1つとして整備された。1638(寛永15)年一国一城令(1615年)により廃城となった。江戸時代には,牛岐城の西方に郷町が形成され,阿波南方の政治・商業の中心地として栄えた。『阿波志』によれば,文化年間(1804〜18)頃には西新町・東新町・内町・西中町・魚ノ店・第十町・佃町などがあり,現在に残る地名も少なくない。

なお,城山山頂部には,1928(昭和3)年に東京帝国大学(現,東京大学)理学部教授今村明恒の提唱によって設置された富岡地動観測所(通称東京帝大地震観測所)があった。1939(昭和14)年頃までつづいたが,資金不足となり,自然的に廃止になった。また現在,阿南市は発光ダイオード(LED)発祥の地として「光のまち」をアピールしており,城趾公園でもクリスマスなどの時期に「光のイベント」が開催されている。

城山から西へ400mほど行くと浄土寺(真言宗)がある。玄関横に立つ緑泥片岩製の種子板碑は,高さ134.3cm・幅36.5cm・厚さ2.9cm,「嘉暦三(1328)年」銘をもち,阿南市域の中世仏教信仰を考えるうえで貴重である。

浄土寺から南へ400mほど行くと景徳寺(真言宗)に着く。新開氏の菩提寺で,本尊文殊菩薩像裏の造像銘文には「天文十五(1546)年五月吉日」「阿州南方牛牧庄」「大檀那平実綱」とある。墓地内には鎌倉時代と推定される画像の板碑もある。

浄土寺の西約300m,富岡新橋近くに鎮座する西宮神社は,地元では三石神社とよばれ,慶長年間(1596〜1615),富岡の豪商瑞

祥屋源左衛門が商業の神として信仰していた恵比寿神をまつったものである。

　城山の東方約80mにある金竜山本覚寺(曹洞宗)は，新開遠江守の建立とされ，蜂須賀氏入部後は賀島氏の庇護が厚く，境内の一角には賀島氏一族の墓碑が数基並んでいる。境内は牛岐城三の丸にあたるという。

正福寺 ㉖　〈M▶P.188, 214〉阿南市富岡町滝ノ下28 P
0884-22-1461　　JR牟岐線阿南駅 10分

阿波では珍しい大仏　圧巻の加賀染三十三観音像

　阿南駅から線路に沿って南へ400mほど行くと，山裾に正福寺(真言宗)がある。新開氏，ついで賀島氏の厚い庇護を受けた。富岡八幡神社の別当寺をつとめ，江戸時代には23ヵ寺の末寺をもった。

　境内に入ると，すぐ右に立派な石造五重塔，その隣に新開実綱が植えたとされる新開桜がある。左手には木造釈迦如来坐像を安置し，周囲に四国八十八箇所霊場の本尊を配した八十八所堂がある。堂のかたわらには，1966(昭和41)年に桑野の梅谷寺から移された新開式部少輔の墓がたたずむ。

　本堂では，中央に本尊の木造愛染明王坐像，左右に木造薬師如来坐像と木造阿弥陀如来坐像をみることができる。寺宝の加賀染絵31幅(県文化)には，西国三十三観音霊場の本尊が加賀友禅染で描かれている。加賀金沢(現，石川県金沢市)の染屋で加賀藩御用紺屋頭取をつとめた4代太郎田屋與衛門の作で，宝暦・明和年間(1751～72)の典雄が，富岡町で廻船業を営んだ河内屋平兵衛から寄進を受けたものである。加賀染め初期の製作者がわかる作品として，きわめて貴重とされる。このほか，室町時代の両界種子曼荼羅双幅や室町時代の涅槃図など，仏画にみるべきものが多い。

　正福寺の南方約400m，鍛冶ケ峰訪東麓の阿南富岡公園内に鎮座する富岡八幡神社(祭神誉田別命ほか)は新開遠江守が勧請したと伝え，1585(天正13)年の蜂須賀入部以後，賀島長昌が社殿を造営した。現在は線路で参道が分断されている。木造狛犬1対は室町時代と思われる作で，県内最古の木彫狛犬とされる。

　富岡八幡神社のすぐ裏手，那賀川の沖積平野を見下ろす位置にある正福寺山遺跡は，弥生時代後期の高地性集落遺跡で，1955(昭

和30)年に竪穴住居跡や土器が発見された。ついで、1965年には正福寺山を公園化しようとして散歩道をつくる際に遺物包含層が発見され、大量の弥生式土器が出土した。紀伊水道が一望でき、海上交通との関連が想定される遺跡である。

学原剣塚古墳 ㉗
〈M ▶ P.188, 214〉阿南市学原町深田
JR牟岐線阿南駅または見能林駅🚶15分

県南における古墳時代後期の重要史料

富岡八幡神社の南約600mの所に学原剣塚古墳がある。津峰山の支丘である通称「袖もじき」の山中南側斜面、標高40m付近に立地する。古墳時代後期の円墳と想定されるが、封土はほとんど流失して横穴式石室が露出している。天井や側壁の石の大半が持ち去られ、損壊が著しい。また、日露戦争(1904〜05年)の戦勝記念に造営された西国三十三観音霊場の石塔1基がおかれるなど、旧態をとどめていない。頭椎大刀などの鉄製品、瑪瑙丸玉・琥珀棗玉・水晶切子玉などの装身具、平瓶・高杯などの須恵器が出土しているが、とくに頭椎大刀は銀象嵌が確認でき、貴重である。これらの遺物は、阿南市文化会館(夢ホール)でみることができる。

JR阿南駅の東方約1.5km、田園地帯の標高36mの独立丘陵上に王子山古墳群がある。頂上部の狭小地に古墳時代後期とみられる3基の古墳が残り、2基は円墳と考えられるが、1基は封土が流失して天井石が露出する。盗掘を受けており、副葬品はみつかっていない。規模や位置関係などから、6〜7世紀の古墳と推定される。露出した部分から石室をみることができる。丘陵の西山麓には、旧日開野村の村社の皇子神社(祭神大己貴命)が鎮座する。

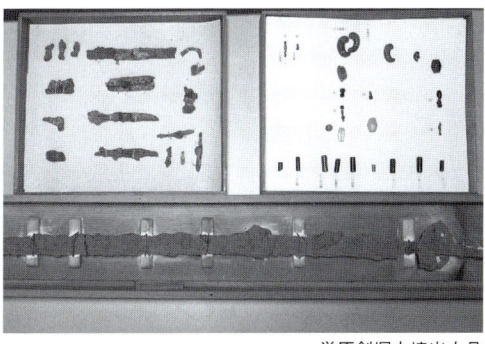

学原剣塚古墳出土品

桂国寺 ㉘
0884-22-8496
〈M ▶ P.188, 214〉阿南市長生町寺ノ前34 Ⓟ
JR牟岐線阿南駅🚶40分、または🚌橘 行富岡西高校前🚶20分

阿南駅から西へ向かい富岡新橋東詰で左折、桑野川沿いに約

阿南市北部

桂国寺庭園

中老賀島氏の菩提寺
自然地形を巧みに活かした池庭

2km南下すると、丘陵地の会下に桂国寺(曹洞宗)がある。金栗山高雲院と号し、1413(応永20)年、阿波に来訪した周防国泰雲寺(山口県山口市)の全庵一蘭が、隠居所として創建したのが始まりとされる。永禄年間(1558〜70)の兵火により諸堂は焼失したが、1580(天正8)年に本庄城主の清原安芸守によって再興された。しかし、1582年の長宗我部氏の侵攻により、再び焼失。1586年、阿波に入国した蜂須賀家政が丈六寺(徳島市)から拈笑春賀を迎えて復興にあたらせ、寺領を寄進した。江戸時代初期、牛岐(富岡)城番で蜂須賀家の家老をつとめた賀島政慶の保護を受け、以後、賀島家の菩提寺となった。

境内裏の墓地には、賀島家の家祖とされる賀島政慶の墓と華表(鳥居)、一族・家臣の墓が並ぶ。本堂前には、富岡城由来碑がある。1776(安永5)年、賀島政慶の百五十年忌を記念して建てられたもので、廃庵によって月峯庵から移された。本堂裏には、室町時代末期から江戸時代初期の作庭とみられる、自然の地形を巧みに利用した池泉庭園がある。

桂国寺前の桑野川には、県内で唯一の曳き舟がある。川にワイヤーロープを渡してあり、利用者はこれをたぐりながら対岸へ渡る。この曳き舟で渡ったすぐ眼前にみえる小丘が本庄城跡である。当時の面影を伝える遺構は現在は残っていないが、明治時代中期頃までは各所に土塁跡があった。付近には、海部屋敷・出屋敷・北門・領田・舟付・本庄市などの地名が残る。城主の清原安芸守高国は、牛岐城の新開善と対立したとされる。1582(天正10)年落城したといわれるが定かではない。

隆禅寺 ㉙
0884-23-0598
〈M ▶ P.188, 214〉阿南市宝田町久保田119-12
JR牟岐線阿南駅🚉30分、または🚌長生行宝田🚶2分

本庄城跡から県道27号線を北東へ1.5kmほど行くと、金栗山瑞雲

隆禅寺山門

院隆禅寺(真言宗)の森がみえてくる。寺伝では，1095(嘉保2)年に後白河上皇の勅願によって京都東寺の長範が中興し，建久年間(1190～99)に源頼朝の寄進によって再興されたというが，南北朝の動乱以降，衰微したとされる。

境内には，直径35cm・深さ14cmの穴をもつ塔心礎が残されている。また，寺地の東方一帯から白鳳期の古瓦が多数出土していることから，古代には大規模な伽藍が存在していたと考えられる。古瓦は江戸時代にはすでに発見されており，国学者野口年長の『粟の落穂』に「隆禅寺の古瓦」として紹介されている。この寺は，郡衙にともなう郡寺であった可能性が指摘される。

1991(平成3)年以降の発掘調査では，土師器や須恵器とともに銅鏡・石帯・瓦が出土しており，山田寺系の八葉単弁蓮華文軒丸瓦が含まれているのが注視される。白鳳時代のもので，当寺創建時の瓦と考えられる。これらの瓦は，南西約3.5kmに位置する内原町の内原成松窯跡群で生産された可能性が高い。なお，隆禅寺のすぐ東方に郡八幡神社(祭神誉田別命)があり，境内は奈良時代以降の郡庁跡とみられている。

隆禅寺の西隣の密蔵院(真言宗)は，群青下地に鮮やかな極彩色で描かれた室町時代作の両界曼荼羅図がある。

『粟の落穂』にみえる「隆禅寺の古瓦」

西方城跡 ㉚

〈M ▶ P.188〉阿南市長生町西方 P
JR高徳線・牟岐線徳島駅🚌丹生谷行西方🚶25分

古城を彷彿する山頂からの眺望

隆禅寺から真西にみえる山が西方山で，西方城跡がある。平野部に突き出した尾根の先端部に築かれた山城跡で，北側は急斜面をなし，その裾を流れる岡川が堀の役割をはたした。山頂に東西約30m・南北約27mの本丸に相当する曲輪を配し，周囲には土塁や櫓台が設けられていたとみられる。また，堀切や大小の帯曲輪なども確認でき，この地域の中心的な城の1つと考えられる。城主は

吉祥寺花垣門

東条紀伊守とも東条関之兵衛ともされるが、関之兵衛は桑野城主で、長宗我部方として三好方の新開道善と戦っている。

西方城跡から岡川を挟んで南東約1kmにみえる岡山には、中富川の合戦(1582年)で戦死した岡甚之丞の居城岡砦跡がある。現在は若宮神社が立っているが、山頂は円墳といわれている。岡砦の麓の製材所土場には、伏見十人斬りで知られた秋山伊助の墓がある。

西方山の裾野の小道を南へ400mほど進むと、吉祥寺(真言宗)がある。阿波三庵の1つとされ、吉祥庵とよばれていた。平島公方ゆかりの寺で、平島公方9代足利義根の書額や慈雲尊者の書などがある。平島館から移されたとの伝承をもつ花垣門は、高さ2.23m・幅1.21mの瓦葺き四脚門で、破風巴の上の鬼板には足利家の家紋二引両が入っている。

八桙神社 ㉛ 〈M▶P.188〉阿南市長生町宮内463
JR高徳線・牟岐線徳島駅🚌丹生谷行西方南🚶5分

吉祥寺の南約1kmの所に八桙神社がある。大津田川と岡川とに挟まれた平野を見渡す山麓の宮之元にある。『延喜式』式内社で、長国国造の祖大己貴命をまつる。現在の長生町・宝田町は竹原荘の荘域にあたり、12世紀には藤原頼長領、保元の乱(1156年)以降、後白河上皇領に編入された。

社宝の木造大己貴

国の重要文化財の男神像と金泥法華経

八桙神社

命立像(国重文)は像高108.8cm，丹精な体軀、温雅な表情をした平安時代後期の作である。頭部が大きく体軀が短い木造男神立像(国重文)は像高81.2cm，平安時代末期の作である。ほかにも木造男神立像3軀・木造男神坐像6軀(ともに県文化)があり，平安時代後期から鎌倉時代までの作と推定される。

また，当社所蔵の紙本墨書二品家政所下文1巻(附紺紙金泥法華経8巻，国重文)は、「長寛元(1163)年九月廿五日」付で、天皇・上皇・二品家の長寿と加護を祈念して、竹原荘鎮守八桙神社に法華経8巻を奉納し、荘内の水田5反を寄進した。県内最古の古文書で，下文の主体を後白河上皇とする説、平清盛とする説、近衛基実とする説などが出されている。紺紙金泥法華経8巻のうち、1巻と4巻の見返しには金泥で仏画が描かれており、とりわけ荘厳である。

八桙神社と隣接する八桙寺(真言宗)は同社の別当寺で、郵便史家の青江秀の菩提寺である。秀(幼名慎一)は、1834(天保5)年西方に生まれた。1871(明治4)年，友人で当時紙幣頭の芳川顕正(吉野川市山川町出身、のちに文部大臣)の紹介で、紙幣寮に就職。1873年，紙幣頭代理時代に「郵便葉書」の名称を発案した。

石門公園 ㉜

〈M ▶ P.188, 227〉阿南市長生町西ノ谷
JR牟岐線阿南駅🚌20分

県指定天然記念物の樹林とフジの名所

八桙神社の南西1kmほどの所に王子神社(祭神伊弉諾命)がある。『寛保改神社帳』には「王子権現」とみえる。社叢(長生の暖地性樹林，県天然)には、ホルトノキ・ヤマモガシ・イスノキ・クスノキ・ナギなど30科50種以上の樹木が生育しており、南方系のヤマモガシは当地が北限とされる。田園の中の社叢だけが暖地性樹林というのも珍しい。

王子神社の南西約1km，長生橋南詰は長生古銭出土地である。1954(昭和29)年5月，桑野川改修工事中に1個の素焼きの壺が発見され、約2万6000枚の古銭が回収された。現在は阿南市教育委員会が保管している。

長生橋から南東に山並みがみえるが、中央の一番高い山が津峰山で、その北麓に石門公園がある。桑野川から小流を1kmほど遡

ると数十メートルの断崖が両側に迫り、絶壁をなしている。その岩山が門のように並立していることから石門の名がある。灌漑用のひょうたん池とともに幽玄の景色をなし、古来より阿波の名勝地として知られる。

上大野城跡 ㉝ 〈M▶P.188〉阿南市上大野町大山田城山神社
JR牟岐線阿南駅🚌加茂谷行上大野🚶10分

中世山城と鳴らす機能をもたない畑田銅鐸

現在の上大野町・中大野町・下大野町付近に比定される大野本荘は、『和名抄』記載の那賀郡大野郷の遺称地とされる。

下大野町の八貫渡と畑田からは、銅鐸が出土している。畑田出土のものは、高さ52cmの袈裟襷文銅鐸で畑田銅鐸ともよばれ、1965(昭和40)年に通称地獄谷の急峻な斜面の山林から発見された。通常、銅鐸の底部内面には、舌をあてて鳴らす1条の内突帯とよぶ突線があるが、この銅鐸には初めからなく、鳴らす機能を失ったことを示す全国で唯一の貴重な資料である。現在、国立歴史民俗博物館に保管されている。

上大野バス停から西へ600mほど行くと、上大野城跡がある。城山(143m)山頂に築かれた中世城郭で、西麓には那賀川が流れ、西と南は急斜面である。山頂には3段の曲輪があり、最高所の西方の曲輪に城山神社(祭神誉田別命・大山咋命・大己貴命)がまつられ、周辺に小さい曲輪や竪堀・堀切が設けられている。城山の北方約1kmの山裾に鎮座する八幡神社(祭神誉田別命)付近は「堀之内」とよばれ、平時の城主の居館跡といわれている。

上大野城は、戦国時代には仁木伊賀守が守ったと伝えられている。当城とは別に中大野城があったという。1582(天正10)年、土佐(現、高知県)の長宗我部氏によって落城したとされ、城主が夜陰に

お松権現社

紛れて落ち延びる際，ニワトリが鳴いてみつかり殺されたといった落城伝説が残る。なお城山一帯は約4億2000万年前の花崗岩でできている。日本最古の花崗岩とされ，大野の城山の花崗岩類として県の天然記念物に指定されている。

城山から西へ4kmほど行った加茂町不ケにあるお松権現社は，かつては裁判の神として有名であったが，現在は受験の神として「猫神さん」とよばれ，シーズンには遠近から訪れる多くの参拝者で賑わう。

お松権現から市立加茂谷中学校の脇を通って南西に800mほど進むと，一宿寺（真言宗）に着く。この寺の横の山道が旧太龍寺道である。一宿寺から太龍寺仁王門の間に，花崗岩製の丁石が現在18基残っている。

若杉山遺跡 ㉞

〈M ▶ P.188〉阿南市水井町奥田
JR牟岐線阿南駅🚌細野橋行🚶30分

全国唯一の辰砂遺跡

一宿寺から那賀川南岸の県道282号県道線を西へ2.5kmほど行くと水井町に出る。ここには水井水銀鉱山跡があるが，現在は何も残っていない。江戸時代の発見といわれ，1890（明治23）年から本格的な採掘が行われ，1892年には全国の水銀の大部分を産出した。1940（昭和15）年～55年頃まで由岐潔治により経営されたが，鉱量がなくなり，休山した。

水井水銀鉱山跡から那賀川に沿って2kmほど西へ行くと，水井橋南詰へと出る。ここから那賀川の支流若杉谷川を2kmほど遡ると若杉山遺跡に至る。遺跡は，標高140mの若杉谷川西岸の尾根の斜面に広がる。1952（昭和27）年頃からミカン畑の開墾にともなって，土器片や石臼・石杵などが確認され，弥生時代終末期から古墳時代初頭の辰砂採取遺跡として知られるようになった。1969（昭和44）年

若杉山遺跡

阿南市北部

に阿南市の史跡に指定されたが、その実態は不明であった。その後、本格的な調査が実施され、鮎喰川流域や讃岐・近畿の集団が辰砂の採掘・運搬などに関与したこと、辰砂の打割から微粉化までの朱精製に至る一連の工程が行われたことが推測された。弥生時代まで遡れる朱の生産遺跡としては、全国で唯一の確認例で貴重である。

水井橋を渡ると大井町で、ここから県道19号線を東へ約5km行くと深瀬町に出る。那賀川に架かる中央橋北詰から県道を離れ、西へ200mほど入ると深瀬八幡神社(祭神誉田別命・神功皇后)に着く。本殿裏に午尾の滝がある。季節によって表情をかえるが、水量が少なくなったときにウシの尾のようにみえることから、その名がついたとも、隣接する八坂神社に合祀されている牛頭天王の別称が牛王にちなむとも伝えられる。

加茂町に通じる中央橋は、那賀川に架かる一番古い潜水橋である。ゴールデンウィーク期間中、2000匹の鯉のぼりが泳ぐ「加茂谷鯉まつり」が行われる。

太龍寺 ㉟
0884-62-2021
〈M ▶ P.188〉阿南市加茂町 龍山2 P
JR高徳線・牟岐線徳島駅🚌川口行阿瀬比🚶90分、または
徳島駅🚌川口行和食東(🚶15分)ロープウェイ山頂駅すぐ

阿南市の西部、旧那賀郡鷲敷町との境をなす太龍寺山(600m)山頂近くに、「西の高野」とよばれる四国霊場21番札所太龍寺(高野山真言宗)がある。阿瀬比バス停から約3.5kmの6合目辺りまでは車道が通じているが、そこからは徒歩で登山路を1.3kmほどのぼらなければならない。また、南西麓の那賀郡那賀町田野から山頂まで、1993(平成5)年にロープウェイが架設されたため、現在では容易に参拝できるようになっている。仁王門をくぐると、求聞持堂・本

太龍寺大師堂

「西の高野」弘法大師修行の霊跡

貫名菘翁と阿南

コラム 人

儒学者であり、文人画家の「幕末の三筆」

　貫名菘翁は、幕末京都で活躍した儒学者で、詩文や書画にも秀で、市河米庵・巻菱湖とともに幕末の三筆に数えられる。とくに近代書道の確立者日下部鳴鶴によって菘翁の評価は格段に高まったが、そのことにより書家としてのイメージが定着してしまい、本業である学者や、画家としての側面が消されてしまった感がある。

　菘翁は、1778（安永7）年、徳島城下の弓町に生を受けた。名を苞、字を子善・君茂などといい、海客・海叟など多くの号をもった。13、14歳の頃、阿南市黒津地町の光明寺に住み、医業のかたわら学問に精進した。

　高橋赤水は、阿南市域出身で、阿南の儒学に大きな影響を与えた人物である。赤水は那賀郡赤池村（現、阿南市那賀川町赤池）に住み、平島公方とも親交をもった儒学者であった。1838（天保9）年春、神原杜堂らの招聘により富岡村（現、同市富岡町）に移り住み、生徒たちを教えたが、1848（嘉永元）年に没し、赤池の西光寺に埋葬された。菘翁は赤水の墓石に墓碑銘を撰し揮毫している。なお、黒津地の光明寺（浄土宗）には、1832（天保3）年に京の自宅で光明寺のために筆を揮った「廬山之記」大幅が残されている。

　菘翁は、光明寺の檀家でもあった富岡の豪商神原氏とも親交を重ねた。

　高石屋神原家は名物万年酒を醸造し、委託販売をせず小売に専念し、品質を落とさないことを家訓とした。経済力は抜きん出ており、郷学校の建設・維持費用を負担したり、災害時の寄付などを行った。

　神原杜堂は詩文・俳句にも長じた文化人で、子の杉堂も、岩本贅庵や高橋赤水に漢学を学び、漢詩・和歌・俳句に才能を発揮した。現在、徳島城博物館に所蔵されている美馬儀一郎寄贈の神原家伝来貫名菘翁作品は、そのすべてが菘翁から杜堂・杉堂父子に贈られたもので、菘翁研究に欠かすことのできない基準作とされている。

　神原家には、1852（嘉永5）年に菘翁が杜堂に贈った紙本墨書大根と蕪図が大切に残されている。従来は京蕪と認識されていたが、錦織村で栽培した尾張大根と近江蕪であった。従来贈ったカブが腐っていたので腐らないカブを贈るとして描いたカブを贈ったとするが、事実ではないようである。

　菘翁はたびたび帰郷し、阿南の神原家を訪ね、桑野川に舟を浮かべて漢詩を詠んだりして親交を深めている。近年紹介された菘翁の「山水画帖」（静嘉堂文庫美術館蔵）には、吉野川・高越山・鳴滝などとともに、桑野川の風景が描かれている。

阿南市北部

太龍寺本堂

坊・護摩堂・六角経蔵と進み，鐘楼門の石段をあがれば，大師堂・多宝塔・本堂など風格ある諸堂が樹齢数百年のスギ・ヒノキの巨木の中に立ち並ぶ。

太龍寺は舎心山常住院と号する。793(延暦12)年，19歳の空海(弘法大師)が太龍嶽で虚空蔵求聞持法を修法したことが，著作『三教指帰』にみえる。本堂から500mほど南に続く山の頂上に立つ大岩塊が，空海が坐した舎心岩である。

縁起によれば，798年，桓武天皇の勅願によって阿波国司の藤原文山が伽藍を建立し，空海が虚空蔵菩薩を始めとする諸像を刻んで5カ所の堂に安置したとされる。1365(貞治4)年願主妙阿・浄慶らによって丁石が奉納されている。

大師堂は，「竹林の七賢人」(周代)などさまざまな伝説の彫刻がされており，見応えがある。弘法大師請来という金銅梵釈四天王五鈷鈴は，唐または宋代の作とみられる。

丁石は，加茂町宿居谷の一宿寺から太龍寺仁王門に至る旧参道に建てられたもので，11基が確認され，貞治年間(1362～67)造立である。1967(昭和42)年県指定文化財となっている。その後も確認され，現在18基を数え，のちに発見された7基は1985年に市の文化財に指定された。

阿南市南部

4

緑の山と青い海の文化がつながり溶け合うところ。

津峯神社 ㊱
0884-27-0078
〈M ► P. 188, 227〉 阿南市津乃峰町 東分342 P（津峯公園）
JR牟岐線見能林駅または阿波橘駅🚶35分，または阿波橘駅🚗10分（津峯公園まで）🚶7分

　JR阿波橘駅から線路沿いに東に行くと大きな赤い鳥居がある。ここから津峰山へのぼるルートが津峯神社の表参道で，裏参道は長生町大原から石門公園を経てのぼるルートである。車の場合は，JR見能林駅の南側，国道55号線から津峯スカイラインが通じており，終点の広場からは徒歩10分，リフトなら3分で山頂に着く。

津峯神社

橘湾・伊島を一望する海の守り神

　津峯神社（祭神賀志波比売命）は，津峰山（248m）山頂にある。見能林町柏野の賀志波比売神社が元宮で，726（神亀3）年に創建され，その後，津峰山頂に遷宮された。海上交通の守護神として古来信仰を集めてきた。境内からは，「阿波の松島」と謳われた橘湾はもとより，蒲生田岬・伊島を始め，遠く紀伊半島を望むことができる。

　目を山裾に移すと，四国電力阿南火力発電所の煙突がみえる。そのすぐそばにある弁天島は周囲約120mの小島であり，ここには**弁天島熱帯性植物群落**（国天然）がある。なかでもアコウは分布の北限として重要である。

　さらに南に転ずると，電源開発と四国電力による石炭火力発電所の四角い煙突が2本みえる。ここが**小勝島**である。現在は発電所建設によって陸続きとなったが，か

阿波橘駅周辺の史跡

阿南市南部

津峰スカイラインより橘湾を望む

つては独立した島で、一軒の家があった。1945(昭和20)年4〜6月、ここに潜水艇の特攻基地が建設された。『小勝島戦跡調査報告書』によると、洞窟15・弾薬庫1・銃座跡3・洞窟跡24・兵舎跡1・引き上げ軌道跡1が確認されている。建設には、施設部隊員80人、基地の兵士400人、近隣の郡よりの徴用大工98人に加えて、200人の朝鮮人労務者が動員された。

塩竈神社 ㊲

〈M ▶ P.188, 227〉阿南市津乃峰町長浜420-1
JR牟岐線阿波橘駅 🚶 7分

塩田のある所 この神社あり

津峰山からみると、下方に広い平地がみられる。長浜・西浜・新長浜・東浜・新築浜・大潟浜・三本松浜・幸野浜である。総称して答島浜といい、かつては約77.7町(約77ha)の南斎田塩田が広がっていた。これは、1636(寛永13)年、旧撫養城(現、鳴門市撫養町)城主の四宮加賀守与一右衛門が、長浜に6軒前の塩田を開いたのが最初である。

JR阿波橘駅の南東400mほどの所に塩竈神社がある。境内にある塩竈神社の脇の由緒書から、四宮与一右衛門によって元亀・天正年間(1570〜92)に創建され、味耜高彦根命をまつっている。

塩竈神社の北東約200mの所には、四宮神社(祭神四宮与一右衛門)がある。与一右衛門が塩田を開いたおり、長谷川越前から墓所として

塩竈神社

勝浦・小松島・阿南

もらった8間四方（約207.36m²）の地であるといわれている。
　阿波橘駅から西へ900mほど行くと地蔵寺（真言宗）がある。新濱善兵衛によって建立された。善兵衛は南斎田塩田の塩を千石船で江戸廻船を始めた人物である。1774（安永3）年に御銀主に，文化年間（1804〜18）には千両株となり，江戸十組問屋の最高株価を有した。

野々島塁跡 ❸

0884-33-1221
（YMCA阿南国際海洋センター）

〈M ► P.189〉阿南市椿泊町野々島
JR牟岐線阿波橘駅🚗30分（YMCA阿南国際海洋センターまで）

海上の城跡

　塩竈神社から南へ300mほど行くと答島港に出る。ここから伊島行きの連絡船みしま（1日3便）に乗ると，野々島の北側をみることができる。平安時代末期の海島城，野々島塁跡である。江戸時代中期から昭和40年代まで民家があったが，現在はYMCA阿南国際海洋センターの施設があり，入島には同センターのプログラム参加を要する。島の頂上には狼煙場跡が残る。
　野々島の東方約2km，燧崎の東方約800mにみえるのが舞子島である。現在は無人島で上陸できない。通常，連絡船は島の北側を航行するが，荒天時には南側を航行するため，舞子島古墳群の開口部をみることができる。
　古墳は東西約1.5km・南北約200mの島の南西部に集中しており，6〜7世紀の円墳10基が確認されている。なかには，海岸部の浸食によって露出しているものもある。全国的にも注目すべき島嶼古墳群で，海を舞台に活動した有力集団の存在をうかがわせる。

伊島の観音堂 ❸

〈M ► P.189〉阿南市伊島町
JR牟岐線阿波橘駅🚶(10分)答島港⛴(30分)伊島漁港1時間

伊島の人びとの信仰を集める観音堂

　伊島漁港から北東へ200mほど行くと，當所神社（祭神澳津那岐佐彦命・澳津甲斐比羅命・澳佐加留命）がある。神体は，寛政年間（1789〜1801）の初め頃，漁師の網にかかった漂着神である。最初は現在の「伊島老人憩の家」のある場所でまつられていたが，文化年間（1804〜18）の初め頃に伊島の8割を焼き尽くす大火があり，そのとき神社も全焼したという。現在地に移転したのは，天保年間（1830〜44）の初め頃である。毎年9月12日の祭りには，神輿が海中

前島より瀬戸を望む

に入る。

　伊島漁港から北へ伊島小学校裏の道をのぼり、地蔵峠を越えると、伊島の北端野尾辺岬に至る。岬に立つ観音堂には、空也がここで修行したという伝説がある。今は陸続きの伊島の弁天島（45.8m）の東側には、空也が紀州（現、和歌山県）よりエンジュの木に乗ってたどり着いたという僧渡浜がある。かつて観音堂には十一面観音菩薩像がまつられていたが、現在は瀬戸の松林寺（真言宗）で大切に保管されている。毎年2月18日は初観音で、僧渡浜近くの前仏堂（通称、通夜堂）で餅投げが行われる。

　地蔵峠から観音堂までの道には西国三十三番の石仏が建立されており、5月下旬から6月上旬にかけては、道沿いに淡いピンクのイシマササユリが咲く。「のろし山」には伊島灯台が立っており、西国三十三番観音の写し霊場8番から9番の間からは野尾辺の湿原が見渡せる。ここは南海地震（1946〈昭和21〉年）までは稲作が行われていた所である。海あり山あり湿原ありで、ハイキングには最適である。

松林寺

海正八幡神社 ❹　〈M▶P.188〉阿南市橘町大浦138番地 P
0884-27-0880　JR牟岐線阿波橘駅 椿泊線・月夜線亀ノ森 2分

　亀ノ森バス停の約20m、市立橘小学校への登り口にある通称「亀ノ森」の中に、海正八幡神社（祭神誉田別命）が鎮座する。かつては波が山裾を洗っていた。古文書に「橘宮」「海八幡宮」「橘八幡宮」

伊島の潜水器漁業

コラム

朝鮮半島まで行った「もぐりさん」の話

　伊島は，徳島県で最初に潜水器漁業を始めた地である。

　當所神社へのぼる石段の右側に，伊島から朝鮮半島へ渡って潜水器漁業を始めた粟田徳蔵の碑がある。

　1888(明治21)年，伊島瀬戸口で商船学校航海練習船が遭難した。その引き揚げ作業に使われた潜水器をみて，漁業に取り入れようとしたのが粟田徳蔵である。徳蔵の計画の実現に手を貸したのが，県水産技手の庵原文一である。彼は徳蔵に潜水器漁業の知識を与え，朝鮮半島への出漁を促し，のちに朝鮮総督府の水産課長をつとめた。もう1人徳蔵に援助を与えたのが，徳島市古物町で海産物を扱っていた徳蔵の姉の夫谷直吉である。

　1890年，徳蔵は10艘の船に50人を乗せて朝鮮半島へ出漁した。幾多の困難を乗り越え，1896年，所安島沿岸でイガイの大量生息地を発見し，伊島組は日本の朝鮮半島植民地化政策を背景に，1907年，その漁獲高の最盛期を迎えた。

　多くの同業者の中で，唯一伊島組が健全な経営を維持しえた要因は，イガイの加工技術の独自性と歩合制を加味した賃金の支払い方法にあったと考えられる。この支払い方法は伊島では一般的になされていたものであり，ここに伊島の人びとの知恵をみることができる。

　1945(昭和20)年の終戦まで，伊島の人びとは大きな期待をもって朝鮮半島に出漁した。朝鮮半島の人びともまた，伊島の網元でサザエなどの加工の仕事をし，瀬戸内海に展開した伊島の潜水器漁業にも携わった。

粟田徳蔵翁頌徳碑(左)と渡鮮船隊乗組員碑(當所神社)

として記述され，万寿年間(1024〜28)に新羅三郎義光が桑野保内原に建立した橘八幡宮を，1269(文永6)年，当地に遷宮した。織原・成松氏一族の氏神であり，桑野保とのつながりが強い。代々織原家が神官をつとめ，祭祀の執行は成松家が行っ

海正八幡神社

歴史的雰囲気を感じる木立の中に鎮座する神社

阿南市南部

伊島の海軍基地跡

コラム

ササユリが咲き ヒメボタルが舞う島の悲しい話

伊島町から地蔵峠へ行く道の両側に、旧海軍兵舎跡がある。ここには、1939(昭和14)年頃から常時50人の水兵が駐屯しており、毎月20人ずつ交代していたという。伊島でもっとも見晴らしのよいカベヘラの下に船が着き、そこから2隻の小舟で伊島港に兵を運んだ。

兵舎跡の周辺には、未完成のものを含めて3つの壕があったという。現在でも大きな2つの壕が残るが、崩落があり、内部に入ることはできない。この壕の建設には、島の女性も働いたという。

2棟のコンクリート壁の建物跡がみられるが、小さい方は発電機が据える機械室であった。水兵と島の人びととの交流も深く、水兵服に憧れた女性も少なくなかったと聞く。

兵舎跡北側の高台、伊島灯台の立つ場所は、江戸時代には狼煙場があり、太平洋戦争時には要塞があった。

瀬戸の松林寺の裏山、「多賀はん」とよばれている所には、砲台跡がある。当時、伊島には敵を迎え撃つだけの設備があったため、伊島は何度も米軍艦載機の空襲を受けている。そのおり、反撃すべきだという兵もいたようであるが、当時の兵曹長福崎善彦は、「一発打てば伊島は全滅する」と止めたという。そのためか、少なくとも18個の爆弾が投下され、機銃掃射も受けているが、これが直接的な原因で死亡した人はいなかった。

海軍兵舎跡

ている。

海正八幡神社から国道55号線を約3.5km南下し右折すると、大宮八幡神社(祭神誉田別命)に至る。創建年代は不詳だが、海正八幡神社と同様、大分県の宇佐八幡宮(宇佐神宮)

大宮八幡神社

蒲生田のアカウミガメ

コラム

蒲生田の子どもたちがアカウミガメの上陸を継続観察

　阿南市椿町蒲生田岬の灯台を望む長い砂浜が, 通称前浜とよばれる蒲生田のアカウミガメの産卵地である。

　アカウミガメは, 体長70～100cm, 背甲は扁平で赤褐色から茶褐色, 温帯から熱帯の海域に生息する。4月下旬～9月上旬の夜間, 直径30cm・深さ50～60cmの穴を掘り, ピンポン球のような卵を80～150個ほど産む。

　1954(昭和29)年から市立蒲生田小学校(現在休校)の児童が, アカウミガメの上陸観察記録をつけ始めた。県指定天然記念物となった1959年には781頭上陸したが, 1998(平成10)年から観察を引き継いだ市立椿町中学校生徒の記録によると, 2006(平成18)年6頭, 2007年15頭, 2008年52頭(うち32頭産卵)しか上陸していない。椿町中学生は, 人為的な海の汚染を原因としてとらえている。

　なお, 近くの大池には水生植物群落があり, テツホシダ・ウキヤガラ・ミソハギなどがみられる。

を本源とする神社である。中世, 椿村・椿泊浦・椿地村を含む福井庄(現, 福井町・椿町・椿泊町)を治めた荘官藤原氏とつながりのある神社と考えられる。1751(寛延4)年の祭礼の記録から, 橘浦村・下福井村・椿地村・椿泊浦・椿村の総氏神であったことがわかる。

弥勒庵 ㊶　〈M ▶ P.188〉阿南市福井町小谷
JR牟岐線阿波橘駅🚌椿泊線椿地🚶3分

　大宮八幡神社から椿地川沿いに東へ約1km行くと, 阿南変電所へ向かう道路脇に弥勒庵がある。大谷・小谷集会所をかねた建物の中には, 線刻弥勒菩薩坐像(県文化)がある。総高92.5cmの砂岩製の舟型板碑で, 上半分に弥勒菩薩像が陰刻されている。下半分には, 「阿波国海部郡福井里大谷内□□」「奉造立当来生人安持仕」「弥勒菩薩寿永四(1185)年乙巳正月廿八日乙□」「願主藤原

「博学狸金比羅三本足松雲斎」の祠(金刀比羅神社)

阿南市南部

満量妻為女藤原」と銘文が刻まれており，藤原満量の妻が娘のために弥勒菩薩像を奉献したことがわかる。なお，「寿永」の元号は1184年4月16日に「元暦」に改められているが，平氏が使用した年紀銘であることから，藤原満量は平氏側の人物といわれている。

弥勒庵から西進して国道55号線に入り，2kmほど南下すると，JR阿波福井駅北東のこんもりした杜に金刀比羅神社が鎮座する。1741（寛保元）年の創建で大物主神をまつる。現在の社殿は，19世紀に再建されたものとみられ，本殿の彫刻は見事である。

社殿の左横に「博学狸金比羅三本足松雲斎」の祠がある。「阿波の狸合戦」にかかわるタヌキで，いたずらダヌキであったが，当社の神官森飛騨守と問答し負けたことにより，人助けをするようになったという。頭脳明晰なこともあって，日開野の金長狸の相談役であったと伝えられる。

曲り銅鐸出土地 ㊷

〈M ▶ P.188〉阿南市椿町椿字曲り
JR牟岐線新野駅 15分

海に面した地で発見された銅鐸

大宮八幡神社から北東へ向かうと海に出る。海岸沿いに東へ約9km行くと，曲り銅鐸出土地の標柱が立っている。実際の出土地は，さらに右手の道路をのぼった斜面上である。

1921（大正10）年3月下旬，海抜約10mの山腹でクヌギの苗を植え付け中に，深さ10cmの赤土層から2個の銅鐸が発見された。銅鐸は平行に重ねて埋められており，2号鐸の下20cmの所に1号鐸があった。2号鐸は鈕の大半と身の片面が欠損しているが，1号鐸は鰭と裾の一部を欠損するものの，ほぼ完形に近い扁平鈕式六区袈裟襷文銅鐸である。1号鐸は国の重要美術品に指定されており，徳島県立博物館でみることができる。

森甚五兵衛屋敷跡 ㊸

〈M ▶ P.189〉阿南市椿泊町東127 P
JR牟岐線阿波橘駅 椿泊線終点 30分

椿泊小学校の地下に眠る阿波水軍の屋敷跡

阿南バス椿泊線終点小吹川原で下車し東へ徒歩約30分，市立椿泊小学校校舎の建っている場所が椿泊遺跡（阿波水軍森甚五兵衛屋敷跡）である。2007（平成19）年，校舎立て替えにともない発掘調査が行われ，長さ約40m・高さ約1.9mの石垣がみつかった。この石垣は，江戸時代初期に用いられた乱積みという工法で築かれており，階段

佐田神社

や排水溝も付設されていた。水軍の総帥であった森家の土木技術の一端をうかがわせる。

屋敷跡から西に歩くと、山際に福蔵寺(真言宗)がある。関ヶ原の戦い(1600年)以降に、板野郡喜来村にある地蔵寺の末寺福蔵寺を森氏が移したと伝える。参道の途中から左前方にみえるのが佐田神社である。『阿波志』には「佐田祠、椿泊に在り、森氏先祖を祭る」とあり、森氏の先祖佐田久郎兵衛をまつった神社である。社殿脇に、森氏3代忠村の大きな五輪塔がある。

森家墓所(道明寺)

佐田神社の長い階段をおりて西へ200mほど行くと、道路脇に「歴代当主の墓十五基」と書かれた標柱がある。ここをのぼると、森家の菩提寺である道明寺(真言宗)に至る。境内裏手の墓地には、森氏初代元村・2代村春・4代村重らの大きな五輪塔が並んでおり、当時の森氏の勢力を垣間見ることができる。

国高山古墳 ⑭ 〈M ▶ P.188, 227〉阿南市内原町大字成松字山下21
JR牟岐線阿波橘駅 🚶 15分

県南唯一の前方後円墳

JR阿波橘駅から東へ2kmほど行くと、北方の小高い丘に宝田町の立善廃寺の瓦を焼いた内原成松窯跡群がある。窯跡は奈良時代中期のものが2基確認されており、須恵器などが出土した。

窯跡群から西へ少しくだった東福寺の裏山に国高山古墳がある。竪穴石室をもつ前方後円墳で、1963(昭和38)年、県立富岡西高等学校教諭であった常松卓三によって発見された。1982年、徳島考古学研究グループが再調査を行い、後円部径が東西約22m・南北約20m、

阿南市南部

国高山古墳

前方部の長さ約28m・最大幅約18m、くびれ部の幅約8mであることが確認された。また、前方部のトレンチ(試掘溝)から円筒埴輪片が多数みつかっており、埴輪が墳丘をめぐっていたと考えられている。

国高山古墳の南東約50mの所には塚守古墳がある。直径約9mの円墳で、頂きに祠が立っている。

梅谷寺 ㊺
0884-26-0708
〈M ▶ P.188〉阿南市桑野町鳥居前5
JR牟岐線桑野駅 徒 3分

街道の要地に立つ駅路寺

JR桑野駅の北西150mほどの所に梅谷寺(真言宗)がある。1598(慶長3)年6月、蜂須賀家政は旅人の宿泊所兼保護・監視所として領内に設定した駅路寺8カ寺のうち1つとなり、幕末まで寺領10石を与えられていた。

梅谷寺のすぐ西方には、天徳年間(957〜961)に創建され、旧桑野村の総氏神である天神社(祭神菅原道真)がある。

梅谷寺

天神社

萬福寺 ㊻
0884-26-1167
〈M ▶ P.188〉阿南市桑野町岡元116　P
JR牟岐線桑野駅 🚶10分

　JR桑野駅の南東約200m，県立阿南テクノスクール向かい側のこんもりした森が萬福寺(真言宗)である。東条関之兵衛の居城桑野塁跡の一部である。桑野塁は栗栖城ともよばれ，城の中心部は萬福寺の東に位置する高丸一帯にあったという。

萬福寺

　東条関之兵衛は甲斐(現，山梨県)源氏の武田氏で，天文年間(1532〜55)に桑野に入り，現在の才見町辺りから山口町までの8カ村を領有していた。しかし，侵攻してきた土佐(現，高知県)の長宗我部元親に敗れて服属し，元親の養女を妻に迎えた。以後，桑野塁は長宗我部方の拠点となり，三好方の牛岐城(現，阿南市富岡町)城主新開道善と合戦を重ねた。

　中富川の戦いで勝利し，勝瑞城(現，板野郡藍住町)から十河存保を追い出した長宗我部元親は，1582(天正10)年9月，阿波国内の城に家臣をおいた。この際，東条関之兵衛は木津城(現，鳴門市撫養町)を預かったが，1585年，豊臣秀吉の四国征伐において，羽柴秀長軍の攻撃を前に和議を結び，土佐へ撤退したため，その責めを問われ自害した。

> 一時代に翻弄された一武将の城跡

平等寺 ㊼
0884-36-3522
〈M ▶ P.188〉阿南市新野町秋山177　P
JR牟岐線新野駅 🚶25分

　JR新野駅から西方へ約2km行くと，桑野川北岸の山麓に四国霊場22番札所白水山平等寺(真言宗)がある。南岸は現在の新野町の商店街で，もともとは当寺の門前町として発展した。

　1722(享保7)年に再建された本堂は錣葺きの三間堂で，みる者を引きつける魅力がある。天井の格間や蟇股に描かれた花鳥図は見事である。本坊の襖4面に描かれた紙本金地著色秋草図(県文化)は，落款と画風により，同名の画人3人のうち初代狩野内膳

> 魅力ある本堂
> 外装にも内装にも引きつけられる

阿南市南部　237

平等寺

轟神社

筆と考えられている。この作品が、どのような経緯で平等寺にもたらされたのかについては不明である。

平等寺の南西約600m、幹周り5〜6m・樹齢600年を超す大クス(新野のクスの群生、県天然)に囲まれた中に轟神社(祭神級長津比古命・級長津比売命)が鎮座する。昭和30年代までは、このクスにつく害虫を駆除する意味もあって、氏子が地域ごとに吹筒花火を奉納し、その出来映えを競い合った。

轟神社が保有している大般若経は、かつて日亜化学新野工場脇の岡山塁にあった室姫神社が保有していたもので、「養和元(1181)年」「寿永二(1183)年」「文治六(1190)年」の奥書をもつ。『阿波志』や『新野町民史』では、『延喜式』式内社の室比売神社をこの室姫神社に比定しているが、『阿南市史』では海部郡海陽町相川の阿津神社を有力視している。

岡花座 ㊽
088-664-6776
(阿波人形浄瑠璃振興会)

〈M ▶ P.188〉阿南市新野町岡花201 P
JR牟岐線新野駅 🚶 40分

轟神社から桑野川北岸沿いに850mほど西進すると、道路の右側にみえるこんもりした杜の中に、人形浄瑠璃中村園太夫座(岡花座)の八坂神社がある。同座の所有する7頭の阿波人形浄瑠璃人形頭(いずれも県文化)のうち、6頭は天狗屋久吉(天狗久)作である。岡花庵には、鎌倉時代の木造聖観音立像と木造阿弥陀如来坐像が

新野中学校の生徒も継承する人形浄瑠璃

八坂神社

ある。

　岡花庵の北約2km、音坊山(333.3m)の頂に音坊塁跡がある。この塁の主は平和泉守信吉といい、1577(天正5)年の細川真之と三好長治との争いでは、細川方について荒田野口(現、新野町)で防戦したが、重傷を負いのち死亡した。現在、遊歩道が整備されており、山頂からの景色を楽しむことができる。

　岡花から桑野川を遡ると安行に出る。この地名は、当地を開いた鶴羽雅楽頭安行の名からきている。さらに上流にある清貞は仁志郡之守清定、その対岸の友常は暮羽(呉羽)権之守友常など、新野町には武士の名前を冠する地名が数多く残されている。またその地域には、現在も鶴羽・仁志・呉羽という姓が残っており、地域ごとに氏神をまつっている。

　新野町を東西に流れる桑野川の上流にはスズキ科の魚オヤニラミが生息しており、友常の市立新野西小学校(現在、休校中)下から川又に至る上流500mの水域が県の天然記念物に指定されている。オヤニラミは、目を中心に暗朱色の放射線状の線があり、えらぶた後端に眼球大の青い斑紋、その前後に朱を点じる。阿南市では、岡川・福井川・椿川でも確認されている。

　さらに上流に進んだ貞信には、長生町桂国寺の末寺円福寺(曹洞宗)がある。1560(永禄3)年、定延村名主治部太夫が開いたと伝えられている。貞信のさらに奥が元信で、ここから後世山にのぼることができる。

後世山 ㊾

〈M ▶ P.188〉阿南市新野町・海部郡美波町
JR牟岐線新野駅🚗15分

盛親の妻の伝承が残る山

　後世山(538.8m)へは、阿南市福井町の星越峠、新野町元信、同町海老川、海部郡美波町からのルートがある。

　山頂から少しさがった所に広場があり、元和年間(1615〜24)に創建された後世神社(祭神顕節比売命)が鎮座する。広場からは、橘

阿南市南部　239

湾や海部郡美波町の海を一望できる。

　後世神社には，長宗我部盛親(もりちか)(一説には，元親(もとちか))の妻にまつわる異った伝承が残されている。土佐(現，高知県)にいた盛親の妻は，夫の身を案ずるあまり失明し，イヌを連れてこの山の麓(ふもと)にきたが，盗賊に襲われ，亡骸(なきがら)を土佐のみえる所へ葬るようにとの遺言を残して亡くなった。そこで亡骸が後世山の山頂に葬られたというのがその1つである。山頂にある70cmほどの立石(りっせき)は，盛親の妻が連れていたイヌの墓であるといわれている。眼が不自由であった女性をまつってあることから，眼病に効く神社とされている。

後世山

那賀・海部
Naka Kaifu

那賀川

大里海岸

①茨ヶ岡城跡	⑧康暦の碑	⑮大島	㉒鞆浦
②萬福寺	⑨由宇の九州型板碑	⑯大里古墳	㉓八坂神社
③古屋岩陰遺跡	⑩阿波沖海戦小公園	⑰大里八幡神社	㉔大山神社
④白人神社	⑪赤松神社	⑱吉野城跡	
⑤坂州の舞台	⑫薬王寺	⑲刀匠海部氏吉之碑	
⑥阿波太布の里	⑬日和佐城跡	⑳寺山古墳跡	
⑦貞治の碑	⑭天神社	㉑海部城跡	

◎那賀郡・海部郡散歩モデルコース

那賀コース　　国道195号線道の駅わじき_20_茨ヶ岡城跡_5_仁宇城跡・蛭子神社_20_萬福寺_20_相生森林美術館_30_白人神社・拝宮農村舞台_25_坂州農村舞台_50_阿波太布の里_100_道の駅わじき

由岐コース　　JR牟岐線由岐駅（ぽっぽマリン）_5_貞治の碑_10_康暦の碑_15_米田甚八屋敷跡_10_由宇の九州型板碑_15_由岐城_5_阿波沖海戦小公園_5_田井遺跡_20_赤松神社_15_JR牟岐線日和佐駅

日和佐～牟岐コース　　JR牟岐線日和佐駅_5_薬王寺_10_日和佐城跡_15_日和佐御陣屋跡_5_大浜海岸・日和佐うみがめ博物館カレッタ_15_打越寺_15_JR牟岐線牟岐駅

海南コース　　JR牟岐線阿波海南駅_15_大里2号墳_5_大里古銭出土地の碑_5_御鉄砲屋敷跡_10_柳後亭其雪句碑_10_大里八幡神社_15_海陽町立博物館_15_JR阿波海南駅

海部川流域コース　　JR牟岐線阿波海南駅_10_吉野城跡_5_覚成寺・杉尾神社_5_吉田城跡_3_城満寺_10_刀匠海部氏吉之碑_20_御﨑神社_30_轟神社・龍王寺_3_轟の滝_50_JR阿波海南駅

鞆浦コース　　JR牟岐線海部駅_15_森志摩守村春と判形人の墓_5_海部城跡_5_大岩供養碑・鞆浦の町並み_5_法華寺_15_JR海部駅

宍喰コース　　阿佐海岸鉄道宍喰駅_5_八坂神社_10_宍喰古墳_20_大日寺_5_願行寺_10_宍喰浦化石漣痕_10_道の駅宍喰温泉

1 那賀川を遡って丹生谷へ

那賀川水系で結ばれた山間の地域。豊富な森林資源を中心に集落を形成し、地方色豊かな山村の文化を育む。

茨ヶ岡城跡 ❶ 〈M▶P.243〉那賀郡那賀町和食郷
国道195号線道の駅わじきから西へ🚗7km

阿波細川氏最後の当主細川真之終焉の地

　丹生谷と総称される那賀川中・上流域へは、阿南市から国道195号線を西に向かうルートが一般的である。阿瀬比峠を越え那賀町内に入ると、すぐに道の駅「わじき」がみえてくる。ここから西へ5kmほど行くと谷が開け、旧鷲敷町の町並みを抱く小盆地に出る。この盆地の入口付近に位置する比高差50mほどの丘陵が、阿波細川氏最後の当主細川真之の終焉の地とされる茨ヶ岡城跡である。

　茨ヶ岡城跡は、丘陵上に築かれた山城跡と、谷川を一筋隔てた東側に営まれた居館跡とに分かれる。山城は、長径で30mほどの曲輪と尾根を開削した東西2条の堀切のみで構成されていたとみられ、詰城的な小城郭といえる。居館跡は東西に長い台地で、西端に茨ヶ岡城跡の碑が立ち、往時を偲ばせる。国道195号線を隔てた南側の山裾には、細川真之の墓との伝承をもつ石塔がひっそりと立っている。

　茨ヶ岡城跡から北西に500mほど行くと、こんもりとした森に行き当る。阿波九城の1つに数えられる仁宇城跡である。現在は蛭子神社（祭神蛭子命ほか）の境内となっており、東側に幅約7〜8mの大規模な空堀が残されている。北側は那賀川に面する急崖である。なお境内は、ボウランの北限自生地（県天然）としても知られている。ボウランは、葉が円柱形をしたラン科ボウラン属の着生ランで、クスノキなど社叢の大木の樹上各所に着生している。

茨ヶ岡城跡

244　那賀・海部

仁宇谷百姓一揆義民供養塔

蛭子神社から西に,旧鷲敷町の町並みを横切ると那賀川に架かる丹生谷橋に出る。この橋のたもとに仁宇谷百姓一揆義民供養塔がある。仁宇谷百姓一揆は,1819(文政2)年に当地域を訪れた徳島藩12代藩主蜂須賀斉昌の巡検費用を村々へ割付けた藩に対し,その分割払いを求めておこったものである。供養塔は,一揆の首謀者として捕らえられ,打ち首となって阿井の河原にさらされた大久保村(現,那賀町大久保)の勝郎太と延野村(現,那賀町延野)の兵助の冥福を祈って建立されたものといわれる。2基の自然石の供養塔が阿井の河原に向かって立ち,村の歴史を現代に伝えている。

義民供養塔から那賀川の蛇行に沿って南下すると,左手に那賀川の浸食によってつくられた凹凸の多い奇観が展開し始める。鷲敷ラインおよび氷柱観音(県名勝)である。川床におりてみると,奇岩が立ち並ぶ中を,川は,時には急に,時にはゆるやかに流れ,豪快で変化のある風景を形作っている。

萬福寺 ❷　〈M ▶ P.242〉那賀郡那賀町延野字寺前20
0884-62-0029　国道195号線那賀町相生庁舎から北西へ600m

那賀川の谷底平野にたたずむ山間の大寺

鷲敷ライン沿いに国道195号線を南下し旧相生町に入ると,那賀川の古い蛇行の痕跡を示す三日月形の谷底平野があらわれる。この細長いループ状の平野の北側の谷に大宮八幡神社があり,大般若経600冊(県文化)を所有している。南北朝時代から室町時代初期に書写されたもので,当該期の在地に,豊かで文化的な活動が展開していたことを示す貴重な資料である。

大宮八幡神社から谷底平野を南側の谷まで回り込むと1553(天文22)年創建の寺伝をもつ萬福寺(真言宗高野山派)がある。本堂・鐘楼・蔵・鎮守堂が,国の登録有形文化財となっている。このうち本堂は,方丈形式の6間取り平面の建物で,安定感のある堂々たる構えをみせている。屋根は寄棟造,もと茅葺きで現在は銅板で覆

那賀川を遡って丹生谷へ

萬福寺本堂

い，四面に本瓦葺きの下屋をまわす民家風の外観で，地方色豊かな造りとなっている。

　萬福寺から国道195号線に戻り，川口ダムを過ぎると，もみじ川温泉に出る。ダム湖に架かる橋を渡り，湖岸を東に600mほど行くと那賀町立相生森林美術館がある。県内唯一の町立美術館であり，全国でも珍しい「木」の美術館として，木彫と木版画などを収集・展示している。西洋風の瀟洒な建物は，良質な木材の産地として栄えた当地域の歴史を伝える拠点といえる。

古屋岩陰遺跡 ❸　〈M▶P.242〉那賀郡那賀町上那賀古屋
国道195号線県道36号線分岐より南2km

県内最古級の縄文時代の岩陰遺跡

　もみじ川温泉から国道195号線を西へ約12km，町立上那賀中学校を通り過ぎ，長安口ダムの手前で左折して那賀川を渡る。その支流古屋谷川に沿って県道36号線を2kmほど遡ると，蛇行する川の南東斜面に古屋岩陰遺跡がある。県内ではもっとも古い時期の岩陰遺跡の1つである。1966(昭和41)年に徳島県立博物館が調査を行い，縄文時代早期の押型文土器やチャート製石鏃，砂岩製の叩き石のほか，人骨片やカワニナなどの貝類，イノシシの骨などが出土した。

川俣の農村舞台

　那賀川流域は農村舞台の宝庫である。流域の集落単位で，それぞれに特徴的な農村舞台が点在している。

　古屋岩陰遺跡から古屋谷川に沿って，県道36号線をさらに南に8kmほど行く

と，ユズと林業で知られる川俣集落に行き着く。集落を見下ろす小高い丘の上に，礫神社（祭神玉依姫命）が鎮座している。社叢のほぼ中央に，鬱蒼とした杉木立に囲まれて立つ川俣の農村舞台は，木造平屋建て切妻造平入，間口5間・奥行3間トタン葺きの簡素な建物である。屋根は茅から波トタンに葺き替えられているが，年月を経た建物は，周囲の自然景観に溶け込んで美しい風景を創り出している。川俣の農村舞台は，舞台の標準的な構造を伝えるものとして，襖かカラクリに使われる唐紙などの装置とあわせて町の有形民俗文化財に指定されている。

白人神社 ❹ 〈M ▶ P.242, 249〉 那賀郡那賀町上那賀拝宮 字白人谷1
国道193号線坂州木頭川，拝宮谷川合流点から北へ1.5km

清流に沿って立つ多様な農村舞台

　長安口ダムから国道195号線を西進し，出合橋手前で国道193号線に入り，坂州木頭川に沿ってさらに1.5kmほど西へ行くと，拝宮谷川との合流点に出る。ここを右折し，拝宮谷川沿いにつづら折りの道を北上すると，谷川の清流に沿って白人神社（祭神邇々杵命）が鎮座している。急な坂をのぼりきり，鳥居をくぐった境内左側に拝宮の農村舞台がある。木造平屋建て入母屋造平入で，屋根は波トタンで葺いている。間口6間・奥行3間半，県内の農村舞台のうちでは大型の部類に入る立派な建物である。2004（平成16）年に，地元の人びとの熱意が実を結び，人形芝居の復活公演が行われた。

　白人神社からさらに谷奥の轟集落のはずれに轟神社があり，境内右奥に拝宮谷の農村舞台がある。木造平屋建て切妻造平入の波トタン葺き，間口4間・奥行3間半。拝宮の舞台とくらべてかなり小ぶりな印象であるが，建物を囲むスギや竹林，また，境内脇を流れる谷川の清浄感とあいまって，独特の涼やかな空間が創り出されている。

拝宮の農村舞台

那賀川を遡って丹生谷へ

坂州の舞台 ❺

〈M ▶ P.242, 249〉 那賀郡那賀町坂州字広瀬32
国道193号線木沢小学校から北西500m

県内の農村舞台を代表する
国の重要有形民俗文化財

　坂州木頭川と拝宮谷川の合流点から国道193号線を西へ1.5kmほど行くと、道路沿いに宇奈為神社(祭神豊玉彦命ほか)がある。『延喜式』式内社であり、風格のあるたたずまいをみせている。

　宇奈為神社から国道193号線を北に2kmほど行くと、町立木沢小学校がある。ここで坂州木頭川を渡り、すぐに右折し、川に沿って北上すると坂州八幡神社(祭神誉田別命ほか)に至る。境内に立つ坂州の舞台(国民俗)は、現存する県内の舞台のうち、もっともすぐれたものの1つとされている。

　坂州の舞台の創建年代は、棟札から1791(寛政3)年とされるが、現在の舞台は、1892(明治25)年の大洪水で床下浸水し、建物の部材が腐朽したことから、1898年に規模と形式をそのまま踏襲し、改築されたものである。

　間口6間・奥行3間、木造平屋建て寄棟造平入で、屋根は1967(昭和42)年に茅葺きをトタンで覆ったが、そのほかは往時の形態をよくとどめている。構造上の最大の特徴は、舞台上手の太夫座の形態にある。多くの太夫座は舞台から斜めに突き出すが、坂州のものは垂直に突き出し、屋根や床は斜めに切られて、客席からは、舞台と太夫座の双方がみえるよう工夫されている。この形態は全国でもほかに2～3例しかなく、貴重である。現在、人形芝居は、坂州八幡神社の秋の例大祭の宵宮に行われ、多くの見学者が訪れている。

坂州の舞台

　坂州の舞台の山側すぐ上手に那賀町立木沢歴史民俗資料館がある。山村の暮らしを語る民具や人形芝居の木偶、農村舞台関係の資料などを常設展示し、鰐口・鏡(ともに宇奈為神社所蔵)、天正検地

阿波の農村舞台

コラム

芸

地域文化を伝えるムラの舞台

　阿波は古来，人形芝居の盛んな土地柄である。人形芝居の原型とされる浄瑠璃が阿波に伝播した時期は定かでないが，徳島藩初代藩主蜂須賀至鎮が，1615(元和元)年に大坂の陣の功により淡路国(現，兵庫県淡路島)を加増された時期を画期に，阿波国内で徐々に発展し始めたと考えられる。

　人形芝居は江戸時代，中期～後期に最盛期を迎えるが，県南地方でとくに栄えた。丹生谷などの山間部では，淡路からの人形座をたびたび招くことができなかったため，地元民みずからが浄瑠璃を語り，人形を操り，芝居を神々に奉納し楽しんだのである。このような人形芝居の上演場所として，神社の境内を中心に，多くの人形芝居の農村舞台がつくられた。

　1967(昭和42)年から，龍谷大学教授角田一郎らによって行われた全国の農村舞台の調査では，1338棟の舞台が確認された。内訳は，歌舞伎舞台1122棟・人形芝居舞台216棟であるが，徳島県からは人形芝居の舞台が208棟確認された。全国の人形芝居のための農村舞台の，じつに96％が阿波に存在していたのである。

　1992(平成4)年発行の「阿波のまちなみ研究会」調査報告書『阿波の農村舞台』では144棟(うち8棟は調査中に消滅)が報告されている。内訳は，吉野川流域5棟・勝浦川流域19棟・桑野川流域40棟・那賀川流域56棟・海部郡16棟・消滅8棟となっており，96％が勝浦郡以南の県南地域に所在している。

　このように人形芝居の農村舞台は，全国的にみても，また県内においてもきわめて強い偏在性を示しており，それだけに，地域色豊かな，徳島ならではの文化ということができよう。

　農村舞台で演じられる人形芝居は，第二次世界大戦後，上演回数が激減し，長く衰退傾向にあったが，近年，各地で復活公演が行われるなど，伝統文化の継承に向けての機運が芽生えつつある。農村舞台の保護・保存とともに，息の長い取り組みに育っていってもらいたい。

帳，木地皿などを保管・収蔵している。坂州の舞台から国道193号線に戻り，木沢小学校から北に5kmほど進むと，標高およそ600mの亀井谷の南東斜面に，沢谷のタヌ

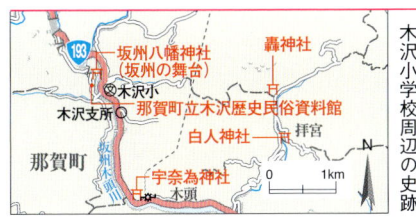

木沢小学校周辺の史跡

那賀川を遡って丹生谷へ

キノショクダイ発生地(国天然)がある。林中の落葉中に生える多年生の腐生植物で、毎年7・8月に3cmほどの芽を出す。花は全体が乳白色で、ひげ状の突起をもつドーム形状のものであり、全国的にも極めて希少な植物である。

阿波太布の里 ❻
0884-68-2386(生きがい工房「太布庵」)

〈M ▶ P.242〉那賀郡那賀町木頭出原 P
国道195号線那賀町役場木頭支庁から西1km

古代以来の伝統技法　木頭の冬の風物詩

　宇奈為神社から東へ約3km、那賀川に架かる出合橋を渡り西に向かう。町立平谷小学校を左手にみながら直進して国道195号線に入り、途中、小見野々ダムや歩危峡を通過し20kmほど那賀川を遡ると、木頭地方の中心集落である出原に至る。木頭地方は、祖谷地方とともに阿波の秘境とされた地で、古くから独特の文化を育んできており、とくに古代以来の阿波太布製造技法(県文化)を今に伝える地である。

　太布は、木綿や麻が普及する以前に、楮など山野に自生する木や草の皮から糸を紡ぎ織った布である。かつては、県内の山間部を中心に各地で太布が製造されていたが、とくに木頭地方では戦前まで良質の太布が織り継がれてきた。第二次世界大戦後は、衣料事情の変容にともない生産は減少していき、1962(昭和37)年、国によって「阿波太布紡織習俗」として記録作成の措置が講じられた。1984年には、阿波太布製造技法保存伝承会が県の無形文化財に団体認定され、今日では全国唯一となったその技法を伝えている。

　木頭和無田の木頭文化会館近くには、保存伝承会の作業場になっている生きがい工房「太布庵」があり、製造用具などが展示されている。また、毎年1月10日過ぎから行われる太布製造のための一連の作業は、関係者が総出で取り組む、冬の木頭の風物詩となっている。

生きがい工房「太布庵」

2　由岐の港から牟岐の港へ

海の交通路として古来より栄えた阿波の港。「由岐みなと」の名は、『太平記』や『平家物語』にもみえる。

貞治の碑・康暦の碑 ❼❽

〈M ▶ P.243, 251〉海部郡美波町西由岐／東由岐大池イヤ谷　P（由岐駅前）
JR牟岐線由岐駅 徒5分／徒10分

大地震を物語る石造物

『太平記』36巻「大地震並夏雪の事」に、「康安元(1361)年六月十八日の巳刻より同十月に至るまで、大地おびただしく動いて、日々夜々に止む時なし。(中略)中にも阿波の雪湊と云浦には、俄に大山の如くなる潮漲来て、在家一千七百余字、悉引塩に連れて海底に沈みしかば、家々に有所の僧侶、男女、牛馬、鶏犬、一も残らず底の藻屑と成りにけり」とあり、1361年におきたすさまじい地震と津波によって、雪(由岐)の湊の集落が壊滅したことを伝えている。

JR由岐駅より南東へ約300m行くと、西由岐の町中に建てられた子安地蔵の堂内に貞治の碑がある。高さ約0.8m・幅約1mで、「貞治六(1367)年六月二十四日」の紀年銘をもち、延命地蔵尊が浮彫りされている。安政の南海大地震(1854年)の際に安置されたといわれており、康安の大地震で亡くなった人びとの供養碑と考えられている。

由岐駅周辺の史跡

貞治の碑から町中を抜け、橋を渡り町立由岐中学校に向かって500mほど行くと、大池を望む東由岐イヤ谷の

康暦の碑

由岐の港から牟岐の港へ　251

中腹に康暦の碑がある。砂岩の自然石を用いた、高さ1.6m・幅0.7mの碑である。「康暦二(1380)年十一月」、康安の大地震によって命を失った人びとの供養のために建てられたもので、碑文はほとんど読むことができないが、三尊の梵字があり、60人余りの戒名が9行7段に列記されている。

また、康安の大地震の際、集落が沈んでできたと伝えられる大池からは土器片や古銭27枚が発見されており、人びとの生活の跡が偲ばれる。

由宇の九州型板碑 ❾

⟨M▶P.243, 251⟩ 海部郡美波町東由岐字由宇
P (由岐駅前)
JR牟岐線由岐駅 🚶 25分

九州とのつながりを示す板碑

康暦の碑より漁村の家並みをみながら海岸線に沿って南に800mほど進むと、小さな文化財地図が立っている。それを頼りに南へ進むと、1864(慶応4)年におきた阿波沖海戦後、西由岐の光願寺で薩摩藩の輸送船翔鳳丸船員首脳と地元代表として会談した徳島藩直属の奉行であった米田甚八屋敷跡がある。

さらに道なりに進み、集落を抜けると大きな池にたどり着く。池の南側山裾には馬頭観音をまつった小祠があり、ちょうどその東側50mほどの林の中に板碑が立っている。目標となる文化財の標柱もなくわかりにくいので、地元の人に尋ねるのがよい。

この板碑は九州型板碑とよばれるもので、高さ約1.6m・幅約0.2mを測る。石材には角柱状の安山岩を使用し、頂角は三角形に成形している。首部と額の間に頂上線を刻み、碑文を刻んだ塔身部は大きく切り込まれている。碑文は、長年にわたる風化のためか確認することはできない。徳島県は緑泥片岩の板石でつくられた阿波型板碑の分布域であるが、

九州型板碑

田井遺跡

コラム

海洋民の原点を物語る縄文遺跡

　海水浴場で有名な海部郡美波町の田井ノ浜に近い北側山裾に，縄文時代中期初頭（約5000年前）の田井遺跡がある。

　2002（平成14）年の調査により，集石遺構や貯蔵穴が検出され，4万点にものぼる多量の縄文土器・磨製石斧・石鏃・石錐・スクレイパー・水晶線刻工具・三脚状石器・玦状耳飾などが出土した。

　縄文土器は県外の鷹島式，船元Ⅰ・Ⅱ式を中心とするもので，とくに鷹島式は県内でもきわめてまれな出土である。また，用途不明の凝灰岩製三脚状石器や，石材に蛇文岩・結晶片岩・滑石を用いた玦状耳飾7点もきわめて特異なものといえる。

　田井遺跡では，角閃石を含む和歌山県の土器のほか，県北の吉野川流域で産する結晶片岩製の石斧や，サヌカイト製の石鏃，また，玦状耳飾に使用されている石材には北陸産の滑石が用いられるなど，遠隔地の石材を用いた石器が持ち込まれている。このことは，当時すでに，海上ルートによる他地域との広範囲な交流があったことを示すものとして重要である。

　現在，田井遺跡は，日和佐道路地下において集石遺構が現状保存されている。

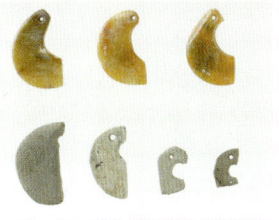

田井遺跡出土玦状耳飾

その中において，九州型板碑は徳島県内では唯一のものである。九州型板碑がなぜこの地に建てられたかは大きな謎であるが，海を生業とした集団が，海上交通路の要衝由岐湊を拠点とし，広域にわたる活動を展開していたことを示す重要なものといえる。

阿波沖海戦 小公園 ⑩

幕末の動乱を物語る海戦

〈M ▶ P.243, 251〉海部郡美波町西由岐字愛宕山 P
JR牟岐線由岐駅 10分

　JR由岐駅から由岐港へ向かって南下すると，目の前に海側に突き出す形で標高約20mの小山があらわれる。地元では城山とよばれるこの山には，天正年間（1573〜92），由岐隠岐守有興が居城した由岐城があった。

　『土佐物語』で由岐有興は，1575（天正3）年，土佐（現，高知県）の長宗我部元親が海部城（現，海部郡海陽町奥浦）を攻め落とした

由岐の港から牟岐の港へ

城山から由岐港を望む

阿波沖海戦小公園

のを機に，1578年頃，元親に降伏したと伝えられている。現在，城跡の明瞭な遺構は残っておらず，頂上部は避難所として公園整備され，由岐湾を一望できる憩いの場となっている。

　城山公園から南側の避難路をおりると，西由岐の漁村の家並みが続き，路地を南に抜けると海に面した小さな公園にたどり着く。ここが阿波沖海戦小公園で，翔鳳丸乗組員上陸の地である。

　戊辰戦争の発端となった1868（慶応4）年1月3日の鳥羽・伏見の戦いの翌日，由岐沖において旧幕府の軍艦開陽丸と薩摩藩軍艦春日丸が海戦を繰り広げた。日本で初めての洋式軍艦による海戦である。

　春日丸が護衛していた輸送船翔鳳丸は，由岐沖の篦野島に停泊し，薩摩藩士を西由岐に上陸させた後，その夜半，由岐沖で自爆，薩摩藩士は土佐へ逃れた。また，春日丸を追尾していた開陽丸からも，榎本武揚率いる100人余りの銃隊が西由岐に上陸し，薩摩藩士の捜索の後，帰船したという。

　現在，公園には大砲のレプリカがおかれている。また，この戦いを物語る翔鳳丸の遺品として，槍・帆綱具などの海戦具が，由岐駅に併設される観光複合施設「ぽっぽマリン」内の郷土資料展示室に残されている。なお，ぽっぽマリンには，伊座利や阿部の女性が海産物などを入れた籠を頭上に乗せ全国各地を行商した「阿波のいた

だきさん」を始め，九州へ漁場を開拓していった石垣弥太郎や，鰹漁を目指して岩手県大船渡村へ渡った楠本勇吉など地元漁師の生涯も紹介されており，海に生きた由岐の人びとの暮らしを垣間見ることができる。

赤松神社の吹筒花火 ⓫
〈M▶P.242〉海部郡美波町赤松字阿地屋39　P
JR牟岐線日和佐駅🚌15分

JR日和佐駅から国道55号線を北上すると，北河内駅の直前で道が分岐する。左手を行けばやがて県道19号線に入り，そのまま山間を進むと約6kmで赤松集落に入る。

集落のほぼ中央に赤松神社（祭神誉陀別命・息長足姫命・玉依姫命）がある。毎年10月第1土・日曜日の宵宮で奉納される。地元の赤松吹筒花火保存会によって赤松神社奉納吹筒花火が行われる。地区単位14組に分かれて制作した花火の美しさを競うもので，その始まりは江戸時代まで遡るといわれている。1mほどの竹筒に火薬を詰めて点火すると，筒から吹き出す火柱は15mほどまで立ち上がり，その様子は勇壮かつ華麗である。

毎年8月17・18日に集落内で行われる赤松神踊は，今から400年前から継承されてきた赤松独特の民俗芸能で，大勢の人びとが太鼓を打ち鳴らすため，「赤松の太鼓踊り」ともよばれている。赤松神社奉納吹筒花火とともに，町の伝統神事として大切に継承されている。

闇に浮かぶ壮大な花火

薬王寺 ⓬
0884-77-0023
〈M▶P.243, 255〉海部郡美波町奥河内字寺前285-1　P
JR牟岐線日和佐駅🚶3分

日和佐駅の北西600mほどの所に，四国霊場23番札所薬王寺（真言宗）がある。日和佐湾を正面に望む山腹に位置し，古より厄除けの寺として多くの参拝者を集めている。

薬王寺は，院号を無量寿院，山号を医王山といい，本尊の薬師如来に由来する。当寺の縁起では，

日和佐駅周辺の史跡

由岐の港から牟岐の港へ

薬王寺

参拝者が絶え間ない厄除けの寺

726(神亀3)年、聖武天皇の勅願により行基が開いたとされる。また、815(弘仁6)年、平城天皇の内勅を受けた空海(弘法大師)が、42歳のとき、当寺において、自身および諸人の厄難をのぞくため、薬師如来を彫ったと伝えられる。その後も、歴代の天皇の勅願により、たびたび厄除けの修法が行われたという。

天正年間(1573～92)、蜂須賀家政の阿波入国後は徳島藩歴代藩主により庇護を受け、数々の仏具が奉納されるとともに、初代藩主蜂須賀至鎮を始め、1639(寛永16)年の火災後も2代忠英・3代光隆によって再建・造営された。1898(明治31)年にも方丈より出火し、本堂を始めとする主要な建物がすべて焼失したが、その後再興され、今に至っている。瑜祇塔は、高野山開創1100年を記念して1965(昭和40)年に建てられた宝物館である。塔内に展示されている寺宝のうち、嵯峨大覚寺より下付品として伝えられている『九想図巻』は、小野小町の死体が朽ちていく様子が九想観によって描かれたものといわれている。

四国八十八箇所の各霊場では、地元の人びとによって、遍路参りする人へのおもてなし「お接待」が行われている。古来、遍路参りする人へ願いを言付けるために行われてきたとする説もあるが、薬王寺では紀州お接待講とよばれるものがある。これは、幕末の頃、紀州藩士が四国巡礼のおり、薬王寺の山門にある庵を譲り受け、四国巡礼の労をねぎらうために始めたものである。現在も山門の前にお接待所が建てられ、毎年彼岸には、和歌山からお接待のために世話人が訪れているという。

日和佐城跡 ⓲
0884-77-1370
⟨M▶P.243, 255⟩ 海部郡美波町前山 Ｐ
JR牟岐線日和佐駅 🚗 5分

JR日和佐駅の東方、日和佐川を挟んだ前山の西端、標高約70mの

日和佐城跡

山頂に白壁の美しい城が目に入る。ここが日和佐城跡である。現在みえる日和佐城は、1978(昭和53)年に勤労者野外活動施設として建てられたもので、当時の姿を復元したものではない。また城跡は、テニスコートの造成などにより地形が大きく改変されたため、北に延びる尾根線上に数段の曲輪(くるわ)がわずかに残されているのみである。1882(明治15)年『阿波国海部郡村誌』には、3段の平地を形成し、最高所には東西14間・南北22間の平地があり、所々に石垣が遺存していたと書かれているが今は見る影もない。城跡までは、車道も設けられている。

長宗我部元親の侵攻に備えて築いた城

日和佐城は、1488(長享2)年頃に日和佐領主であった日和佐掃部助廣康(んのすけひろやす)を先祖にもつ日和佐肥前守(ひぜんのかみ)が、1573(天正元)年頃に、土佐(現、高知県)を統一した長宗我部元親の阿波国南部からの侵入に警戒し築いたといわれている。1577年の香宗我部親泰(こうそかべちかやす)および、1578年の長宗我部元親の日和佐肥前守にあてた起請文(きしょうもん)から、1575(天正3)年に長宗我部元親軍が南部の海岸線沿いに侵入した後、日和佐城は同氏の軍門に降った(くだ)と考えられている。

日和佐駅の北東約900m、現在の美波町役場および町立日和佐小学校の敷地が日和佐御陣屋跡(こじんやあと)である。徳島藩は、1807(文化4)年、現在の海部郡海陽町鞆浦(ともうら)にあった海部郡代役所(ぐんだい)をここに移し、阿波南部の行政にあたらせた。その後、明治時代まで、日和佐は海部郡の政治・経済の中心地であった。御陣屋にはさまざまな

日和佐御陣屋跡の矢見立岩

由岐の港から牟岐の港へ

打越寺

建物が存在したが，現在は土壁の一部のほか，庁舎玄関前に的石(まといし)とよばれる矢見立岩(やみたていわ)が残されているのみである。

町役場前から海に向かって約500m行くと，大浜(おおはま)海岸に着く。大浜海岸のアカウミガメおよびその産卵地は国の天然記念物に指定されており，隣接する日和佐うみがめ博物館カレッタでは，世界のウミガメについて学ぶこともできる。

日和佐駅から国道55号線を南西へ約5km，山河内(やまがわち)トンネル手前で左手の旧道に入ると，打越寺(うちこしじ)(真言宗)がある。駅路山光明院(えきろさんこうみょういん)と称し，創建は1596(文禄(ぶんろく)4)年以前に遡るといわれている。1598(慶長(けいちょう)3)年，徳島藩より駅路寺(えきろじ)の1つとして指定され，土佐街道の交通の監視にあたった。本尊は弘法大師である。また，境内では毎年8月14日の夜に，芸題踊り(げだいおど)とよばれる盆踊りが行われている。この盆踊りは文政(ぶんせい)年間(1818〜30)頃から伝わるもので，彦之進音頭(ひこのしんおんど)にあわせて踊る。

天神社(てんじんしゃ) ⓮

〈M ▶ P.242〉海部郡牟岐(ちょうかわたけ)町 川長字天神前(まえ)
JR牟岐線牟岐駅 🚶10分

素朴な雰囲気をした神像

牟岐駅から東へ向かい，牟岐川に架かる中央橋を渡ると，観音山(約70m)山頂に牟岐城跡がある。牟岐城は，永禄(えいろく)〜元亀(げんき)年間(1558〜73)に牟岐大膳允(だいぜんのすけ)が築いたとされているが，現在は頂上に平坦地を残すのみである。

中央橋を渡り右に折れ，観音山の山裾

天神社

258　那賀・海部

に沿って50mほど行くと、左側に真っ直ぐに続く道があらわれる。その奥に天神社がひっそりとたたずむ。当社には、祭神とする菅原道真の神像とされる木造男神坐像(県文化)がまつられている。神像はヒノキ材一木造で、像高57cm・肘幅48cm。全体的に素朴で簡素な造りは、室町時代の神像の特徴をよくあらわしている。

大島 ⓰

〈M▶P.242〉海部郡牟岐町牟岐浦字大島
JR牟岐線牟岐駅🚶(20分)古牟岐港⚓20分

牟岐港より南東約7kmの海上に、町内最大の離島大島がある。1848(嘉永元)年頃には50戸余り、明治時代初め頃には20戸125人が住んでいたが、1907(明治30)年に古牟岐へ全島民が移住し、現在は無人島となっている。

大島には、1645(正保2)年に御番所がおかれ、海上交通の取り締まりやキリシタンの入国監視を行っていた。また、1806(文化3)年には外国船の来航を監視するために、大島の山頂に遠見御番所、徳島藩東海岸には沿岸9カ所に狼煙場が設置された。1829(文政12)年12月20日、牟岐沖にイギリス船が来航し3日間停泊したことが、日和佐郡役所の対応記録中に、絵図とともに克明に記されている。

毎年8月第1土曜日には、姫神祭りという奇祭があり、牟岐漁港からご神体(男根)を乗せた漁船が十数隻を伴い、沖合いの牟岐神社に参拝した後に、牟岐大島にある奇岩「姫神」にしめ縄を奉納するものである。また島内には、大島のタチバナ自生地や大島のアオサギとその群生地(ともに県天然)があり、海岸線を含め、古来の自然景観を今なお保っている。

出羽島は、牟岐港より約3.7kmの海上に位置する。島内には戦国時代のものとみられる五輪塔があることから、中世以降、海上交通路上に位置し、船の停泊地としても利用されていたと考えられる。出羽島に人が住むようになった

大島

孤島が歴史を語る

由岐の港から牟岐の港へ

のは，牟岐の庄屋であった青木家の古文書によれば，1800(寛政12)年，青木伊助が郡代の命によって，三守・鳥見・小松・島田の4氏一族とともに移り住まわせたのに始まるとされている。

現在，出羽島には，97戸約170人の人びとが暮らしている。西海岸の大池は，世界に4カ所しかいないといわれるシラタマモ自生地として，国の天然記念物の指定を受けている。

このほか，大島と出羽島の中間に位置する孤島津島には，暖地の代表的な植物シイが全島を被い，亜熱帯の植物を含むなど，貴重な樹林が保存されており，国の天然記念物(津島暖地性植物群落)に指定されている。

なお，大島に渡るには釣り船(一般利用可)を利用するしか手段はないが，出羽島には牟岐港から片道20分の連絡船(1日6便)が運航している。離島の雄大な自然と歴史に触れるのも素晴らしい。

③ 海部下灘地域を南へ

本県最南端に位置する海部郡下灘地域には、豊かな自然景観と海にかかわる史跡や文化財が数多く残る。

大里古墳 ⑯

〈M ▶ P.242, 262〉 海部郡海陽町大里字浜崎34
JR牟岐線阿波海南駅 徒歩15分

県内最大級の横穴式石室　中世銭貨の大量出土地

JR阿波海南駅の駅前に四方原開拓の碑がある。現在、駅の西側に広がる水田地帯は、江戸時代初めに新田開発が行われた地である。古文書によると、1637(寛永14)年に徳島藩から開拓の「定」が出され、のちに四方原村庄屋となった野村惣太夫ら36人が、これに応じて開拓に着手した。約20年をかけ、総面積60余町歩の開拓を成し遂げた。その後、延宝年間(1673〜81)に吉野村庄屋北川市右衛門らによって免許用水がつくられた。

阿波海南駅から国道55号線を南下し、海陽町役場前の交差点で左折して東へ約700m進むと、道路右側に小さな森がみえる。ここに県史跡第1号に指定された大里古墳(2号墳)がある。現在、墳丘の盛土は流出し、巨大な天井石が露出しているが、周濠をもつ直径約20mの円墳と推定されている。1996(平成8)年の調査によると、南に開口する横穴式石室は、玄室5.5m・羨道5.7m、全長11.2mを計測し、県内最大級の規模を誇る。耳環・鉄鏃・須恵器などが出土しており、築造年代は6世紀末から7世紀初頭と考えられている。

また、大里2号墳の南東約400mの地点にあった1号墳からは、銀環・切子玉・管玉・鉄鏃・須恵器が出土した。大里古墳の出土遺物は、1998(平成10)年に開館した海陽町立博物館(阿波海南文化村)に、2号墳復元石室とともに展示されている。

大里2号墳の南約100mの所にある民家の庭先に、大里古銭出土地の碑が立つ。この地から、1979(昭和54)年、住宅の改築にともなう

大里古墳(2号墳)

海陽町役場周辺の史跡

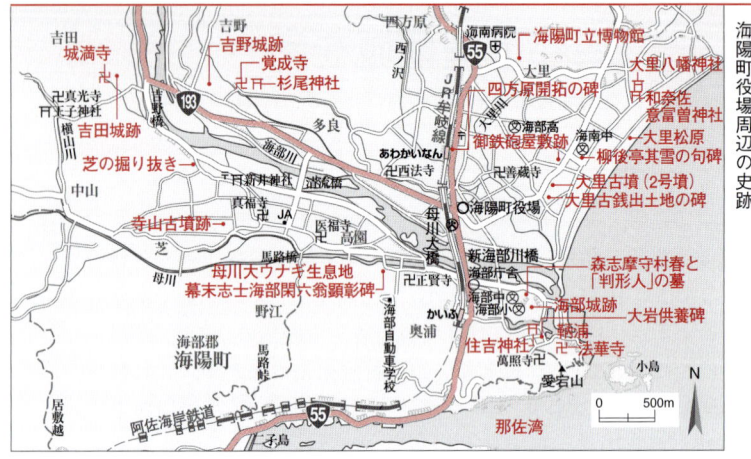

基礎工事中に、中世の大甕に入った大量の銭貨が発見された。総枚数は7万88枚で、銭種は81種類におよぶ。全体の88％が北宋銭で占められ、一部高麗・安南(ベトナム)銭などが含まれる。銭が埋められた時期は14世紀後半頃と推定され、この地域における水運と流通の発達との関係がうかがわれる。これら出土銭貨と甕は、海陽町立博物館に展示されている。

大里2号墳の北約60mの所には、御鉄砲屋敷跡がある。江戸時代初め、海部城(鞆城)の勤番として鉄砲組士が編成され、阿土国境の警備や治安維持にあたり、城の廃止後も御陣屋の守備役などをつとめた。御鉄砲屋敷とは、「御鉄砲者」の住む屋敷で、旧大里村浜崎およびその周辺に配置された。屋敷の周囲には、防御用と火縄の原料にするために寒竹が植えられたことから、現在でも寒竹の生垣に囲まれた屋敷が多くみられる。また、鉄砲の射撃場として使用された「射場」の地名が残っている。

大里八幡神社 ⑰
0884-73-3490

〈M ▶ P.242, 262〉 海部郡海陽町大里字松原1 P
JR牟岐線阿波海南駅 🚶25分

海部川下流域の産土神　勇壮な秋の祭礼

JR阿波海南駅から東に約1.2km進むと、室戸阿南海岸国定公園の一部をなす大里松原に至る。江戸時代以降、防風林・防潮林の役割をはたしてきたこの松原は、延長2.6kmの松林で、雄大な太平洋とみごとな景観を織りなしている。1987(昭和62)年には、「日本の白砂青松100選」に選ばれている。

大里松原の西側にある町立海南中学校の前に、江戸時代後期に活躍した俳人柳後亭其雪の句碑が立つ。1788(天明8)年、大里村飯持に生まれた其雪は、長じて京・大坂に出て俳諧を学び、宗匠徐風に師事した。作風は、自然の美しさや人間性を探求したものが多い。1842(天保13)年3月に京都の双林寺で俳聖松尾芭蕉の法会が開催されたとき、其雪は病を押して出席し、その約2カ月後、55歳の生涯を閉じた。辞世の句は、「風に散るも　またおもしろき桜かな」。

　海南中学校から松林に沿って北に700mほど行くと、大里八幡神社(祭神誉田別命)に着く。地元では「大里の八幡さん」とよばれ、広く信仰を集めている。1815(文化12)年編纂の藩撰地誌『阿波志』によると、1604(慶長9)年、鞆奥大宮山(現、海陽町鞆浦)にあった『延喜式』式内社の和奈佐意冨曽神社が当地に遷座したとする。現在、大里八幡神社の南200mの地に境内社として和奈佐意冨曽神社が鎮座する。

　大里八幡神社の信仰範囲について、『阿波志』に「鞆、浅川等二十一村共に祀る」とあり、江戸時代以来、海陽町鞆浦から同町浅川までの広い範囲であった。当社には「慶長九年」の棟札を始め、江戸時代の棟札が多くある。1840(天保11)年の『海部郡取調廻在録』には、神宝として、鏡1面と「貞治三(1364)年」銘の鰐口1口が挙げられるが、鰐口は、明治時代以降、別当神宮寺の住職家に伝えられた。

　大里八幡神社の秋の祭礼は、毎年10月第3日曜日に行われ、県内随一の勇壮な祭りとして有名である。祭りの中心は、緞帳を張りめぐらし華麗な飾り付けをした関船とだんじりの渡御である。町内の7地区(鞆浦南町・同仲町・同北町・同東町・奥浦・大

大里八幡神社

里・四方原)から関船2隻・だんじり5台が繰り出され，町内を巡行する。だんじりには化粧をした男の子が乗り，鉦・太鼓を打ち鳴らす。神社参道に入ると，曳き手は猛然と走り，関船・だんじりを疾走させて，祭りを大きく盛り上げる。

大里八幡神社の北東約1.5kmの所に，南阿波ピクニック公園と海老ヶ池がある。海老ヶ池は周囲約4kmの汽水湖で，この池の東部北端の山裾に遠坂古墳がある。現在は，石室に使用された石が数個残るのみだが，ここから古墳時代後期の須恵器が出土している。

吉野城跡 ⑱

〈M ▶ P.242, 262〉海部郡海陽町吉野字西久保1
JR牟岐線阿波海南駅🚶25分

中世海部氏の居城
曹洞宗の古刹城満寺

海陽町役場前から国道193号線を西に約2.5km進むと，吉野公民館に至る。公民館北側の水田の中に吉野城跡の碑が立つ。ここは，南北朝時代以降に活躍した海部(藤原)氏の居館跡とされる。現在，石碑の立つ北・東・西側で堀跡らしい遺構が確認される。堀跡から復元すると，館の規模は東西60m以上・南北70m以上の方形館と推定される。この館跡の北約500m愛宕山(約120m)にも城跡がある。山頂部に曲輪跡があり，その北側に空堀跡がみられる。この山城は，平坦部に構築された館と一対のもので，山城は戦時に，館は平時に使用されたと考えられる。

愛宕山南東麓の小高い所に覚成寺と杉尾神社が隣接して立つ。覚成寺(真言宗)は，戦国時代，僧快義による開基とされ，吉野城主海部氏の菩提寺であった。本尊は平安時代後期の制作と推定される木造薬師如来立像で，ほかに「寛永十八(1641)年」銘をもつ木造聖観音菩薩坐像がある。

杉尾神社(祭神大己貴命)は，『阿波志』には，藤原持定(吉野城主海部氏)が1530(享禄3)年に

吉野城跡

再興したと記される。当社には、室町・桃山・江戸時代作の神像18軀(像高7.1〜30.6cm)と、鎌倉時代後期から室町時代に制作の銅造懸仏6個(像高4.1〜11.7cm)が伝えられていたが、現在はともに覚成寺に伝わる。

吉野公民館から西進し、海部川に架かる吉野橋を渡ると、正面に吉田山(標高約30m)がみえる。この山頂部に、戦国時代の山城吉田城跡がある。城跡の中心の曲輪は東西約48m・南北約30mで、周囲に土塁がめぐらされ、東側に虎口が確認できる。また、西方約600mの尾根上にも小規模な曲輪跡がみられ、詰城と考えられる。

吉田城跡の南西約150mの山裾に城満寺(曹洞宗)がある。能登国(現、石川県北部)に総持寺を開いた高僧螢山紹瑾禅師によって、1296(永仁4)年に開基されたと伝えられる。その後、衰退・消失していたが、第二次世界大戦後になって復興された。現在の本堂は、1996(平成8)年に奈良鵤工舎によって建立されたもので、山門は大本山総持寺(神奈川県横浜市)から移築された。本堂北の山の中腹には、開祖螢山禅師の墓塔が建てられている。

刀匠 海部氏吉之碑 ⓱

〈M▶P.242〉海部郡海陽町相川字笹無谷
JR牟岐線阿波海南駅 🚌 15分

中世阿波を代表する刀滝を神体とする轟神社

吉野橋から国道193号線を海部川に沿って約3km北上すると、笹無谷地区に至る。笹無谷橋手前の国道沿いに、「刀匠海部氏吉之碑」が立つ。海部川支流の笹無谷周辺では、室町時代から戦国時代末期にかけて、海部刀と称される刀剣が製作された。製作年代の古いものとして、「阿州住氏吉作」「明王(応)元(1492)年」の在銘刀がある。氏吉は海部刀の代表的刀工で、氏吉の名は代々継承された。戦国大名の三好長慶旧蔵(筑前藩主黒田家伝来)の「岩切海部」は、氏吉作とされる。代表的な刀工として、ほかに氏宗・氏次・泰

刀匠海部氏吉之碑

海部下灘地域を南へ

吉・泰光などが挙げられる。江戸時代になると，藩命で徳島城下への移住が命じられ，以後，海部刀は徳島の地で製作された。海部刀は，海陽町立博物館で展示されている。

　国道193号線をさらに北へ約1.5km進むと，若松大橋入口に至る。この橋を渡り，山裾を北に500mほど行くと，御﨑神社（祭神猿田彦命）への登り口に着く。御﨑神社の梵鐘（県文化，海陽町立博物館寄託）は県内最古の梵鐘で，高さ41.1cm・口径27cm，鐘身に「阿州海部郡細野村御﨑神社御宝前鐘也　永享四(1432)年」と刻まれている。当社について，『海部郡取調廻在録』は，「明応八(1499)年」銘の棟札が存すると記すが現存しない。なお御﨑神社と号する神社は，海部川中流から上流域にかけて多数分布する。

　若松大橋に戻り，国道193号線を北へ約2km進むと左側に町立川上小学校がみえる。小学校正門の横を通り山裾をのぼると，光照寺（曹洞宗）がある。室町時代の創建と伝えられ，本尊の木造阿弥陀如来坐像（像高86.5cm）と脇侍2軀は，優美な作風を伝える平安時代後期の作とされる。

　川上小学校から国道193号線を北に約6km進むと，皆ノ瀬地区に至る。ここから県道148号線に入り，約8km進むと轟神社前バス停に着く。バス停前の王余魚谷川に沿って300mほど上流に行くと，落差が四国随一といわれ，1990(平成2)年に「日本の滝百選」に選ばれた轟の滝がある。

　轟の滝の南側の石段をのぼった所に，滝を神体とする轟神社（祭神水象女命）が鎮座する。1591(天正19)年の創建といい，『阿波志』に，「瀑布の側にあり，即ち龍祠蝶明神と称す」とある。毎年夏(旧暦6月13日)と秋(11月13日)の祭礼に行われる神輿の渡御は，神輿をかついだ若者が神社の石段を一気に駆けおり，滝壺に入る神事で，多くの見学者がある。轟神社の登り口にある龍王寺（真言宗）は，院号を龍瀑院と称する。元来は修験の道場としておこったものと思われる。轟神社の夏の祭礼時には，当寺から神輿の渡御があり，秋の祭礼時には，焼けた護摩の上を裸足で歩く火祭りが行われる。

寺山古墳跡 ⑳

〈M ▶ P.242, 262〉 海部郡海陽町野江
JR牟岐線・阿佐海岸鉄道阿佐東線海部駅🚶30分

> 海部川右岸にあった古墳群
> 大ウナギの生息地母川

　JR・阿佐海岸鉄道海部駅から県道298号線を北西へ600mほど行くと、母川大橋に至る。母川は海部川の支流で、清流として有名である。この川に生息するウナギは、体重10～16kgにもおよぶ大型のもので、1923(大正12)年以来、母川大ウナギ生息地として国の天然記念物に指定されている。

　母川大橋を渡り左折して、西へ300mほど進むと母川橋に着く。橋の南詰には、「幕末志士海部閑六翁顕彰碑」が立つ。海部閑六は、1823(文政6)年に野江村庄屋岡沢閑兵衛の5男として生まれ、長じて剣術・槍術の修行に励み、幕末には討幕派の公家岩倉具視に仕え、護衛役として活躍した。1870(明治3)年の庚午事変(稲田騒動)で捕らわれ、赦免後、第二徳島丸の初航海中、爆発事故により没した。海部駅の北西約2.2km、JA海部出張所の西約50mの所には、公爵岩倉具栄(具視の曾孫で英文学者)の書になる「海部閑六翁出生地」の碑が建立されている。

　母川橋の西約1.6km、野江地区の共同墓地北端に寺山古墳跡の碑が立つ。寺山古墳は、かつて墓地の東側丘陵上にあった古墳群で、圃場整備事業にともない、1979(昭和54)年に調査された。4世紀後半から6世紀半ばに築造されたとみられる古墳2基が確認され、銀環・懸垂鏡片・須恵器などが出土した。現在、古墳は完全に消失し、その形跡をうかがうことはできない。

　寺山古墳跡の東約200mの旧海部西小学校跡地から、2004(平成16)年に芝遺跡が発見された。弥生時代後期から古墳時代初期の集落遺跡で、竪穴住居や県内初となる円形周溝墓などが検出された。

　芝遺跡から北西へ500mほど行くと、芝地区の山際

寺山古墳跡

海部下灘地域を南へ

に芝の掘り抜きの説明板がある。文政年間(1818～29)、野江村庄屋の岡沢閑兵衛が、野江・高園・芝3カ村の農民を動員し、約3年を要して延長約55m・幅約1.8m・高さ約2mの隧道を穿ち、海部川からの導水を可能にした。これにより3カ村の水田は灌漑され、当地域の農業が大きく発展した。現在もこの掘り抜きは、周辺地域の水田をうるおしている。

海部城跡 ㉑ 〈M▶P.242, 262〉海部郡海陽町鞆浦
JR牟岐線・阿佐海岸鉄道阿佐東線海部駅 🚶15分

戦国時代の海城 海部城番益田豊後事件

JR・阿佐海岸鉄道海部駅から国道55号線を北へ約300m進むと、新海部川橋に着く。橋の手前を右折し、海部川に沿って約700m東進すると、鞆浦港を見下ろす城山(標高約50m)の山頂に海部城(鞆城)跡がある。城主は海部氏であったが、1575(天正3)年、海部左近将監友光(宗寿)は土佐(現、高知県)の長宗我部元親軍に敗れ、城は長宗我部氏の支配下におかれた。その後、1585年、蜂須賀家政の阿波入国により同氏配下の城番として中村右近太夫が入り、阿波九城の1つとして大きく改修された。現在、ほぼ南北方向に多くの曲輪跡が確認され、一部石垣をめぐらしたものや土塁が残る。

城跡北端部の小高い所は観音庵跡と伝えられ、森志摩守村春と「判形人」の墓がある。森村春は、蜂須賀氏水軍の総帥で、九州島津攻め(1586～87年)や文禄の役(1592年)で活躍した。「判形人」とは、徳島藩主より諸役免除の判物を与えられた森村春の旧臣で、1633(寛永10)年以降、名東郡津田浦(現、徳島市津田本町)から当地に移住してきた人びとである。正面の2基の五輪塔が森村春夫妻の墓とされる。

海部城最後の城番であった益田豊後長行は、江戸家老・仕置家老をつとめる藩の譜代重臣であった。豊後は、1633年

森村春と判形人の墓

『兵庫北関入船納帳』にみえる海部の港　　コラム

『兵庫北関入船納帳』は、1445（文安2）年1月から翌年にかけて、奈良東大寺領有の兵庫北関（現在の兵庫県神戸市にあった海の関所）に入港した船の通関記録である。この『入船納帳』には、瀬戸内海諸国を中心に100カ所以上の船籍地が記載される。阿波国内の船籍地としては9カ所がみられるが、このうち海部郡に属するものは、「牟木」「海部」「宍喰」の3カ所で、それぞれ現在の牟岐町、海陽町鞆浦、同町宍喰浦に比定される。

入港数は海部船が56回（隻）、ついで宍喰船20回（隻）・牟木船14回（隻）で、積載品はいずれも樽（屋根材など）・材木である。海部船の場合、合計数量が樽9440石となり、木材類の輸送船としては淡路国由良船（現、兵庫県洲本市）につぐ規模となっている。このように中世には、海部郡内の港から畿内方面に多くの木材類が搬出された。

こうした水運の発展を背景に、中世の「海部」「宍喰」の港町が形成され、大里出土の古銭や大山神社旧蔵の朝鮮鐘が当地域にもたらされたと考えられる。

木材の一大搬出地域　水運にかかわる文化財

現在の鞆浦港

に知行地の農民に対する苛政などを理由に、2代藩主蜂須賀忠英により、名西郡大粟山（現、名西郡神山町）に幽閉されて失脚した（益田豊後事件、海部騒動）。1645（正保2）年、みずからの無実を江戸幕府に訴えるが敗訴し、翌年病死した。地元では「豊後様」と称される墓が、鞆浦南町の東光寺谷にある。この事件以後、海部城は廃城となり、城山の東麓に郡代所が設置された。

鞆浦 ㉒　〈M▶P.242, 262〉海部郡海陽町鞆浦
JR牟岐線・阿佐海岸鉄道阿佐東線海部駅🚶20分

海部城跡の麓に広がる鞆浦は、海部川河口に位置する良港を擁し、中世以来の港町としての歴史をもつ。室町時代中期の『兵庫北関入船納帳』には、木材を積荷とした「海部船」が多く記載されるが、この「海部」は現在の鞆浦に比定される。鞆浦にある寺院の境内には、中世造立の五輪塔が多数あり、往時を偲ばせる。また、江戸時

中世以来の港町　ミセ造り家屋と町並み

海部下灘地域を南へ

法華寺祖師堂

代の古文書から廻船が盛んであったことがわかる。鞆港橋南西の小高い丘に鎮座する住吉神社は、海上守護神として信仰されてきた。境内には江戸時代の狛犬があり、その台座には大坂・堺・兵庫商人の屋号が刻まれている。

鞆浦には、港町のたたずまいを伝える町並みがみられる。通りに面した表の間の雨戸が上下に分かれて開き、下の蔀戸が縁台となる構造の「ミセ造り」の民家が多いのも、この地域の特徴である。

住吉神社南20mの港に面した路傍に、江戸時代の地震津波を記した大岩供養碑がある。高さ2.5mの巨岩の正面に、100人余りが死亡したという1604(慶長9)年の地震津波の碑文が、その右側に1人の死者も出なかった旨を記す1707(宝永4)年の碑文が刻まれている。

鞆浦集落南東の愛宕山麓にある法華寺(日蓮宗)は、1635(寛永12)年、日乾によって開基された。『阿波志』に、「名東郡(現、徳島市)法華寺を廃し、此に移す、来り謁する者多し」とある。祖師堂は1863(文久3)年の建立で、入母屋造妻入の屋根に1間(約1.8m)の唐破風がつく、近世の本格的な仏堂である。唐破風の軒下の柱間に彫刻された波間に横たわる龍の姿は、精巧で美しい。

JR・阿佐海岸鉄道海部駅から国道55号線を南に約1km進むと、東西に長い入江をつくる那佐湾がみえる。この湾で、1571(元亀2)年春、長宗我部元親の弟親房(島弥九郎)主従が、停泊中に海部城の軍勢によって討たれる事件がおこった。那佐地区の山際にある吉野神社には親房主従がまつられ、境内には鎮魂碑が立っている。

八坂神社 ㉓
0884-76-2213
〈M ▶ P.242, 271〉海部郡海陽町久保字久保5 P
阿佐海岸鉄道阿佐東線宍喰駅 徒 5分

阿佐海岸鉄道宍喰駅から北に約200m進むと、八坂神社(祭神素戔嗚命)に至る。地元では「祇園さん」とよばれている。創建は不詳だが、棟札から1526(大永6)年に再興されたことがわかる。現在の

八坂神社

本殿は1760(宝暦10)年に造営されたもので、境内には、樹齢500年と推定される2本の大楠(夫婦楠)がある。宍喰祇園祭の山鉾行事(県民俗)は、毎年7月16・17日に行われ、大小の山鉾とだんじり・関船が繰り出される。山鉾巡行では、木造の桂男(月に住むという仙人)を取りつけた山鉾を伊勢節にあわせて曳く。祭りの最後には、古式豊かな能が子どもたちによって奉納される。

山鉾巡行で賑わう祇園祭　県最南端の町宍喰

八坂神社の北西に位置する県民運動場の東側に、宍喰古墳の横穴式石室がある。この石室は、1975(昭和50)年の運動場造成事業にともない、運動場ほぼ中央の尾根上にあった場所から、現在地に移設・復元された。古墳の形状は不明だが、6世紀末〜7世紀初頭の築造とみられる。

県民運動場の背後には、ヤッコソウ発生地(国天然)として知られる鈴が峰(395m)が聳える。この峰の山頂部には、空海(弘法大師)が開いたとされる円通寺(真言宗)があった。公卿三条西実隆の日記『実隆公記』明応4(1495)年4月条に、「阿波国海部郡鈴峯円通寺勧進帳」と記される。現在は廃寺となり、境内跡には戦国時代の五輪塔が残存している。登山口は、町立宍喰中学校の西約150mの所にある。

宍喰駅の東約300m、寺町に大日寺(真言宗)がある。当寺には、県内最古の大般若経569帖(紙本墨書522帖・黄檗版47帖、県文化)が伝来する。奥書によると、この大般若経は1206(建永元)年から1213(建暦3)年の間に僧重慶によって書写されたものである。『阿波志』の「祇園祠」の項に「大

宍喰駅周辺の史跡

海部下灘地域を南へ

般若経を蔵す，建永・建暦の間写す」とあり，江戸時代には祇園社（現，八坂神社）に所蔵されていたことがわかる。

大日寺の東方約100mの所に願行寺(浄土宗)があり，境内に「天正十八(1590)年」銘の石仏山越阿弥陀来迎図がある。上部に阿弥陀如来図が線刻され，下部に野中助兵衛夫婦発願による逆修供養のために造立した旨が刻まれる。

願行寺南東の宍喰大橋を渡って右折し，竹ヶ島方面に向かう旧道を250mほど進むと，右側の斜面に宍喰浦の化石漣痕(国天然)がみえる。今から約4000万年前，海底の波形模様が化石となり，その後の地殻変動で隆起して現在の姿になったとされる。全国的にも大変珍しく，学術上貴重な資料である。

大山神社 ㉔

〈M ► P.242〉 海部郡海陽町塩深字尾鼻
阿佐海岸鉄道阿佐東線宍喰駅 🚗 25分

広く信仰を集め朝鮮鐘を旧蔵

八坂神社から県道301号線を久尾方面に約7.2km進むと，「大山神社参道入口」と記した石柱がみえ，左折して約1.6km進むと大山神社の鳥居前に着く。大山神社(祭神鷲住王命)は，『阿波志』に「塩深村に在り，(中略)或は十二社権現と称す，(中略)永正・天文の間(1504〜55)猶規模広大，僧房十二あり」と記される。この神社には，1838(天保9)年に徳島藩12代藩主蜂須賀斉昌に召し上げられるまで，「明昌七年」銘の朝鮮鐘が伝来していた。明昌7年は金の章宗の年号で，日本の鎌倉時代初期の建久7(1196)年にあたる。朝鮮鐘が当社にもたらされた理由は不明だが，当地の歴史を考えるうえで，重要な資料となる。現在この鐘は，東京国立博物館に所蔵されている。

大山神社

あとがき

　『徳島県の歴史散歩』全面改訂の依頼を受け，県内の文化財行政担当者・高校教員らによって徳島県の歴史散歩編集委員会を立ち上げたのは，2004年12月のことであった。

　旧版の刊行以後，徳島県では勝瑞城館跡・徳島城跡・徳島藩主蜂須賀家墓所・渋野丸山古墳が国指定史跡になったほか，県立文学書道館や鳴門市賀川豊彦記念館・大塚国際美術館・阿波おどり会館(阿波おどりミュージアム)などの文化施設のオープンが相次ぎ，また県立阿波十郎兵衛屋敷や鳴門市ドイツ館が改装オープンをするなど文化施設をめぐる状況も一新された。また，徳島市国府町観音寺遺跡からは全国的に注目を集めた古代の木簡群が出土，さらに三好市東祖谷山の落合地区が「重要伝統的建造物群保存地区」に選定されるなどの動きもあった。このような状況をうけて，新たな《歴史ガイドブック》が求められていたところであり，改訂版を出すのはそのような意味からも恰好の機会ととらえられた。

　しかし，各執筆者が多忙な公務のなかで原稿の提出が遅れ，徒に月日が流れてしまった。そのため，多方面にご心配やらご迷惑をおかけしたが，この度ようやく上梓できる運びとなった。

　本書が徳島県内の文化財を訪ね歩く好適なガイドブックとして活用されることによって，徳島の地域史をとらえ直す一助になれば執筆者一同望外の喜びである。ぜひ，本書を手に，遍路文化で培われた「お接待」精神に満ちあふれた徳島県内各地の名所旧跡を訪ねていただきたいと思う。そして，文化財保護の必要性がより一層社会に浸透できれば，このうえなく幸いである。

　最後に，写真・資料等をご提供いただいた徳島県教育委員会をはじめ関係諸機関にお礼申し上げます。

　　　2009年6月

　　　　　　　　　　　　　　　　『徳島県の歴史散歩』編集委員

　　　　　　　　　　　　　　　　　　　　　　石尾和仁

【徳島県のあゆみ】

徳島県の風土

　徳島県は四国の東部にあり，東は紀伊水道に，南東は太平洋に，北東端の一部で播磨灘に面し，北は讃岐山脈（徳島県では阿讃山脈と呼称），西南部は四国山地に囲まれている。面積の90％は山地であり，とくに四国山地は急峻な山地が連なる。山腹各所に大規模な地滑り地帯が存在し，その緩斜面に集落が営まれている所が多い。この山間部を縫うように，吉野川・勝浦川・那賀川・海部川などが東流および南流している。平野部は，これらの河川が河口部に形成する沖積平野にほぼ限られている。

　徳島県の風土を語るときに，よく「北方」「南方」という言葉が使われる。北方は吉野川流域を，南方は那賀川流域から海部にかけての県南地域を指す。北方でも県西部は「上郡」，吉野川下流域を「下郡」とよび，さらに南方でも海部郡美波町・牟岐町沿岸部は「上灘」，同部海陽町沿岸部は「下灘」という呼称が定着している。また，吉野川下流域では，剣山系を含む旧三好郡一帯を「ソラ」とよんでいる。このような地域呼称が生まれる背景には，県内各地における気候風土や，そこに暮らす人びとの精神風土が異なるからと考えられる。すなわち，経済的・文化的な交流からみれば，北方では吉野川を遡る流れがある一方で，阿讃山脈越えの交流も頻繁であったこと，南部海岸地域では直接関西圏と結ばれる流れがあったことなどが想定され，多方面からの影響を受けて現在の徳島における生活文化が形成されたといえる。

　また，北方は早くから藍作と藍玉の出荷，煙草生産，製糖業（和三盆）などの商業活動が発達し，人柄も功利的な性格の人が多いといわれてきた。一方，南方は漁業中心の自給的な生活が主だったこともあり，おおらかな性格の人が多いといわれている。

　徳島県といえば，「阿波踊り」と「四国遍路」がよく語られる。「阿波踊り」の名称は，昭和恐慌の影響が社会を覆っていた時代に，徳島市商工会議所会頭であった玉田弥伊太が，景気回復のために，県内各地で古くから盛んに行われてきた盆踊りを観光の目玉にしようと考え，徳島出身の絵師・郷土史家林鼓浪の命名を採用したといわれている。今では，観光だけではなく県民のアイデンティティーにとっても，徳島の夏には欠かせないものになっている。

　一方，鳴門市の1番札所霊山寺から香川県さぬき市の88番札所大窪寺までをめぐる「四国遍路」は，江戸時代後半から盛んになり，それを迎え入れる側にも，遍路に対して金品を提供し霊場巡拝が無事に終えるよう手助けする「お接待」や，宿を提供する「善根宿」の風習を生んだ。近年，「歩き遍路」の増加もあって遍路文化の見直しが進められ，地元では世界遺産登録に向けた取り組みも一部で始まって

いる。なお，地元だけではなく，紀伊水道対岸の和歌山県からも，遍路をもてなすために「接待講」を組織してくる人たちも数多い。

原始

　徳島で人びとが生活を営み始めたのは，約2万年前の旧石器時代である。吉野川北岸の段丘を中心に約50遺跡が確認されている。いずれも瀬戸内技法によってつくり出された横長の翼状剝片を基にしたサヌカイトのナイフ形石器をともなう。阿波市阿波町から土成町の河岸段丘や扇状地は，もっとも遺跡の集中する地域であり，阿讃山脈を越え石器石材の原産地である香川県に通じるルート沿いの条件を反映しているとみられる。県南部では阿南市廿枝遺跡が石器様相のわかる唯一の例で，チャートを主体とし，吉野川流域とは対照的に縦長剝片剝離技法による石器群の特徴を示す。

　今から約1万3000年前に縄文時代が始まる。草創期の石器である有舌尖頭器（投げ槍の穂先）の出土は，吉野川流域から県南部の海部郡美波町まで15地点あるが，その集中地域は旧石器遺跡の分布と大きな違いはない。三好郡東みよし町加茂谷川5号岩陰遺跡と那賀郡那賀町古屋岩陰遺跡は，早期の押型文土器を出土する最古の遺跡である。1万年前に氷河期を脱して温暖化が進み，6000年前の縄文時代前期には今より3〜5m海面の上昇が進んだ。加茂谷川1号岩陰遺跡や名西郡石井町石井城ノ内遺跡が知られるが，海浜部に沿う遺跡実態がうかがえる資料は乏しい。中期では吉野川流域で遺跡数が増加する。玦状耳飾や吉野川下流や和歌山地域でつくられた土器を出土する海部郡美波町田井遺跡のような，遠隔地との交渉を行った海辺の集落も出現する。後期では遺跡が急増し，弥生集落と重複する遺跡が顕著になる。徳島市矢野遺跡では列島最西端の出土である土製仮面，亀形土製品のほか，水銀朱の精製にかかわる最古級の石器群が確認される。徳島県出身の人類学・考古学者である鳥居龍蔵が1922（大正11）年に調査した徳島市城山貝塚は後期に形成されている。晩期は低地部で遺跡がいっそう拡大する。徳島市三谷遺跡では北陸系土器が出土している。

　眉山北麓は，徳島県でもっとも早く稲作が始まった地域である。三谷遺跡では，縄文時代晩期の突帯文土器と遠賀川系土器群が共存し，徳島市庄遺跡では灌漑水路の開削や石棺や配石木棺などからなる集団墓が形成され，農耕具を中心とする木製品が大量に出土した。板野郡板野町黒谷川郡頭遺跡では，県内唯一の松菊里型住居が3棟検出されている。三好郡東みよし町の大柿遺跡では愛媛県今治市の阿方・片山貝塚を標識とする阿方式甕（瀬戸内型甕）がみられ，吉野川上流域では東予地域との関係が強くうかがえる。弥生時代中期から後期にかけては遺跡数が飛躍的に増加する。

　徳島市名東遺跡や矢野遺跡では水銀朱の精製を行った中期末の工房跡，鳴門市の光勝院寺内遺跡では鍛冶炉をもつ工房跡，三好郡東みよし町の稲持遺跡では打

製石庖丁を量産するなど、各種の生産活動が認められる。後期には三好市大谷尻遺跡や鳴門市カネガ谷遺跡のような環濠で画された高地性集落が出現するが、カネガ谷遺跡では朝鮮半島製の銅鏡や鉄製品の流入がみられ、交易拠点としての性格をうかがわせる。

　弥生時代、徳島から周辺地域に運ばれた生産物に朱と玉がある。朱の原材料である辰砂を採掘した遺跡として、阿南市の若杉山遺跡が確認されている。鮎喰川流域の遺跡群や吉野川北岸の黒谷川郡頭遺跡では朱の精製が盛行しており、各地に搬出されたとみられる。稲持遺跡、美馬市別所遺跡、板野郡上板町七条経塚遺跡、矢野遺跡では蛇紋岩の勾玉が製作されている。稲持遺跡周辺で産する蛇紋岩が使われており、製品は四国北部から瀬戸内中部に広がっている。

　徳島の弥生文化といえば銅鐸である。徳島県では30遺跡から43口が出土している。来歴は明らかではないが、度会光隆の『日本諸手船』(1796〈寛政8〉年完稿)に記された銅鐸や、出土地点が不確定な個人蔵の銅鐸などを加えると49口となる。出雲(現、島根県東部)につぐ保有数であり、最古・古・中・新段階の4型式分類のうち中段階(弥生時代中期後半)の銅鐸(扁平鈕式銅鐸)に限れば23口と、全国最多である。

　徳島県の銅鐸の分布核は2カ所ある。1つは鮎喰川下流域で、上流の名西郡神山町には四国東部および阿波・播磨地方方面で製作されたと推定される銅剣が分布する。本地域では、扁平軽量で、文様の省略が顕著な中段階の銅鐸群が卓越しており、この流域で製作された可能性が高い。もう1つの分布域は那賀川・桑野川流域で、瀬戸内東部や摂津地方周辺に多くみられる型式の銅鐸が分布し、鮎喰川流域の様相とは際だった相違がある。銅鐸の入手背景が、鮎喰川下流域と異なっていたことを示している。

　弥生時代終末期には、前方後円形の墳丘企画、積石墳丘、板石小口積み竪穴式石室など、他地域に先駆けて、前方後円墳の起源的要素をもつ首長墓が出現する。鳴門市萩原1号・2号墓は2世紀末〜3世紀初頭の突出部をもつ積石円丘墓で、円丘部中央に棺を納める木槨を構築し、その外側に結晶片岩と砂岩の石積みをめぐらせた構造をもつ。奈良県桜井市のホケノ山古墳の石囲い木槨の祖形とみられる。萩原墳丘墓の東には、全国最古級の竪穴式石室をもつ西山谷2号墳(3世紀半ば)が形成されている。徳島県最古の前方後円墳は徳島市の宮谷古墳で、奈良南部に成立する纒向型前方後円墳の築造企画をもち、西山谷2号墳と同構造の竪穴式石室を採用する。三好郡東みよし町の丹田古墳は合掌型石室を採用する。大阪府高槻市闘鶏山古墳に同形態の石室があるが、白色円礫の使用と結晶片岩板石積みの石室築造技術は、淀川流域を中心とした近畿地方の首長墳に提供されており、この時期の阿波地域の対外交渉を示す典型的な事象である。

　古墳時代中期になると、徳島市の渋野丸山古墳に代表される畿内型の前方後円墳

が構築されると同時に,簡単な箱式石棺が多数つくられる。徳島市恵解山古墳群は,鉄製武器・武具・仿製鏡・琴柱形石製品・漆塗櫛など,徳島県の中期古墳の中でももっとも豊富な副葬品を出土しているが,箱式石棺を1墳に2棺併置するなど,きわめて在地的な様相を示しており,前方後円墳被葬者を頂点とする階層性が明瞭にあらわれる。

古墳時代後期では6世紀前葉に横穴式石室が導入され,県内全域に広がるが,石室構造に地域色があらわれる。吉野川下流と県南地域では,玄室が長方形平断面形を示す畿内系石室,中流域では玄室が胴張り隅丸平面の石室(忌部山型石室),上流域では,美馬市段の塚穴に代表される,穹窿式の天井と胴張り平面をもち,一部は玄室奥壁に石棚を付設する石室(段の塚穴型石室)が分布し,造営集団の権力の大きさを示す巨石墳が点在する。阿南市舞子島古墳群や鳴門市日出古墳群・納言山古墳群のように,海上の小島や海に面した地に海人集団の古墳も形成されている。

古代

国造は律令制が導入される以前のヤマト王権の職種・姓の1つで,『国造本紀』には粟国造千波足尼と長国造韓背足尼の2人の国造名がみえる。日本で律令が制定されたのは,『日本書紀』天武天皇10(681)年条にみえる律令制定の詔によってであるが,近年の出土木簡によれば,大化改新(645年)直後には,実質的に律令(の一部)が施行された可能性が指摘されている。国造制から律令制に至る具体的な過程は十分に解明されていないが,徳島市観音寺遺跡では,6世紀末〜7世紀前半の斎串などの祭祀遺物や大量の大型建築部材,7世紀中葉に遡る天武朝以前の『論語』木簡などが出土しており,国府設置以前におけるアワの豪族粟凡直氏が注目されてきている。

孝徳朝に全国的に評が設置(立評)されたが,名方評は723(養老7)年造立の阿波国造墓碑によると,阿波国造粟凡直氏の本拠であったとみられる。評衙は粟国造の本拠地近くに設置され,評の長官たる評督(のちの郡領)には粟国造が任命された可能性がある。『論語』木簡は,粟国造の居館内で使用された可能性もある。

天武朝初年に国々の領域が確定され,国府が設置されたが,「五十戸税」木簡や「板野国守大夫」木簡など,初期国府に関する木簡も観音寺遺跡から出土しており,名方評衙の近くに阿波国府が設置されたことが推測される。

阿波国府の所在地については,『和名抄』国郡部に「国府は名東郡にあり 本是名方郡なり 今分かれて東西二郡となす」とあり,徳島市国府町に所在することに異論はなかった。観音寺遺跡の位置する国府町には,真北から西に10度振った主軸を示す条里地割が遺存する。この条里地割を基に昭和時代初期より,6町や8町四方の国府域の復元案が示されてきた。1992(平成4)年から一般国道192号南環状道路建設にともない,国府推定域を縦断する形で発掘調査が行われた結果,8世紀の条里地割は部分的で,9世紀以降に広範囲に施行された可能性が高まった。さ

らに，国府域の四至を区画する施設が検出されず，条坊に相当する遺構も皆無であり，また国司館推定遺構や官衙遺構の粗密の存在から，方格の府域は存在せず，南北の道路を基軸として，国府の施設が配置されている可能性が考えられる。今後は，観音寺遺跡周辺での国庁遺構の検出が課題となっている。

10世紀前半に成立した『和名抄』には，当国の郡名として板野・阿波・美馬・三好・麻殖・名西・名東・勝浦・那賀の9郡が記載される。各郡の下には，3～10の郷が所属した。このうち板野郡田上郷については，902（延喜2）年に作成された戸籍の断簡が残存している（蜂須賀家所蔵）。この戸籍には，重複分を含めて総数550人以上の男女が記載されるが，税負担のない女性の戸口が圧倒的に多数を占めていることから，意図的に戸籍内容を偽って記載したものと考えられる。郷戸主としては，粟凡直・凡直・矢田部・物部の氏族名がみえる。

927（延長5）年完成の『延喜式』の神名帳には，阿波国内の神社50座が記載されており，このうち大社として，大麻比古神社（板野郡）・忌部神社（麻殖郡）・天石門別八倉比売神社（名方郡）の3座が記される。また，同書には石隈と郡頭の2つの駅家が記されており，平安時代には南海道の駅家として設置されていた。駅家に関しては，平城宮跡出土木簡に「阿波国那賀郡武芸駅（中略）天平七（735）年」「同薩麻駅」とあり，前代の奈良時代には「武芸駅」「薩麻駅」が存在した。「武芸駅」は現在の海部郡牟岐町に比定されることから，この時期は当国南部の海岸線を経由して土佐国（現，高知県）に駅路が通じていたと推定される。

奈良時代から平安時代前半にかけて，吉野川下流域には，奈良東大寺領新島荘が所在した。749（天平勝宝元）年に造東大寺司によって名方郡（現，徳島市）に設定された同荘は，「新島地」「枚方」「大豆処」の3地区からなる荘園で，東大寺を経済的に支えた。現在，奈良正倉院には，758（天平宝字2）年作成の「造国司図案」（「阿波国名方郡新島荘図」）と年未詳の「大豆処図」が伝わる。同荘の比定地は，「新島地」が現徳島市上助任町付近，「枚方」は同市不動東町周辺とされている。

平安時代後半になると，武士団の動きが各地にみられる。1146（久安2）年の「河人成俊等問注申詞記」と題された裁判記録によると，河人成俊らは軍兵80人余りを率いて，延命院の所領（現，徳島市国府町延命付近）に乱入し，乱暴を働いている。この時期，在地領主である武士が所領支配の拡大などをはかって，活発な動きをおこしていたことが知られる。

中世

11世紀後半，京都賀茂別雷社領福田荘（現，三好郡東みよし町加茂付近）や安楽寿院領名東荘（現，徳島市名東町ほか鮎喰川下流域右岸一帯）などが史料にあらわれるようになり，阿波における荘園が本格的に展開し始めたことが知られる。荘園とは，王家（天皇家）や公家，寺社の所領である。それ以外の土地は公領（国衙領）だが，しだいに知行国主・国司の私領と化し，実態は荘園と同じになった。荘

園公領が支配や生活の場として機能したのが,中世社会の特質である。阿波の荘園公領は100前後確認されており,平野部では比較的小規模のものが目立つ。代表的なのは,13世紀初頭にあらわれる奈良春日社領富田荘(現,徳島市中心部一帯)である。一方,山間部では比較的規模の大きなものが多い。大粟山・種野山・那賀山荘(現,名西郡神山町一帯・吉野川市美郷一帯・美馬市木屋平一帯・那賀郡那賀町一帯および阿南市那賀川町一帯)など,「山」を単位とする所領が特徴的である。

　12世紀,平氏政権下では,阿波国衙を基盤に成長した阿波民部大夫重能の武士団が,阿波から讃岐(現,香川県)にかけて平氏方として勢力をもった。しかし,源義経の阿波上陸(1185年)以後,劣勢となり,滅亡に追い込まれた。鎌倉幕府成立後,阿波国守護として近江(現,滋賀県)の佐々木氏が,ついで承久の乱(1221年)後には信濃(現,長野県)の小笠原氏が任じられた。荘園公領に配置された地頭も,阿波以外から登用された例が大半である。

　鎌倉幕府滅亡(1333年)後,足利氏の一族である細川氏が阿波に入った。細川氏は三河(現,愛知県中部・東部)出身で,室町幕府の創設後には阿波国守護となった。南北朝時代,北朝方の細川氏は,山間部を中心に展開した南朝方の勢力と対峙したといわれているが,実態は定かでない。14世紀後半には,細川氏の阿波における覇権が確立したと考えられている。

　阿波国守護細川氏は,細川一門の中でも管領家にもっとも近い流れで,有力守護として地位をかためた。当初,鎌倉時代以来の所領である秋月荘(現,阿波市市場町東部・同市土成町西部)に守護所をおいたといわれており,補陀寺(安国寺)や宝冠寺なども守護所周辺にあったと伝えられている。のちに,吉野川河口域に属する勝瑞(現,板野郡藍住町)に守護所を移したが,時期は定かでない。遅くとも,15世紀の守護成之の代には勝瑞に移転していたことは確かである。

　応仁・文明の乱(1467〜77年)以後,有力国人の反乱などがおこり,細川氏の領国支配は弱体化した。そのなかで,軍事部門を掌握した有力被官三好氏が台頭し,1552(天文21)年(翌年とする説もある)には,三好義賢(実休)によって守護細川持隆が暗殺され,実質的にその領国支配は終わりを告げた。三好氏は,鎌倉時代の守護小笠原氏の後裔と伝えられ,遅くとも1465(寛正6)年までには,分郡守護代として活動するようになっている。三好之長を最初として畿内で活動するようになり,三好長慶のときには五畿内のほか,丹波・播磨・淡路(現,京都府中部および兵庫県中東部・兵庫県南西部・淡路島)・阿波・讃岐各国を支配する畿内最大の戦国大名となり,室町幕府の実権を掌握した。この時期,阿波は長慶の弟である義賢が支配し,さらには被官篠原長房にゆだねられた。一大勢力を誇った三好氏も,長慶の没後,織田信長の畿内進出によって急速に衰退した。

　1572(元亀3)年,義賢の跡を継いだ長治が讒言によって篠原長房を滅ぼした後,守護細川真之が反三好氏勢力を糾合し,阿波は内乱状態に陥った。1576(天正4)

徳島県のあゆみ　279

年(翌年とする説もある),真之方に敗れた長治は自刃し,阿波三好氏は滅亡した。その後,義賢の子である讃岐の十河存保が勝瑞に迎えられたが,1582年,土佐(現,高知県)から侵攻した長宗我部元親の軍勢と中富川で戦って敗れた。一時,阿波を掌握した長宗我部氏も,1585年には,豊臣秀吉が派遣した討伐軍に降伏し,土佐に退いた。

中世における生活の様相については史料が乏しいが,近年,蓄積されてきた発掘調査成果において,多量の搬入土器・陶磁器などが確認されていることから,水運を通じて,阿波以外の製品が流入していたことが明らかである。阿波の社会は,全国規模の市場経済の流れに組み込まれていたといえる。1445(文安2)年の『兵庫北関入船納帳』によれば,阿波から樽・材木,米・麦・藍・胡麻などの産物を積載した船舶が兵庫に入ったことが知られる。帰りの船には,各地の産物が積み込まれたものと考えられる。

信仰については,板碑といわれる供養塔が全国的にみても多数みられることが,阿波の特徴である。阿波型板碑は,緑色片岩を板状に成形し,頭部を山形になし,その下に2条の線刻をともなうものが典型的である。13世紀以降定型化し,阿弥陀信仰を表象しているものがとくに多い。県内のほぼ全域に分布するが,徳島市西部や名西郡に濃密に集中している。

近世

1585(天正13)年,父正勝とともに,豊臣秀吉に長年仕えてきた功績によって,阿波国内で17万6000石を与えられた蜂須賀家政は,初め一宮城(現,徳島市一宮町)を居城としたが,まもなく徳島城(猪山城・渭山城)の築城に着手,翌年完成した徳島城に移り,城下町を営んだ。それ以降,徳島は阿波国の政治・経済・流通などの中心地として栄え,江戸時代後期から明治時代にかけては全国10位前後の人口を誇る都市に成長したのである。

蜂須賀氏の入部に対し,祖谷山(三好市西祖谷山村・東祖谷山)・岩倉山・曽江山(美馬市脇町),大粟山(名西郡神山町),仁宇谷(那賀郡那賀町)の土豪たちは激しく抵抗した。家政が実施しようとした検地と兵農分離政策が,彼らの既得権益を奪うことを恐れたのである。家政はみずから出陣してこの土豪一揆を収めたが,阿波一国規模の検地は,1589~91年頃になってようやく実施された。しかし祖谷山だけは特別扱いされ,1604(慶長9)年に命じられた検地は土地の面積や年貢量などを記した台帳だけを提出する指出検地で,家政に協力した喜多・小野寺・徳善らの祖谷八家と称された土豪(郷高取)の支配が続き,藩は間接支配にとどまった。

徳島藩では,土豪一揆や国外からの侵入に備え,徳島城の支城として「阿波九城」に重臣を配置して軍事体制によって国内の支配が行われた。海の玄関口である撫養岡崎城(現,鳴門市)には益田内膳正正忠,讃岐(現,香川県)境と吉野川下流域の守備にあたった西条城(現,板野郡上板町)には森監物,交通の要衝である

川島城(現,吉野川市)には林図書助能勝,脇城(現,美馬市)には稲田左馬允植元,讃岐・伊予(現,愛媛県)・土佐(現,高知県)の国境守備の大西城(現,三好市)には牛田掃部助一長,大粟山の抑えで徳島城の後詰の一宮城には益田宮内允一正,仁宇谷に備えた仁宇城(現,那賀郡那賀町)には山田織部佐宗重,那賀川河口部に富岡城(現,阿南市)には細山帯刀(賀島主水正政慶),土佐国境の海部城(鞆城〈現,海部郡海陽町〉)には中村右近大夫重友を配置し,藩兵各300人(脇城は500人)が付された。1615(元和元)年の一国一城令により,矢倉等の構造物は破却されたが,九城体制は残り,1638(寛永15)年の同令による石垣破棄と城番の城下町徳島への移動により,その体制は終焉を迎えたのである。

　1598(慶長3)年には,領内の主要街道沿いにあり,阿波九城の各城間のほぼ中間地点に立つ真言宗寺院8カ寺を駅路寺に指定し,旅人の保護と監視をはかった。駅路寺制は,寺院を地域の治安維持に積極的に利用した徳島藩独特の制度である。

　豊臣秀吉晩年,朝鮮出兵中の軍事行動を讒言された蜂須賀家政は,五大老筆頭徳川家康に接近した。政権奪取を目論む家康と,生き残りを目指した家政の互いの利害が一致し,1600年には,嫡子至鎮の妻に家康の養女氏姫を迎えた。同年の関ヶ原の戦いで西軍の誘いを受けた家政は,所領阿波を豊臣家に返上,紀伊(現,和歌山県)高野山に隠居し,かわりに至鎮を家康率いる東軍に従軍させた。その結果,蜂須賀家の阿波領有は安堵されたのである。1603年には阿波国内にあった置塩領(赤松則房1万石)と兵橘領(毛利吉政1000石余)を拝領し,阿波国一円支配を獲得した。さらに大坂冬の陣(1614年)の軍功により1615年には淡路国7万石余を加増され,ここに25万7000石の藩石高が確定した。

　徳島藩では,江戸時代初期以来,農民たちに賦課する夫役徴収のために,労働力となる15～60歳の男子を調査する「棟付改」を約50年周期で実施した。明暦・万治年間(1655～61),延宝・天和年間(1673～84),正徳・享保年間(1711～36),明和・安永年間(1764～81),文化・文政年間(1804～30)に統一的に実施され,文化・文政年間には女性も記載されるようになった。

　江戸時代に急速に普及した木綿の染料として多用された藍は,阿波の経済を支えた代表的特産物である。品質にすぐれた阿波藍は,江戸時代初期から大坂や江戸で販売され,藩は早くも1625(寛永2)年に藍方役所を設置し,流通統制をはかった。藍作はしだいに拡大し,1740(元文5)年には吉野川流域7郡238カ村で栽培され,作付面積は2994町歩におよんだ。1754(宝暦4)年,10代藩主となった蜂須賀重喜は,藩財政再建のために専売制強化などの改革を実施し,さらに1766(明和3)年には,従来大坂の問屋が主導した藍取引を徳島城下の藍大市で行う制度に改め,藍は大きな利潤を生むようになった。

　10代藩主重喜は,1759(宝暦9)年から藩政改革に着手した。1765(明和2)年から実施された改革は,倹約令や災害に備えて穀類の備蓄をはかる社倉制度,家格にと

らわれない人材登用をはかる「役高役席の制」を導入，佐古山に「万年山」とよぶ大規模な儒式墓域を開設するなど，大胆かつ多岐にわたるものだった。このため家老たちの抵抗が大きく，1769年，藩内を混乱させたという理由で重喜は幕命により隠居させられ，改革は頓挫した。跡を継いだ11代藩主治昭は，厳しい藩財政状況の打開をはかるため，年貢増徴などの改革を進めていった。

天保年間(1830～44)，莫大な負債を抱えた藩は，名西郡東覚円村(現，名西郡石井町)の組頭庄屋志摩利右衛門の財政再建策を採用し，負債整理を担当させた。利右衛門の再建策は，豪商を御銀主として優遇し，藩からの償還を20年賦の代米返済とする条件で資金を調達させるというもので，一定の成果を収めた。

1843(天保14)年に襲封した13代藩主斉裕は，江戸幕府11代将軍徳川家斉の22男で，軍政改革を中心とした改革を指向した。しかし，藩中枢の支持が得られず，公武合体路線で幕政に関与し，1868(慶応4)年1月，明治維新を目前に病没した。

近代

1869(明治2)年の版籍奉還によって最後の藩主蜂須賀茂韶が知藩事となり，徳島城を政庁とする徳島藩が設置された。版籍奉還に際して，淡路洲本城(現，兵庫県洲本市)城代の稲田氏家臣が「洲本藩」の分藩独立運動をおこしたが，これに反感を抱いた徳島藩士らは，1870年5月，稲田氏の支配地美馬郡脇町(現，美馬市脇町)と洲本を襲撃した(庚午事変，稲田騒動)。その結果，首謀者10人は切腹を命じられ，茂韶は謹慎，稲田氏とその家臣にも北海道静内への開拓命令が出された。

1871年7月には廃藩置県によって徳島県が設置され，旧徳島藩士の井上高格が大参事(のちに県令)に就任した。その後，11月に名東県に改称，1873年2月には香川県を編入して名東県の管轄とした。しかし，租税負担をめぐる名東県会の対立から，1875年9月には香川県再設置となった。翌年8月には名東県を廃し，旧淡路国を兵庫県に編入し，旧阿波国を高知県の管轄とした。この政策には，政府と対決姿勢を強めた自助社による自由民権運動に打撃を与える意図があったといわれている。結局，高知県会で阿波派の議員が過半数を占めたことにより，予算案をめぐる対立が激化するなか，1880年3月に徳島県が再設置され，現在に至っている。

自助社は，1874(明治7)年8月に板垣退助らが「民撰議員設立建白書」を提出したのに呼応して，名東県大参事から旧三河国岡崎(現，愛知県岡崎市)に県庁をおく額田県参事への降格人事を拒否した井上高格(のちに初代徳島市長)を中心に，賀川純一・新居敦次郎・藤本文策・湯浅直道・岡田真・高井幸雄らによって結成されたもので，名東郡寺島(現，徳島市寺島)に法律講究所や新聞縦覧所を設け，民権思想の普及に努めた。しかし，翌1875年6月，自助社が「立憲政体樹立の詔」に注釈を加えて配布した「通諭書」が，政府を批判するものと受け取られ，井上らは朝憲紊乱罪により逮捕され，自助社の活動は急速に衰微，1878年には廃社となった。なお，この自助社と密接な関係を結びつつ徳島慶應義塾が名東郡富田浦(現，徳島

市万代町)に設置されたが, 通論書事件を契機に経済基盤が動揺し, 1876年11月に廃校に追い込まれた。

　明治時代前半の徳島経済を支えたのは藍である。当時は, 県外への移出額の4分の3を藍が占めており, 砂糖・煙草・塩などがこれに続いた。移入額は鰊粕と米で全体の90%を占めていたが, 鰊粕などは藍の肥料として利用されていたものである。この藍産業の活況を背景として, 1889年の市町村制施行時には, 徳島市は全国10位の人口を有するまでに発展していた。しかし, しだいに安価なインド藍の流入に押され, 明治30年代にドイツから化学染料が輸入され始めると, 急速に衰退していった。

　藍作の衰退に対処するため, オランダ人技師ヨハネス・デ・レーケによる吉野川の精密調査と改修工事, 麻名用水・板名用水の竣工などを経て, 平野部では米作への転換が進められた。水田化の困難な扇状地や山間部では桑園への転換がはかられ, 美馬・麻植・名西・板野には郡立養蚕伝習所が設置されるなど, 養蚕業の振興に取り組むこととなった。明治時代末期以降, 麻植郡鴨島町(現, 吉野川市)に筒井製糸や片倉製糸, 徳島にも日之出製糸などの器械製糸工場の設立があいついだ。

　また, 明治時代は, 徳島から北海道への移住があいついだ。幕末に北蝦夷・樺太を探検した岡本監輔(現, 美馬郡穴吹町出身)の影響を受けた麻植郡児島村(現, 吉野川市川島町)の仁木竹吉が, 北海道での藍作を企図して余市原野(現, 北海道余市郡仁木町)に集団移住したのを皮切りに, 蜂須賀茂韶が雨竜原野(現, 雨竜郡雨竜町)に開設した蜂須賀農場などへの入植が続いた。

　1914(大正3)年, 第一次世界大戦に参戦し, ドイツの租借地であった中国山東省の青島を攻略した日本は, 4000人余のドイツ人将兵を捕虜として連行し, 日本各地の収容所に収容した。四国では約1000人が松山・丸亀・徳島に分散させられていたが, 1917年に新しく設けられた板東俘虜収容所(現, 鳴門市大麻町)に全員が収容された。収容所所長の松江豊寿は人道主義の立場から捕虜を公正に扱い, 彼らに所内の運営を任せ, 捕虜は機関誌『Die Baracke』を刊行したり, 地元住民との交流を楽しんだ。楽団を結成するなど多彩な文化交流を実践したが, 日本で初めて「第九」ことベートーヴェンの交響曲第9番が演奏されたのも当地であるといわれている。

現代

　第二次世界大戦が終結を迎える直前の1945(昭和20)年7月4日未明, アメリカ軍のB29による大空襲があり, 徳島市街地のほとんどが焼失した。徳島はこの焼け野原から再出発し, 県民の努力によって現在の賑わいをみせている。

　占領下で進められた農地改革では, 自作農家が約2万3000戸増加するなど, 小作地率が8.5%にまで減少した。この過程で設立された市町村農地委員会や県農地委員会には日本農民組合徳島県連合会から多数の委員が送り込まれたが, こうした状

況を背景に，戦前から弁護士として農民運動を指導していた阿部五郎が第1回公選知事選挙に当選し，社会党知事として戦後復興に尽力した。

戦後の地域開発は，長安口ダム・日野谷発電所（現，那賀郡那賀町）を建設し，橘湾・那賀川河口部から小松島にかけての臨海工業地帯を造成する那賀川特定地域総合開発から始まった。高度経済成長期の1964年には，徳島市を始め，県東部の4市8町村が新産業都市の指定を受けた。これにより，工場誘致が加速され，今切工業団地や津田木材団地・辰巳工業団地・松茂工業団地があいついで造成された。

また，1914（大正3）年に板野郡神宅村（現，板野郡上板町）出身の代議士中川虎之助が「鳴門架橋及潮流利用発電調査ニ関スル建議案」を提案して以来，県民の念願であった大鳴門橋が開通したのが1985（昭和60）年，さらに本四公団による明石海峡大橋の開通によって「神戸明石一鳴門ルート」が全線開通したのが1998（平成10）年4月5日であり，じつに85年が経過していた。これによって，関西圏との経済的・文化的一体化に一層の拍車がかかり，今後の徳島県は関西圏の一員としての役割が大きくなっていくものと考えられる。

2000年には徳島自動車道が全線開通し，交通の利便性がさらに向上した。この年，第十堰可動堰化の是非を問う徳島市の住民投票があり，可動堰反対の住民運動が結実した。また，2001年に勝瑞城跡（板野郡藍住町）が国史跡に指定されたのを皮切りに，2002年に徳島藩主蜂須賀家墓所（徳島市），2005年には徳島城跡（徳島市），2009年には渋野丸山古墳（徳島市）があいついで国史跡に指定された。

なお，2006年には徳島市出身の作家瀬戸内寂聴が文化勲章を受章したが，寂聴の資料は2002年に開館した徳島県立文学書道館（徳島市中前川町）に展示されている。

【地域の概観】

徳島・鳴門・板野・名東

「四国三郎」とも称される吉野川が紀伊水道にそそぐ河口部に開かれたのが徳島市である。現在，人口約26万人のこの町は，1585（天正13）年に蜂須賀家政が阿波国に入部し，この地を領国支配の拠点においてから急速に発展した。江戸時代には北へ淡路街道・讃岐街道が，西へ伊予街道が，南へ土佐街道が，それぞれ徳島城鷲の門を起点に延び，城下東部の安宅も水軍基地として整備された。また，「魚屋道通」を始めとする特権商人が招き据えられるなど，阿波一国の政治的・経済的中心として機能した。とくに，江戸幕府の一国一城令により1638（寛永15）年に徳島城の9つの支城「阿波九城」が廃されたことで，家臣団の城下集住が進み，現在の町割の基本ができあがった。その後も藍産業を軸に経済的な成長を続け，安価なインド藍やドイツの化学染料が流入する明治時代後半までは，新町川沿いに並んだ藍倉に象徴されるように繁栄を保った。

蜂須賀氏入部以前の徳島市域は，鮎喰川左岸に国府がおかれるなど，中世初頭までは阿波の中心地として栄え，鮎喰川の両岸には大規模な弥生集落や古墳群が形成されていた。

徳島県の北東部に位置する鳴門市は，鳴門海峡を挟んで淡路島と対峙し，古くから阿波国の玄関口としての役目をはたし，平安時代には，南海道における阿波国に入って最初の駅家である石隈駅がおかれていた。また，江戸時代にも吉野川北岸沿いに延びる撫養街道の起点として繁栄し，妙見山麓には岡崎屋敷が設けられ，出入国者の切手や走人対策にあたるなど，藩政の重要な位置を占めた。基幹産業に塩業があり，「斎田塩」として関東方面にまで搬出され，藍と並ぶ阿波の重要産業となった。そのほか，ワカメの灰干し法が明治時代初期に開発されたことから「鳴門ワカメ」の名声が高まり，その後生産を伸ばした「鳴門金時」（甘藷）・レンコンなどと並んで鳴門の経済を支えている。なお板東には，第一次世界大戦の際，青島陥落によって日本に連行されてきたドイツ兵を収容した板東俘虜収容所があった。

第二次世界大戦後，1947（昭和22）年3月に鳴南市として市政に移行し，5月に鳴門市と改称した。その後，1967年までに大麻町・堀江町・板東町・北灘村を順次合併し，現在の市域となった。1950年に鳴門海峡一帯が瀬戸内海国立公園に指定され，観光地としての整備が進んだ。そして，1985年には念願の大鳴門橋が開通し，徳島の玄関口としてますますの発展が期待されている。

徳島市・鳴門市に隣接するのが，板野郡松茂町・北島町・藍住町・板野町・上板町である。松茂町は紀伊水道に臨む海浜地区にあり，徳島空港や松茂工業団地を抱え，県内産業の中心でもある。徳島市のベッドタウンとして人口も急増しており，かつての新田開発村の風景を一変させつつある。北島町も工業地帯として整備が進められ，藍住町とともに人口が増加している。その藍住町には，室町時代後

半阿波を支配した守護細川氏や守護代三好氏が居館をおいた勝瑞城跡があり，現在は国指定史跡となり整備が進められている。また，当地は人参栽培を中心とした農業も盛んである。板野町は，江戸時代に讃岐街道に抜ける大坂峠があり，峠の麓に大坂口番所がおかれていた。上板町泉谷・神宅・引野地区は和三盆の産地として知られ，伝統的な技法を今に継承する岡田製糖所があり，下六條の佐藤家では藍薬づくりが継承されている。さらに，阿讃(讃岐)山脈南麓の板野町「彩りの館」・あすたむらんど「四季彩館」，旧土成町「饗の館」を核にして「あさんライブミュージアム」を組織し，広域的な連携も進められている。

名西・吉野川・阿波

吉野川の中・下流域に広がる地域である。「阿波の北方」とよばれる吉野川流域7郡のうち，下郡とよばれた地域の西半にあたる。律令期の896(寛平8)年に名方郡が東西に分割されて成立した名西郡と麻植郡・阿波郡である。

名西郡・吉野川市は南に四国山地，北に吉野川が形成した沖積平野が広がる。名西郡石井町の山際には，縄文時代から古墳時代の遺跡が点在し，県内有数の遺跡群域である。古墳時代後期の横穴式石室は，玄室平面が長方形の畿内型石室を構築している。律令期には阿波国府に接して阿波国分尼寺や石井廃寺が建立されたが，この地は阿波国造墓碑にみられるように，名方郡の大領であった粟凡直氏の本拠であり，阿波国府の設置に同氏がかかわっていたことがうかがえる。『和名抄』には埴土・高足・土師・桜間の4郷が記されているが，徳島市観音寺遺跡から出土した7世紀後半の五十戸税を列挙した木簡には，『和名抄』にない郷名が記されている。吉野川の氾濫によって流出した郷もあったことが推測される。

石井町の西に広がる吉野川市域は，旧麻植郡の鴨島町・川島町・山川町・美郷村からなる。麻植郡は古くは「麻殖郡」と書かれ，『古語拾遺』によれば，天日鷲命の子孫である忌部氏が入植し，「麻を植(殖)え」，荒妙(麻布)を貢進したことに郡名の由来がある。『和名抄』には呉島・川島・忌部・射立の4郷が記され，このうち忌部郷は，山崎忌部神社の所在する山川町忌部山を中心に比定されている。古墳時代後期には忌部山型石室とよばれる，平面形が胴張り隅丸の玄室をもつ横穴式石室が集中して分布する際だった特徴を示し，名西郡域とは異なる政治的まとまりをもつ集団が存在したことがうかがえる。奈良時代には，鴨島町の河辺寺や川島町の大日寺などの氏寺が建立された。

中世には，名西郡神山町一帯が大粟山，吉野川市美郷から美馬市木屋平の範囲が種野山とよばれ，山間部の開発も進められた。また山川町の山崎忌部神社周辺には祭礼にともなって市が立ち，『兵庫北関入船納帳』に記された，港津の「惣寺院」を川田地区に比定する説もあるように，吉野川沿岸には川湊や市が発達した。

近世には，蜂須賀氏の入部後，藍作が盛んになり，流域屈指の藍玉生産地となったが，1897(明治30)年以降，インド産の藍やドイツからの化学染料の流入により衰

退し，養蚕や米作への転換がはかられた。三波川帯は鉱物資源の宝庫であり，銅鉱山の開発も進められた。元禄年間(1688～1704)には東山鉱山・野々脇鉱山が開かれ，明治時代に入ると高越鉱山を始めとする，多くの鉱山の開鉱につながった。

阿波市は旧土成町・市場町・阿波町からなり，北は阿讃山脈から吉野川にそそぐ小河川が形成した扇状地や，段丘が発達した地形が東西に連続する。南は吉野川に面した自然堤防や旧河道が発達し，肥沃な平地部を形成している。

阿波市北部は，段丘を中心に県内でもっとも旧石器時代の遺跡が集中する地域である。吉野川の狭窄部である阿波町岩津に向かって張り出した台地上には，多くの弥生時代の遺跡があり，最大規模をもつ西長峰遺跡では，中期の県内最大の掘立柱建物がつくられている。土成町の丸山古墳は周濠をもつ5世紀代の県内最大の円墳だが，古墳未造営地に突然出現するのは，同時期の徳島市の渋野丸山古墳とよく似た事象である。

古代には，『和名抄』によれば，高井・秋月・香美・拝師の4郷が記されている。『続日本紀』767(神護景雲元)年3月条には，「板野名方阿波等三郡」の百姓が旧来どおり，「粟凡直」の姓に戻すことを願い出ており，阿波郡においても粟凡直氏が大きな勢力を占めていたことが推測される。

1336(建武3)年，阿波守護となった細川氏は秋月(現，阿波市土成町)に守護所を定め，のち勝瑞(現，板野郡藍住町)に守護館をおいた。秋月城の発掘調査では，関連する遺構は検出されていない。江戸時代初期には，阿波郡を中心に原野の開墾と阿讃山脈方面の警護を目的とした「原士」という，徳島藩独特の制度を成立させた。また，吉野川の岩津には徳島藩によって分一所がおかれ，船や筏の監視や積荷に対する課税が行われた。段丘地帯には，明治時代中期までに灌漑用水確保のために1000を超す溜池がつくられ，吉野川流域では珍しい溜池漁労も行われた。

美馬・三好

徳島県の最西端，吉野川上・中流域を占める地域である。北を阿讃山脈に，南を四国山地に挟まれ，その間を吉野川が東流している。四国山地の剣山周辺は，深山秘境のイメージが強い。

美馬市木屋平地区をのぞくと，古代には全域が美馬郡であり，860(貞観2)年，三好郡が分置された。以後，1950年，東祖谷山村・西祖谷山村が美馬郡から三好郡へ編入され，1973年には麻植郡木屋平村が美馬郡に編入されるといった郡境の異動はあったが，2005(平成17)年に美馬市とつるぎ町が，2006年には三好市と東みよし町が，あいついで誕生するまでは，美馬・三好2郡で構成された。中世以降には，一括して上郡ともよばれた。

この地域の縄文～古墳時代の遺跡は，吉野川に面した地域に多数確認されている。なかでも注目されるのは，古墳時代後期に，段の塚穴型石室とよばれる穹窿式天井と胴張り平面を特徴とする横穴式石室をもつ古墳が集中的につくられていること

である。そのうち，美馬市段の塚穴古墳群に含まれる太鼓塚古墳は，県内最大規模の横穴式石室をもつ。大きな勢力をもった首長の存在が想定されるが，なお検討を要する。

7世紀には，県内で最古級の寺院である郡里廃寺が建立されたほか，金丸廃寺・立法廃寺など，平野部でさかんに寺院が建立されている。この動きは，讃岐との交流のなかで進んだものであり，この地域は，当時の阿波西部の中心であったとも考えられる。

また，讃岐・伊予・土佐（現，香川県・愛媛県・高知県）と国境を接するため，早くから交通・軍事面で重要性をもったとみられ，鎌倉時代，承久の乱（1221年）後に阿波に入った守護小笠原氏は，池田（現，三好市池田町）に守護所をおいたといわれる。南北朝時代には，剣山周辺の名主層が南朝方として軍事行動を進めたといわれる。また，祖谷山などは，治承・寿永の乱（1180〜85年）で敗れた平氏が逃れ住んだとする平家落人伝説に彩られた土地として著名であるが，史実ではない。

戦国時代，阿波から畿内を広範に掌握した三好氏は，三好郡に出自をもつ。三好方は，土佐から侵攻した長宗我部氏の軍勢と戦い，岩倉城・脇城（現，美馬市脇町），白地城（現，三好市池田町）などが攻防の舞台となった。阿波を制圧した長宗我部元親は白地城を拠点としたが，豊臣秀吉の四国侵攻の前に土佐に退き，蜂須賀家政が阿波に入った。検地の実施に反発した土豪が，祖谷山や山城谷などで一揆をおこしたが，鎮圧されて蜂須賀氏の支配が確立した。当初，脇城や池田城が徳島城の支城とされたが，一国一城令（1638年）にともない廃城となった。

蜂須賀氏統治下の近世には，平野部では米・麦などが栽培され，藍作も盛んだった。山間では畑作が盛んで，麦・雑穀・豆類・煙草の栽培のほか，山林資源をいかして材木や木炭が生産された。祖谷山では焼畑が行われ，木地製品の生産で知られた。徳島藩が特産品化した煙草は，美馬・三好両郡が阿波国の中心的な栽培地でもあった。街道や河川水運が整備され，商業・流通が発達し，脇・貞光（現，美馬郡つるぎ町）・辻（現，三好市井川町）・池田などが町場化して栄えた。

この地域には，近世から1965（昭和40）年頃まで山間部の農家が，農繁期に讃岐の農家に飼育牛を出稼ぎに行かせる借耕牛とよばれる習慣があった。また，三番叟廻しという，人形を操る門付け芸を行う人びとがおり，県内のほか，愛媛県などにも出向いていた。これらの習俗にも，交通の要衝としての地域の特色が垣間見られる。

勝浦・小松島・阿南

勝浦郡は勝浦川の全流域にあたる。中津峰山（773m）・杖立山（724m）・轆轤山（972.1m）・旭ヶ丸（1019.5m）・雲早山（1495.9m）・高丸山（1438.6m）などの山が連なり，これらを水源とする川はいずれも勝浦川に合流する。

江戸時代，山間部ではスギ・ヒノキなどの木材や木炭を販売して，山林資源を生業の中心としていた。勝浦山の坂本村（現，勝浦町坂本）では，寛政年間（1789〜

1801)に宮田辰次が，紀伊国(現，和歌山県)から苗木を移植して蜜柑栽培を始めた。明治30年代に阪神市場に出荷が始まった勝浦みかんは，1935(昭和10)年前後には北米向け輸出も開始され，昭和30年代には価格高騰を背景に栽培面積が急増し，当地の一大特産物に成長した。しかし，同40年代になると，全国的過剰生産や外国産果物の流入により経営が不安定となり，模索が続いている。

勝浦郡は，近世には，四国霊場18番札所恩山寺・20番札所鶴林寺を始めとして寺院が56カ寺(『阿波志』)・神社は89社(『寛保改神社帳』)を数えたが，勝浦山には寺社のほか山神26カ所・野神4カ所・水神5カ所などといった，古くから人びとの暮らしに密着した祭祀があった。江戸時代後期以来，坂本村などでは人形浄瑠璃が盛んであった。文化年間(1804〜18)に結成された久国村(現，勝浦町久国)の国村久太夫座は，のちに勝浦座の中心となった。

小松島は，近世には藍を中心とした産物の移出港として栄え，近代になってからは港湾機能の拡充が行われ徳島の表玄関となり，1948(昭和23)年には貿易港として開港場に指定されるほど繁栄をきわめた。しかし，大鳴門橋・明石海峡大橋開通の影響を受けフェリー会社が撤退するなど，今日では港町の賑わいが失われている。

小松島市域には源平合戦に関係する伝承が残っている。1185(文治元)年，摂津渡辺津(現，大阪府大阪市中央区)を出帆した源義経は，勢合(現，田野町)で軍勢を整え，旗山(現，芝生町)で源氏の白旗を掲げたという。

江戸時代中・後期には，小松島港の砂州・干潟一帯，河口部の地先に大規模な新田が開かれた。小松島浦で農業・廻船業を営んだ多田家が開拓した金磯新田や，富岡(現，阿南市富岡町)の商人栗本家が開いた和田津新田が著名である。

阿南市は，2005(平成17)年に那賀郡羽ノ浦町と那賀川町を合併した。阿南地域は，那賀川や桑野川・福井川などが流れ，高温多湿の気候で農作物の生育に適している。中央平野部では水田が中心で，徳島県の穀倉地帯となっている。山間部では，タケノコ・ミカン・スダチを多産する。沿岸地帯では古くから漁業が盛んであったが，最近では水産加工業に移行している。辰巳町・豊益町・大潟町・津乃峰町・橘町では，昭和40年代新田や塩田の跡地を工業団地として開発した。橘湾では西日本最大級の火力発電所が建設された。

地味豊かな阿南は，古くから開けた土地であった。大化改新(645年)前には長国がおかれた地で，銅鐸が多数出土しており，『延喜式』式内社である長生町の八桙神社は長国造の祖神をまつる社といわれる。

「阿波の松島」とよばれたリアス式海岸の橘湾は，火力発電所の建設で様変わりしているが，湾内の弁天島には国天然記念物のアコウが生え，同じく舞子島には日本でも珍しい海島古墳群がある。蒲生田岬はアオウミガメ産卵地として知られる。津峯神社は庶民の信仰を集め，山頂からの眺望は素晴らしい。四国霊場21番札所太龍寺・22番札所平等寺などの古刹も多い。

那賀川町平島には，足利将軍の末裔が約270年間暮らした平島公方館跡があり，同地の西光寺には室町幕府10代将軍足利義稙・14代将軍義栄始め一族の墓がある。

那賀・海部

　県南西部に位置する那賀郡は，県内2番目に長い那賀川上・中流域を占め，典型的な山間地域である。今日まで「那賀郡」の範囲は大きく変遷してきたが，現在は2005(平成17)年3月に旧鷲敷町・相生町・木沢村・上那賀町・木頭村の3町2村が合併して発足した那賀町1町で構成される。那賀町域は，地称として「那賀奥」「仁宇谷」ともよばれる。

　原始・古代の遺跡は数少ないが，旧上那賀町古屋で発見された古屋岩陰遺跡は，本県を代表する縄文時代の遺跡である。8世紀末の空海著『三教指帰』に記された修行の地「阿国大瀧嶽」は，四国霊場21番札所太龍寺付近とされる。

　中世になると，那賀郡は那東郡と那西郡に分割され，現在の那賀郡域は那西郡に属した。代表的な荘園としては，那賀川流域一帯を荘域とした那賀山荘が挙げられる。鎌倉時代初期に長講堂領(皇室領)「那賀山」と初見し，南北朝時代以降は天龍寺領としての支配を受けた。1445(文安2)年の『兵庫北関入船納帳』に記載された平島(現,阿南市那賀川町)船の積荷の材木・樽は，那賀川上・中流域で伐採，河口部に流送されたものと考えられる。

　1585(天正13)年6月，蜂須賀氏入国直後に仁宇谷一揆がおきた。新領主の支配に反発して仁宇谷地区の土豪らがおこした一揆で，この後，仁宇城(現，那賀郡那賀町和食)は「山林逆賊押へ」として「阿波九城」の1つとされた。1819(文政2)年には，仁宇谷57ヵ村の農民による仁宇谷騒動がおきた。この騒動は，徳島藩主の巡視費用が当村々に割り当てられたことを契機に，藩側についた組頭庄屋に対する反発としておこされたものである。

　江戸時代から当地域の特産物は材木(スギ)・炭・林産物・茶などであったが，近代になると，さらに林業が活況を呈した。とくに大正時代に顕著となり，那賀川上流域で伐採された木材が筏で流送，下流の製材所で加工された。そのようななか，1904(明治37)年に流し筏の労働者によって那賀川運材労働組合が，1925(大正14)年には那賀川労働組合が統合・結成された。

　第二次世界大戦後の1951(昭和26)年，那賀川特定地域総合開発が始まった。那賀川流域の水・森林資源の開発・灌漑・工業用水の供給を目的としたもので，これにより坂州発電所・長安口ダム・日野谷発電所・川口発電所などがあいついで建設された。近年は，太龍寺ロープウェイ・相生森林美術館，温泉場が開設され，訪れる観光客も多い。

　県南端部に位置する海部郡は，南東部が太平洋に面し，その背後に山が迫る地形である。海岸部は多くの入江・岬・島々など多様な景観をみせ，室戸阿南海岸国定公園に指定されている。

古代の遺跡としては，近年調査された縄文時代中期の田井遺跡(美波町田井)や弥生時代中期の芝遺跡(海陽町野江)，大里古墳群(同町浜崎)・寺山古墳群(同町寺山)・宍喰古墳(同町久保)などが挙げられる。大里古墳群のうち唯一現存する2号墳は，県内最大級の石室規模をもつ後期古墳である。

　律令制下では，当郡域は那賀郡に所属した。10世紀前半の『和名抄』には，当郡域の行政単位として海部・和射2郷がみえる。また『延喜式』践祚大嘗祭には，「那賀潜女」が「鰒」以下の海産物を貢納することが記されているが，これは郡内海岸部の海女によるものと推定される。735(天平7)年の平城宮跡出土木簡に「那賀郡武芸駅」「同薩麻駅」とあり，「武芸駅」が現在の牟岐町に比定されることから，当時の駅路が当郡南部に延びていたことがわかる。

　中世になると，海部郡は那賀郡より分離独立した。代表的荘園として宍咋荘(現，海陽町宍喰地区)がある。この荘園は，平安時代後期に成立し，鎌倉時代前期に紀伊(現，和歌山県)高野山領となった。室町時代になると，水運が大きく発達した。『兵庫北関入船納帳』によると，海部・宍咋・牟木(現，海陽町鞆浦・同町宍喰浦・牟岐町)の各船が大量の木材・樽を搬出しており，当地域が木材の一大搬出地域となっている。これにともない，各地に港町が形成された。戦国時代末期の1575(天正3)年，土佐(現，高知県)の長宗我部元親軍による当郡への侵攻が始まり，郡内の各領主は同氏に降伏した。

　蜂須賀氏入国後，海部城(鞆城)は，「土州押へ」のために阿波九城の1つとして「御鉄砲者」4組が配置された。1633(寛永10)年，海部城番で江戸家老・仕置家老の益田豊後長行が失政を問われ，罷免された後，廃城となり，かわって郡代所が設置された。1664(寛文4)年の「郷村高辻帳」では，郡内の村数は110(うち枝村86)となっている。江戸時代後期，藩は当郡の村々に対し，御蔵米を高額で売りつける海部郡売付米制度を設けたが，これに不満を抱いた一部の村では逃散がおきた。

　郡内の海岸部には土佐街道が走り，旅人の便宜や治安維持のため，美波町山河内の打越寺，海陽町宍喰浦の円頓寺(現在は廃寺)が駅路寺に指定された。また海上交通の要所である浦々には，由岐浦・日和佐浦・牟岐浦・浅川浦・鞆浦・宍喰浦などの町場が形成された。江戸時代を通して，これらの浦々はたびたび地震津波に襲われたが，とくに，1604(慶長9)年・1707(宝永4)年・1854(安政元)年には，多数の溺死者や流出家屋が出て甚大な被害をもたらした。

　明治時代以降，現在の美波町の漁民によって九州方面での漁場の開拓が進められた。明治20年代の西由岐・東由岐漁民による九州出漁を始めとして，大正時代の五島列島における延縄漁業の操業や，日和佐漁民による東シナ海での操業(以西底引網漁業)などである。また，沿岸部の宍喰・鞆浦では，鰤大敷網漁が行われた。

　第二次世界大戦後，温暖な気候を生かしたハウス栽培が各地で行われた。近年では，風光明媚な海岸部を中心に観光開発が積極的に進められている。

【文化財公開施設】　　　　　　　　　　　　　　　　　①内容，②休館日，③入館料

徳島県立阿波十郎兵衛屋敷　　〒771-0114徳島市川内町宮島本浦184　TEL088-665-2202・FAX088-665-3683　①人形浄瑠璃，②年末年始，③有料

阿波木偶人形会館　　〒771-0114徳島市川内町宮島本浦226-1　TEL088-665-5600・FAX088-665-2972　①民俗，②第1・3月曜日(祝日の場合開館)，③有料

川田民俗資料館　　〒771-0142徳島市川内町沖島161　TEL088-665-0798　①川内町の歴史・民俗資料，②無休(要予約)，③無料

徳島市立徳島城博物館　　〒770-0851徳島市徳島町城内1-8　TEL088-656-2525・FAX088-656-2466　①近世阿波の歴史・美術，②月曜日(祝日の場合開館)，祝日の翌日(日曜日・祝日の場合開館)，年末年始，③有料

徳島県郷土文化会館・阿波木偶資料館　　〒770-0835徳島市藍場町2-14　TEL088-622-8121・FAX088-622-8123　①人形浄瑠璃，県内の民俗資料，②年末年始，③無料

阿陽史料館　　〒770-0908徳島市眉山町大滝山1　TEL088-624-2863・FAX088-622-5758　①阿波関係の各種歴史・民俗資料，②月曜日，年末年始，③有料

阿波おどり会館・阿波おどりミュージアム　　〒770-0904徳島市新町橋2-20　TEL088-611-1611・FAX088-611-1612　①阿波おどりの歴史，②第2・4水曜日(祝日の場合翌日)，年末年始，③有料

モラエス館　　〒770-0908徳島市眉山町茂助ヶ原(眉山公園内)　TEL088-623-5342　①モラエスの遺品など，②第2・4水曜日(祝日の場合翌日)，年末年始，③有料(眉山ロープウェー乗車券購入者は無料)

平和記念塔パゴダ　　〒770-0908徳島市眉山町茂助ヶ原(眉山公園内)　TEL088-653-3375　①ビルマ戦線関係資料，②月～土曜日(祝日をのぞく)，③有料

蕪翁美術館　　〒770-0855徳島市新蔵町1-46　TEL088-653-2858　①書道，②第2土曜日のみ開館，③有料

徳島県立文学書道館　　〒770-0807徳島市中前川町2-22-1　TEL088-625-7485・FAX088-625-7540　①文学・書道，②月曜日(祝日の場合翌日)，年末年始，③有料

徳島市天狗久資料館　　〒779-3121徳島市国府町和田字居内172　TEL088-643-2231　①人形師天狗屋久吉の工房，②月～水曜日(祝日の場合開館)，年末年始，③無料

阿波こくふ街角博物館　　〒779-3123徳島市国府町観音寺126　TEL090-6283-8760(運営委員会)　①地域内の工場などのネットワーク，産業・歴史・民俗，②無休(要予約)，③無料

徳島市立考古資料館　　〒779-3127徳島市国府町西矢野字奥谷10-1　TEL088-637-2526・FAX088-642-6916　①考古，②月曜日(祝日の場合開館)，祝日の翌日(日曜日・祝日の場合開館)，年末年始，③無料

徳島県立博物館　　〒770-8070徳島市八万町向寺山(文化の森総合公園内)　TEL088-668-3636・FAX088-668-7197　①考古・歴史・民俗・美術(江戸時代まで)，自然史，②月曜日(祝日の場合翌日)，年末年始，③有料

徳島県立鳥居龍蔵記念博物館　　〒770-8070徳島市八万町向寺山(文化の森総合公園内)　TEL088-668-2544・FAX088-668-7197　①鳥居龍蔵の生涯と業績，②月曜日(祝日の場合開館)，祝日の翌日，年末年始，③有料

徳島県立文書館　〒770-8070徳島市八万町向寺山（文化の森総合公園内）　TEL088-668-3700・FAX088-668-7199　①公文書・行政資料・古文書など，②月曜日（祝日の場合翌日），第3木曜日，年末年始，③無料

徳島県立図書館　〒770-8070徳島市八万町向寺山（文化の森総合公園内）　TEL088-668-3500・FAX088-668-6904　①阿波国文庫・呉郷文庫など，②月曜日（祝日の場合翌日），第3木曜日，年末年始，③無料

丈六寺宝物館　〒771-4263徳島市丈六町丈領32　TEL088-645-2207　①「阿波の法隆寺」ともよばれる名刹の寺宝，②月〜金曜日（祝日をのぞく，要事前連絡），③有料

鳴門市ドイツ館　〒779-0225鳴門市大麻町桧字東山田55-2　TEL088-689-0099・FAX088-689-0909　①板東俘虜収容所に関する資料，②第4月曜日（祝日の場合翌日），年末，③有料

鳴門市賀川豊彦記念館　〒779-0225鳴門市大麻町桧字東山田50-2　TEL・FAX088-689-5050　①賀川豊彦の足跡を紹介，②第4月曜日（祝日の場合翌日），年末，③有料

松茂町歴史民俗資料館・人形浄瑠璃芝居資料館　〒771-0220板野郡松茂町広島字四番越11-1　TEL088-699-5995・FAX088-699-5767　①松茂町の歴史・民俗と人形浄瑠璃関係資料，②月曜日（祝日の場合翌日），第3火曜日（祝日の場合翌日），年末年始，③無料

三木文庫　〒771-0212板野郡松茂町中喜来字中須20-2　TEL088-699-2414・FAX088-699-7235　①阿波藍関係の古文書・道具や製糖・浄瑠璃関係など，②土・日曜日，祝日，盆，年末年始（要予約），③無料

藍住町歴史館「藍の館」　〒771-1212板野郡藍住町徳命字前須西172　TEL088-692-6317・FAX088-692-6346　①藍商の屋敷，阿波藍関係の古文書・道具など，②火曜日（祝日の場合開館），年末年始，③有料

徳島県立埋蔵文化財総合センター　〒779-0108板野郡板野町犬伏平山86-2　TEL088-672-4545・FAX088-672-4550　①これまでの発掘調査の成果を紹介，②月曜日（5月3〜5日のいずれかにあたる場合は5月6日。11月3日にあたる場合は11月4日），祝日（5月3〜5日・11月3日および日曜日にあたる場合開館），年末年始，③無料

上板町立歴史民俗資料館　〒771-1310板野郡上板町泉谷字原中筋8-1　TEL088-694-5688　①特産物だった阿波藍や阿波和三盆糖の歴史など，②月・土・日曜日，祝日，年末年始（要予約），③有料

阿波和三盆糖資料館　〒771-1310板野郡上板町泉谷字原中筋12-1　TEL088-694-2020　①阿波和三盆糖の製法の解説や道具，②無休，③無料

阿波市立土成歴史館　〒771-1506阿波市土成町土成字丸山46-1　TEL088-695-5038・FAX088-695-5307　①土成町の考古・歴史・民俗や三木武夫の遺品など，②月曜日，祝日，月末（資料整理日），年末年始，③無料

阿波市立市場歴史民俗資料館　〒771-1602阿波市市場町市場字上野段212-2　TEL0883-36-6455・FAX0883-36-6456　①市場町の考古・歴史・民俗，②月曜日，祝日，月末（土・日曜日の場合は金曜日），年末年始，③無料

石井町中央公民館　〒779-3233名西郡石井町石井字石井480-1　TEL088-674-2002・FAX088-674-2001　①町内出土の考古資料など，②月曜日，年末年始，③無料

神山町郷土資料館　〒771-3310名西郡神山町神領字大埜地374-1　TEL088-676-1522（町教育委員会）　①明治時代初期からの行政文書や民具，②月曜日（祝日の場合翌日），年末年

文化財公開施設

阿波和紙伝統産業会館	〒779-3401吉野川市山川町字川東141　TEL0883-42-6120・FAX0883-42-6085　①阿波和紙の製造，②月曜日(祝日の場合翌日)，年末年始，③有料
吉野川市美郷ほたる館	〒779-3501吉野川市美郷字宗田82-1　TEL0883-43-2888・FAX0883-26-7010　①地域の風土や天然記念物のホタルの紹介，②火曜日(祝日の場合翌日)，年末年始，③有料
勝浦町郷土資料展示室	〒771-4305勝浦郡勝浦町久国字久保田2-1(勝浦町図書館内)　TEL0885-42-2300・FAX0885-42-4900　①神楽面ほか民具，②月曜日，月末日，年末年始，③無料
阿南市立阿波公方・民俗資料館	〒779-1234阿南市那賀川町古津339-1　TEL・FAX0884-42-2966　①阿波公方関係資料のほか，那賀川町の考古・歴史・民俗，②月曜日，祝日，年末年始，③有料
牛岐城趾館	〒774-0030阿南市富岡町トノ町24-3　TEL0884-22-1798(市文化振興課)　①市内の産業や考古・歴史・民俗の紹介，②月曜日，年末年始，③無料
阿南市立ふるさと館	〒774-0023阿南市橘町土井崎115-16　TEL0884-34-2161　①市内の考古・歴史・民俗資料，②月曜日，年末年始，③無料
木沢歴史民俗資料館	〒771-6106那賀郡那賀町坂州字広瀬83　TEL0884-65-2221(町教育委員会木沢分室)　①旧木沢村の民具や人形頭など，②月・金曜日，年末年始(要予約)，③有料
美波町日和佐図書・資料館	〒779-2305海部郡美波町奥河内字弁才天5-1　TEL0884-77-2733・FAX0884-77-0845　①美波町の歴史・民俗，②月曜日，祝日，年末年始，③無料
海陽町立博物館	〒775-0202海部郡海陽町四方原字杉谷73(阿波海南文化村内)　TEL0884-73-4080・FAX0884-74-3504　①大里古墳，大里古銭，海部刀など，②月曜日(祝日の場合翌日)，年末年始，③有料
美馬市観光文化資料館	〒779-3610美馬市脇町脇町92　TEL0883-53-8599　①うだつの町並みの歴史，②年末年始，③無料
美馬郷土博物館	〒771-2105美馬市美馬町字願勝寺8(願勝寺内)　TEL0883-63-2118・FAX0883-63-5554　①段の塚穴の出土品など，②無休，③無料
三木家資料館	〒777-0301美馬市木屋平字貢142-2　TEL0883-63-2177(市教育委員会)　①大嘗祭の麁服(あらたえ)関係資料，②4～11月の土曜日・日曜日・祝日以外，1～3月，12月，③無料
中尾山高原民俗資料館	〒777-0303美馬市木屋平字太合カケ445-5　TEL0883-68-2719(市教育委員会木屋平分室)　①木屋平の歴史・民俗，②4～11月の第2・3水曜日(7・8月は無休)，1～3月，12月，③無料
旧永井家庄屋屋敷	〒779-4101美馬郡つるぎ町貞光字西浦37　TEL0883-62-2018・FAX0883-62-2018　①江戸時代の生活道具の展示，庄屋屋敷を整備・公開，②水曜日，年末年始，③無料
織本屋	〒779-4101美馬郡つるぎ町貞光字町83-2　TEL0883-62-2009　①江戸時代の商家を整備・公開，酒造関係資料などを展示，②水曜日，年末年始，③無料
東福寺美術館	〒779-4109美馬郡つるぎ町貞光字木屋341(東福寺内)　TEL・FAX0883-62-2207

①寺宝の仏画や近世の書画・古文書など，②不定休(要事前連絡)，③無料

東みよし町立歴史民俗資料館　〒779-470三好郡東みよし町中庄1189　TEL・FAX0883-82-3964　①旧三加茂町関係の考古・歴史・民俗，②月・土曜日，祝日，年末年始，③無料

三好市井川民俗資料館　〒779-4802三好市井川町岡野前64(三好市井川ふるさと交流センター内)　TEL0883-78-4311・FAX0883-78-4305　①たばこ関係資料など，井川町の歴史・民俗，②月曜日，祝日，第3日曜日，第2・4火曜日午前，月末，年末年始，②無料

阿波池田うだつの家・阿波池田たばこ資料館　〒778-0002三好市池田町マチ2465-1　TEL・FAX0883-72-3450　①たばこの生産や流通の歴史，②水曜日，年末年始，③有料

平家屋敷民俗資料館　〒778-0105三好市西祖谷山村東西岡46　TEL0883-84-1408・FAX0883-84-2029　①昔ながらの民家に，平家伝説に関する資料や古文書を展示，②無休，③有料

東祖谷歴史民俗資料館　〒778-0204三好市東祖谷京上14-3　TEL0883-88-2170・FAX0883-88-2256　①東祖谷の民具など，②無休，③有料

【無形民俗文化財】

国指定

西祖谷の神代踊　　三好市西祖谷山村善徳(天満神社)　旧暦6月25日
阿波人形浄瑠璃　　徳島市・鳴戸市・阿南市・勝浦郡勝浦町・名西郡神山町・那賀郡那賀町・板野郡松茂町(財団法人阿波人形浄瑠璃振興会)　通年

県指定

津田の盆踊り　　徳島市津田町　8月12〜15日
端山(木屋)の踊り念仏　　美馬郡つるぎ町貞光字木屋　8月13日(地区内に新仏のあるときのみ)
端山(川見)の踊り念仏　　美馬郡つるぎ町字川見　8月14日(地区内に新仏のあるときのみ)
山城の鉦踊　　三好市山城町粟山・信正・茂地・寺野　8月15日, 8月16〜21日, 8月第4日曜日, 8月16日
宍喰祇園祭の山鉾行事　　海部郡海陽町久保字久保5(八坂神社)　旧暦7月16・17日
西由岐のうちわ踊り　　海部郡美波町西由岐東13(八幡神社)　9月14日
宇佐八幡神社のお御供　　鳴門市撫養町斎田　10月13日
金丸八幡神社の宵宮の神事　　三好郡東みよし町中庄　10月14日
有瀬かぐら踊り　　三好市西祖谷山村有瀬(三部神社)　10月第2土曜日
山川町神代御宝subdivided踊　　吉野川市山川町川東　10月22日
田野の天王社稚児三番叟　　小松島市田野町字鳥居本3(天王社)　10月22・23日
一宇の雨乞い踊り　　美馬郡つるぎ町一宇字太刀之本　不定期
田浦のたたら踏み　　小松島市田浦町字中村17　不定期

【おもな祭り】（国・県指定無形民俗文化財をのぞく）

神の踊り　　阿南市大潟町(諏訪神社ほか)　8月15日
中山盆神踊り　　那賀郡鷲敷町中山(矢鉾八幡神社)　8月15日
赤松の太鼓踊り　　海部郡美波町赤松(祇園神社ほか)　8月17・18日
焼山寺詣　　名西郡神山町(焼山寺)　8月30日(こもり法要)
立江八幡神社祇園ばやし　　小松島市立江町青森(立江八幡神社)　9月14・15日
八幡神社の祭礼　　三好市東祖谷栗枝渡(八幡神社)　旧暦8月15日
獅子の舞　　那賀郡羽ノ浦町中庄(羽浦神社)　10月14日
案内神社獅子舞　　阿波市吉野町柿原(案内神社)　10月18日
芝踊・采踊　　勝浦郡上勝町福原(王子神社)　10月18・19日
東高房獅子舞　　板野郡北島町高房(八坂神社)　10月最終日曜日
太刀踊・しんとろ踊　　那賀郡那賀町出原(和無田神社)　11月1日
三人背継の獅子舞　　板野郡松茂町広島(春日神社)　11月2・3日
十二神社のお練り　　鳴門市里浦町字坂田(十二神社)　11月3日

【有形民俗文化財】：〈　〉内は資料の寄託先

国指定

祖谷の蔓橋　　三好市西祖谷山村善徳　西祖谷山村

阿波藍栽培加工用具一式93点　　　板野郡藍住町徳命字前須西172　藍住町歴史館「藍の館」　藍住町
鳴門の製塩用具143点　　　鳴門市撫養町南浜字東浜170〈徳島県立博物館〉　鳴門市
阿波の和三盆製造用具99点　　　板野郡松茂町中喜来字中須20-2　社団法人三木文庫
犬飼の舞台　　徳島市八多町八屋67-3　五王神社
坂州の舞台　　那賀郡那賀町坂州字広瀬32　坂州集落，那賀町
阿波人形師(天狗屋)の製作用具及び製品1107点附販売関係資料51点　　　徳島市国府町和田字居内172　天狗久資料館　徳島市

県指定

武知家の藍寝床　　名西郡石井町高川原字天神133　武知毅
川田手漉和紙製造用具88点　　　吉野川市美郷字宗田82-1　美郷ほたる館　吉野川市
天狗久旧工房1棟及び製作用具272点，製品726点並びに生活関連資料一式　　　徳島市国府町和田字居内172　天狗久資料館　徳島市
阿波人形浄瑠璃頭　　阿南市新野町岡花201　中村園太夫座
　　　　　　　　　　徳島市藍場町2-14　徳島県郷土文化会館　財団法人徳島県文化振興財団
　　　　　　　　　　名西郡神山町神領字北212-1　上村都太夫座
　　　　　　　　　　徳島市出来島本町1-25〈徳島県立博物館〉　徳島バス株式会社
　　　　　　　　　　板野郡松茂町中喜来字中須20-2　社団法人三木文庫
　　　　　　　　　　徳島市八万町向寺山　徳島県立博物館　徳島県
　　　　　　　　　　そのほか，一部個人蔵
阿波古式打毬関係資料405点　　　徳島市八万町向寺山　徳島県立博物館　徳島県

【無形文化財】

県指定

阿波正藍染しじら織　　徳島市国府町和田字居内189-2　代表：長尾藤太郎
　　　　　　　　　　　徳島市国府町和田字居内105　代表：加藤輝男
　　　　　　　　　　　徳島市国府町府中432　代表：井上光雄
阿波正藍染法　　徳島市国府町和田字居内161　岡本織布工場代表：岡本政和
手漉和紙製造の技法　　吉野川市山川町字川東141　阿波和紙伝統産業会館　藤森実
阿波藍による灰汁自然発酵建による藍染　　三好郡東みよし町東山字内野　竹内晃子
阿波太布製造技法　　那賀郡那賀町木頭出原字マエダ34　阿波太布製造技法保存伝承会
刀剣製作　　吉野川市鴨島町牛島　杉山俊雄

【選定保存技術】

国指定

阿波藍製造　　　板野郡上板町七條字経塚42　上板町教育委員会内　阿波藍製造技術保存会　代表者佐藤昭人

県指定

建造物木工　　三好市山城町上名　中山利夫

【散歩便利帳】

[徳島県観光のおもなホームページ]
阿波ナビ　http://www.awanavi.jp/
[県内の観光担当部署など]
徳島県商工労働部観光戦略局観光企画課　〒770-0941徳島市万代町1-1　TEL088-621-2339
財団法人徳島県観光協会　〒770-8055徳島市山城町東浜傍示1-1　TEL088-652-8777
[市町村の観光担当部署など]
阿南市産業部商工観光労政課　〒774-0030阿南市富岡町トノ町12-3　TEL0884-22-3290
阿波市産業建設部商工観光課　〒771-1703阿波市阿波町東原173　TEL0883-35-7875
小松島市産業建設部産業振興課　〒773-0001小松島市横須町1-1　TEL0885-32-3809
徳島市経済部観光課　〒770-8571徳島市幸町2-5　TEL088-621-5232
徳島総合観光案内所　〒770-0831徳島市寺島本町西1-5　TEL088-622-8556
社団法人徳島市観光協会　〒770-0904徳島市新町橋2-20　阿波おどり会館内　TEL088-622-4010
鳴門市経済部商工観光課　〒772-8501鳴門市撫養町南浜字東浜170　TEL088-684-1157
美馬市経済部商工観光課　〒779-8577美馬市穴吹町穴吹字九反地5　TEL0883-52-2644
三好市産業観光部観光課　〒778-8501三好市池田町マチ2145-1　TEL0883-72-7620
吉野川市産業経済部商工観光課商工観光係　〒776-8611吉野川市鴨島町鴨島115-1　TEL0883-22-2226
藍住町建設産業課　〒771-1292板野郡藍住町奥野字矢上前52-1　TEL088-637-3120・3122
藍住町観光物産協会　〒771-1212板野郡藍住町徳命字前須西172　TEL088-692-6317
石井町産業経済課商工観光係　〒779-3295名西郡石井町高川原字高川原121-1　TEL088-674-1118
板野町産業課　〒779-0104板野郡板野町吹田字町南22-2　TEL088-672-5994・5995
海陽町産業観光室　〒775-0295海部郡海陽町大里上中須128　TEL0884-73-4161
財団法人海部下灘観光協会　〒775-0101海部郡海陽町浅川字西福良43　TEL0884-74-3737
勝浦町産業建設課　〒771-4395勝浦郡勝浦町久国字久保田3　TEL0885-42-1505・1506
上板町産業課　〒771-1392板野郡上板町七條字経塚42　TEL088-694-6806
上勝町産業課　〒771-4501勝浦郡上勝町福原字下横峯3-1　TEL0885-46-0111・050-3438-8071
神山町産業建設課商工観光係　〒771-3395名西郡神山町神領字本野間100　TEL088-676-1118
北島町生活産業課　〒771-0203板野郡北島町中村字上地23-1　TEL088-698-9806
つるぎ町商工観光課　〒779-4195美馬郡つるぎ町貞光字中須賀42-1　TEL0883-62-3115
那賀町商工地籍課　〒771-5295那賀郡那賀町和食郷字南川104-1　TEL0884-62-1198
東みよし町商工観光課観光係　〒771-2595三好郡東みよし町昼間3673-1　TEL0883-79-5345
松茂町産業観光課　〒771-0295板野郡松茂町広島字東裏30　TEL088-699-8714
美波町産業振興課　〒779-2395海部郡美波町奥河内字本村18-1　TEL0884-77-3617
牟岐町産業建設課商工観光係　〒775-8570海部郡牟岐町中村字本村7-4　TEL0884-72-3420

佐那河内村産業建設課観光係　　〒771-4195名東郡佐那河内村下字中辺71-1
　　TEL088-679-2115
［県内のJRのおもな駅］(いずれもみどりの窓口)
穴吹駅　　〒777-0005美馬市穴吹町穴吹字岩手19-1　TEL0883-52-1202
阿南駅　　〒774-0030阿南市富岡町今福寺64-3　TEL0884-22-0147
阿波池田駅　　〒778-0003三好市池田町サラダ1840　TEL0883-72-0022
鴨島駅　　〒776-0010吉野川市鴨島町鴨島478-2　TEL0883-24-2239
徳島駅　　〒770-0831徳島市寺島本町西1-61　TEL088-622-3100
鳴門駅　　〒772-0012鳴門市撫養町小桑島字前浜256　TEL088-686-3744
日和佐駅　　〒779-2305海部郡美波町奥河内字弁才天75-4　TEL0884-77-0079
牟岐駅　　〒775-0006海部郡牟岐町中村字本村141-3　TEL0884-72-0069
［高速バス］
徳島バス予約センター　　〒770-0823徳島市出来島本町1-25　TEL088-622-1826
JR四国バス徳島予約センター　　〒770-0023徳島市佐古三番町1503-1　TEL088-602-1090
本四海峡バスマリンピア予約センター　　〒770-0873徳島市東沖洲2-14
　　TEL0120-922-008(県内)・088-664-6030(県外)
四国交通阿波池田バスターミナル　　〒778-0003三好市池田町サラダ1612-27
　　TEL0883-72-1231
［県内のおもな公共交通機関］
徳島市営バス　　〒770-0941徳島市万代町7-1-1　TEL088-623-2154
徳島市交通局駅前営業所　　〒770-0834徳島市元町1-24　TEL088-652-2133
小松島市営バス　　〒773-0001小松島市小松島町新港29　TEL08853-2-3222
鳴門市営バス　　〒772-0032鳴門市大津町吉永756-3　TEL088-685-3124
徳島西部交通　　〒779-3601美馬市脇町拝原1623-6　TEL0883-52-1010
阿佐海岸鉄道宍喰駅　　〒775-0501海部郡海陽町宍喰浦字正梶22-1　TEL0884-76-3700
徳島空港　　〒771-0214板野郡松茂町満穂字満穂開拓473-1　TEL088-699-2831
南海フェリー徳島営業所(徳島港～和歌山港)　　〒770-0874徳島市南沖洲5-7-39
　　TEL088-636-0750
オーシャン東九フェリー徳島ターミナル(東京～徳島～北九州)　　〒770-8001徳島市津田海
　　岸町9-5　TEL088-662-0489

【参考文献】

『相生町誌』　相生町誌編纂委員会編　相生町　1973
『相生町誌』続編　相生町誌編纂委員会編　相生町　2005
『藍住町史』(増補)　藍住町史編集委員会編　臨川書店　1987
『藍住町の文化財』　藍住町教育委員会編　藍住町教育委員会　1993
『穴吹町誌』　穴吹町誌編纂委員会編　穴吹町　1987
『阿南市史』1～4巻・史料編(近世)　阿南市史編さん委員会編　阿南市教育委員会　1987・89・95・2001・07
『阿南市の文化財』　阿南市文化財保護審議会編　阿南市教育委員会　1999
『阿波町史』　阿波町史編纂委員会編　阿波町　1979
『阿波の川』　小原亨　徳島県教育印刷　1996
『阿波の交通』上・下(徳島市民双書24・25)　「阿波の交通」編集委員会編　徳島市立図書館　1990・91
『阿波の農村舞台』　阿波のまちなみ研究会編　阿波のまちなみ研究会　1992
『阿波の華　徳島城』　徳島市立徳島城博物館編　徳島市立徳島城博物館　1999
『阿波の祭』(徳島県文化財基礎調査報告第3集)　徳島県教育委員会編　徳島県教育委員会　1979
『井川町史』　井川町史編集委員会編　井川町　2006
『池田町史』上・中・下　池田町史編纂委員会編　池田町　1983
『池田町の文化財』　池田町の文化財編集委員会編　池田町教育委員会　1996
『石井町史』上・下　石井町史編纂室編　石井町　1991
『石井町の文化財』(第四改訂版)　石井町教育委員会編　石井町教育委員会　2002
『板野町史』　板野町史編集委員会編　板野町史編集委員会　1972
『一宇村史』　一宇村史編纂委員会編　一宇村　1972
『市場町史』　市場町史編纂委員会編　市場町　1996
『市場町史史料集』　市場町史編纂委員会編　市場町　1996
『市場町の文化財めぐり』　市場町文化財保護審議会編　市場町教育委員会　1994
『街道の日本史44　徳島・淡路と鳴門海峡』　石躍胤央編　吉川弘文館　2006
『海南町史』上・下　海南町史編さん委員会編　海南町　1995
『海部町史』　海部町教育委員会編　海部町教育委員会　1971
『勝浦町前史』　沖野舜二　勝浦町　1977
『勝浦町後史』　勝浦町史編纂委員会編　勝浦町　1981
『勝浦町の自然と文化財』　勝浦町教育委員会編　勝浦町教育委員会　1993
『角川日本地名大辞典36　徳島県』　「角川日本地名大辞典」編纂委員会編纂　角川書店　1986
『上板町史』上・下・史料編　上板町史編纂委員会編　上板町史編纂委員会事務局　1982・83・85
『上勝町誌』　上勝町誌編纂委員会編　上勝町誌編纂委員会　1979
『上勝町誌』続編　上勝町編　上勝町　2006
『上那賀町誌』　上那賀町誌編さん委員会編　上那賀町　1982

『上那賀町誌』続編　　上那賀町誌編纂委員会編　上那賀町　2005
『神山町史』上・下・史料編　　神山町史編集委員会編　神山町　2005
『神山の文化財』　　神山町文化財保護審議会編　神山町文化財保護審議会　1992
『鴨島町誌』　　鴨島町教育委員会編　鴨島町教育委員会　1964
『川島町史』上・下　　川島町史編集委員会編　川島町　1979・82
『木沢村誌』　　木沢村誌編纂委員会編　木沢村誌編纂委員会　1976
『木沢村誌』後編　　木沢村誌編纂委員会編　木沢村　2005
『北島町史』　　北島町史編纂委員会編　北島町　1975
『北島町の文化財』第一編　　北島町教育委員会編　北島町教育委員会　1982
『木頭村誌』　　木頭村編　木頭村　1961
『木頭村誌』続編　　木頭村誌編纂委員会編　那賀町　2006
『木頭の文化財』　　木頭村教育委員会編　木頭村　1992
『小松島市史』上・中・下　　小松島市史編纂委員会編　小松島市　1974・81・88
『小松島市史』風土記　　小松島市史編纂委員会編　小松島市　1977
『小松島市の文化財』　　小松島市教育委員会編　小松島市教育委員会　2002
『貞光町史』　　徳島県美馬郡貞光町史編纂委員会編　貞光町　1965
『里帰り文化財名品展』　　徳島県立博物館編　徳島県立博物館　1991
『佐那河内村史』　　佐那河内村史編集委員会編　佐那河内村　1967
『佐那河内村史』続編　　佐那河内村史続編編集委員会編　佐那河内村　1988
『四国三郎物語　吉野川の洪水遺跡を訪ねて』　　建設省徳島工事事務所編　建設省徳島工事事務所　1997
『宍喰町誌』上・下　　宍喰町教育委員会編　宍喰町教育委員会　1986
『写真でみる徳島市百年』　　徳島市史編纂室編　徳島市　1969
『新編三野町史』　　新編三野町史編纂委員会編　三野町　2005
『図説徳島県の歴史』(日本の歴史36)　　三好昭一郎・高橋啓編　河出書房新社　1994
『続上坂町史』　　上坂町編　上坂町　2006
『つるぎ町の文化財』　　つるぎ町文化財保護審議会編　つるぎ町教育委員会　2007
『徳島県人名事典』　　徳島新聞社編　徳島新聞社　1994
『徳島県の自然と歴史ガイドNo.1　徳島城』　　山川浩實編集・執筆　徳島県立博物館　1998
『徳島県の指定文化財』　　徳島県立博物館編　徳島県立博物館　1993
『徳島県の百年』　　三好昭一郎・松本博・佐藤正志　山川出版社　1992
『徳島県の歴史』　　福井好行　山川出版社　1973
『徳島県の歴史』(新版)　　石躰胤央・北條芳隆・高橋啓・生駒佳也　山川出版社　2007
『徳島県百科事典』　　徳島新聞社調査事業局編　徳島新聞社　1981
『徳島県歴史写真集』　　岩村武勇編著　岩村武勇　1968
『徳島県歴史の道調査報告書』第1～5集　　徳島県教育委員会編　徳島県教育委員会　1999-2001
『徳島県歴史の道調査報告書別冊　徳島県歴史の道調査写真資料集』1～3　　徳島県教育委員会編　徳島県教育委員会　1999-2001
『徳島市史』1～5・別巻　　徳島市史編さん室編　徳島市　1973-2003

『徳島市の文化財』　徳島市の文化財編集委員会編　徳島市教育委員会　2002
『徳島城』(徳島市民双書28)　「徳島城」編集委員会編　徳島市立図書館　1994
『徳島城下絵図』　徳島市立徳島城博物館編　徳島市立徳島城博物館　2000
『徳島の遺跡散歩』(徳島市民双書19)　天羽利夫・岡山真知子　徳島市立図書館　1985
『徳島の地理　地域からのメッセージ』　寺戸恒夫編著　徳島地理学会　1995
『徳島の100年　置県100年記念』　徳島県置県100年記念事業推進会議編　徳島県　1980
『徳島の文学碑』　吉益譲　徳島県教育印刷　1987
『徳島の文化財』　徳島県教育委員会・徳島新聞社編　徳島県教育委員会　2007
『土成町史』上・下・別冊　土成町史編纂委員会編　土成町史編纂委員会　1975
『土成町史』続編　土成町史編纂委員会編　土成町史編纂委員会　2005
『那賀川町史』上・下　那賀川町史編さん委員会編　那賀川町　2002
『那賀川町史』史料編　那賀川町史編さん室編　那賀川町　2006
『鳴門市史』別巻・上・中・下・現代史1　鳴門市史編纂委員会編　鳴門市　1971・76・82・88・99
『鳴門の文化財』第1集　鳴門市文化財保護委員会編　鳴門市教育委員会　1963
『鳴門歴史散歩』　西田素康　徳島県出版文化協会　1986
『西祖谷山村史』　西祖谷山村史編纂委員会編　西祖谷山村　1985
『日本の古代遺跡37　徳島』　菅原康夫　保育社　1988
『日本歴史地名大系37　徳島県の地名』　三好昭一郎監修　平凡社　2000
『蜂須賀家の名宝　神戸鳴門ルート全通記念特別展』　徳島市立徳島城博物館編　徳島市立徳島城博物館　1998
『羽ノ浦町誌』地域編・民俗編・自然環境編・歴史編第1巻　羽ノ浦町誌編さん委員会編　羽ノ浦町　1994・95・96・98
『羽ノ浦町の文化財』　羽ノ浦町文化財保護審議会編　羽ノ浦町教育委員会　1990
『半田町誌』別巻・上・下　半田町誌出版委員会編　半田町誌出版委員会事務局　1978・80・81
『東祖谷山村誌』　東祖谷山村誌編集委員会編　東祖谷山村誌編集委員会　1978
『日和佐町史』　日和佐町史編纂委員会編　日和佐町　1984
『日和佐町文化財めぐり』　日和佐町文化財保護審議会編　日和佐町教育委員会　1990
『ふるさと徳島』　ふるさと徳島編集委員会編　徳島市市民生活課　1988
『松茂町誌』上・中・下　松茂町誌編纂委員会編　松茂町誌編纂室　1975・76
『松茂町誌』続編1・2　松茂町誌編さん委員会編　松茂町誌編さん室　1987・2001
『松茂町文化財めぐり』　松茂町教育委員会編　松茂町教育委員会　2001
『三加茂町史』　三加茂町史編集委員会編　三加茂町　1973
『三加茂町史』続　三加茂町史編集委員会編　三加茂町　2006
『美郷村史』　美郷村編　美郷村　1969
『美馬町史』　美馬町史編集委員会編　美馬町　1989
『美馬町の文化財』　美馬町教育委員会編　美馬町教育委員会　1995
『三好郡の石造文化財』　徳島県三好郡郷土史研究会編　徳島県三好郡郷土史研究会　1998
『三好郡歴史散歩』　吉岡浅一　徳島県出版文化協会　1980

『三好郡歴史散歩第2集　古代史の証人たち・三好郡出土品写真集』　吉岡浅一　さくら印刷出版部　1983
『三好町史』地域編・民俗編・歴史編　三好町史編纂委員会編　三好町　1996・97
『三好町の文化財』　三好町文化財保護審議会編　三好町文化財保護審議会　2000
『民俗文化財集第13集　阿波の木偶』　徳島県郷土文化会館民俗文化財集編集委員会編　徳島県郷土文化会館　1992
『民俗文化財集第8集　祖谷の民俗』　徳島県郷土文化会館民俗文化財集編集委員会編　徳島県郷土文化会館　1987
『民俗文化財集第17集　峠の石造民俗』　徳島県郷土文化会館民俗文化財集編集委員会編　徳島県文化振興財団　2000
『山川町史』　山川町史編集委員会編　改訂山川町史刊行会　1987
『山川町の文化財』　山川町文化財保護審議会編　山川町文化財保護審議会　1971
『山城谷村史』　近藤辰郎編　山城町　1960
『山城町の文化財』　園尾正夫編　山城町教育委員会　1985
『由岐町史』上・下　由岐町史編纂委員会編　由岐町教育委員会　1985・94
『由岐町歴史散歩』　由岐町教育委員会編　由岐町教育委員会　1988
『吉野川事典　自然・歴史・文化』　とくしま地域政策研究所編　農山漁村文化協会　1999
『吉野町史』上・下・別巻　吉野町史編纂委員会編　吉野町史編纂事務局　1977・78
『脇町史』別巻・上・下　脇町史編集委員会編　脇町　1994・99・2005
『脇町の文化財』　脇町教育委員会編　脇町教育委員会　1999
『鷲敷町史』　鷲敷町史編さん委員会編　鷲敷町　1981
『わじきの文化財』　鷲敷町教育委員会編　鷲敷町教育委員会　1988

【年表】

時代	西暦	年号	事項
旧石器時代			丹田遺跡(三好郡東みよし町),椎ヶ丸遺跡・椎ヶ丸〜芝生遺跡(阿波市),金蔵〜上井遺跡・日吉谷遺跡(阿波市),廿枝遺跡(阿南市)
縄文時代		草創期	前田遺跡・桜ノ岡遺跡(阿波市)
		早期	古屋岩陰遺跡(那賀郡那賀町),加茂谷川岩陰遺跡(三好郡東みよし町)
		前期	石井城ノ内遺跡(名西郡石井町)
		中期	森崎貝塚(鳴門市)
		後期	城山貝塚・庄遺跡・観音寺遺跡(徳島市),東禅寺遺跡(吉野川市),荒川遺跡(美馬市),貞光前田遺跡(美馬郡つるぎ町),蒲生田遺跡(阿南市),檜寺前谷川遺跡(鳴門市)
		晩期	三谷遺跡(徳島市),稲持遺跡(三好郡東みよし町)
弥生時代		前期	南庄遺跡(徳島市)
		中期	大柿遺跡(三好郡東みよし町),名東遺跡・矢野遺跡(徳島市)
		後期	若杉山遺跡(阿南市),黒谷川郡頭遺跡(板野郡板野町),萩原墳墓群(鳴門市)
古墳時代		前期	宮谷古墳(徳島市)
		中期	渋野丸山古墳(徳島市),日出遺跡(鳴門市)
		後期	段ノ塚穴(美馬市),忌部山古墳群(吉野川市)
飛鳥時代	646	大化2	阿波国設置
	684	(天武3)	南海大地震発生
奈良時代	718	養老2	土佐への南海道が伊予経由に改められる
	723	7	阿波国造名方郡大領粟凡直弟臣没し,墓碑がつくられる(「阿波国造墓碑」)
	741	天平13	全国に国分寺・国分尼寺建立の詔発せられる
	745	17	板野命婦とも称される粟凡直若子が外従五位下に叙位
平安時代	860	貞観2	美馬郡から三好郡が分置
	896	寛平8	名方郡を名東郡と名西郡に分割
	902	延喜2	「板野郡田上郷戸籍」がつくられる
	935	承平5	紀貫之,帰京の途次,土佐泊に立ち寄る
	1017	寛仁元	那賀郡櫛淵荘,京都石清水八幡宮領になる
	1177	治承元	鹿ヶ谷の陰謀が発覚し,阿波出身の藤原師光(西光)が殺害される
	1180	4	阿波国住人阿波民部大夫重能が平家南都攻めの先鋒をつとめる
	1183	寿永2	阿波民部大夫重能が讃岐国屋島に御所を造営,安徳天皇を迎える
	1185	文治元	源義経,阿波国勝浦郡に上陸し,屋島に向かう。その後,佐々

時代	西暦	和暦	事項
			木経高が阿波国守護に補任される
鎌倉時代	1221	承久3	佐々木経高, 承久の乱で朝廷側につき自害。小笠原長清が阿波国守護に補任される
	1224	貞応3	土御門上皇, 配流先の土佐から阿波に移る
	1231	寛喜3	土御門上皇崩御
	1289	正応2	一遍上人, 阿波に来訪
	1298	永仁6	後伏見天皇即位大嘗会に際して, 荒妙貢進を阿波忌部氏人に命ずる
	1304	嘉元2	この頃, 海部氏吉が海部郡で刀剣鋳造を始める
室町時代	1336	建武3 延元元	足利尊氏, 播磨室津の軍議で四国に細川氏一族の配置を決定。細川和氏・頼春兄弟, 阿波秋月に入部
	1339	暦応2 延元4	細川和氏, 秋月に夢窓疎石を開山として補陀寺建立
	1350	観応元 正平5	足利義詮, 安宅一族に対して淡路沼島の海賊退治を命ずる
	1367	貞治6 22	細川頼之, 管領に就任
	1385	至徳2 元中2	細川頼之, 秋月に絶海中津を開山として宝冠寺建立
	1441	嘉吉元	嘉吉の乱おこる。阿波国守護細川持常が赤松満祐征討軍の大将をつとめる
	1466	文正元	細川成之, 金岡用兼を中興開山として丈六寺を再建
	1485	文明17	阿波で内乱勃発, 細川成之・政之が帰国
	1503	文亀3	管領細川政元, 細川成之の孫澄元を養子にする
	1506	永正3	三好之長に続いて, 細川澄元が上洛する
	1534	天文3	細川持隆, 足利義維(義冬)を阿波平島に迎える(阿波公方の始まり)
	1539	8	三好長慶, 上洛する
	1552	21	三好義賢, 主君細川持隆を滅ぼす
	1564	永禄7	三好長慶没す
	1568	11	室町幕府14代将軍足利義栄, 阿波に下向し撫養で没す
	1582	天正10	長宗我部元親, 中富川で十河存保を破る
安土・桃山時代	1585	13	羽柴(豊臣)秀吉が四国に出兵, 長宗我部元親を破る。蜂須賀家政が阿波国入部, 17万5000石が与えられる
	1586	14	徳島城完成
	1587	15	蜂須賀家政, 豊臣秀吉の九州出兵に従軍
	1592	文禄元	家政, 秀吉の朝鮮出兵(文禄の役)に参陣する
	1597	慶長2	家政, 秀吉の朝鮮出兵(慶長の役)に参陣する
	1598	3	駅路寺制定

	1600	慶長5	家政，阿波国を豊臣秀頼に返還し高野山で隠居。家政の子至鎮，関ヶ原の戦いで東軍に属し，戦後，徳川家康より阿波国を与えられる
	1603	8	蜂須賀至鎮，板野郡内の赤松則房の旧領置塩領・毛利吉政（兵橘）の旧領を拝領
	1614	19	至鎮，大坂冬の陣に出陣
江戸時代	1615	20	至鎮，大坂の陣の功績によって淡路国を加増され，阿波・淡路25万7000石となる
	1618	元和4	徳島藩の祖法「御壁書23条」が制定される
	1625	寛永2	寺島に藍方役所を設置
	1627	4	蜂須賀家政（蓬庵）より，「御国法7カ条（裏書）」が出される
	1631	8	稲田植元，淡路城代として洲本に移る
	1638	15	蓬庵没す。一国一城令によって阿波九城が廃城
	1711	正徳元	美馬郡一宇山で年貢減免を求めて，庄屋谷貞之丞が家老賀島氏に直訴
	1753	宝暦3	第拾堰の建設始まる
	1754	2	蜂須賀重喜，藩政改革を行う
	1756	6	五社宮騒動おこる
	1766	明和3	重喜，藩主の儒葬墓所「万年山」を設ける
	1792	寛政4	この頃，板野郡引野村の丸山徳哉によって製糖法が伝えられる
	1805	文化2	阿波公方足利義根，京に退去
	1808	5	伊能忠敬，四国沿岸測量のため阿波に来訪
	1811	8	『阿波名所図会』刊行
	1815	12	藤原（佐野）之憲，地誌『阿波志』を編纂
	1819	文政2	仁宇谷騒動始まる
	1830	天保元	阿波からお蔭参りが流行する
	1842	13	上郡騒動が発生する
	1845	弘化2	中山茂純，『阿淡年表秘録』を完成させる
	1854	安政元	黒船来航により，徳島藩に対して羽田・大森一帯の沿岸警備が命ぜられる。安政の南海大地震発生
	1867	慶応3	「ええじゃないか」が阿波一円に広がる
明治時代	1868	明治元	徳島藩兵，鳥羽・伏見の戦いに官軍として参戦するが，東征には消極的で日和見的態度をとる
	1869	2	徳島城西の丸に学問所長久館開設。版籍奉還によって蜂須賀茂留が知藩事となる
	1870	3	庚午事変（稲田騒動）おこる
	1871	4	廃藩置県により徳島県設置，同年中に名東県と改称
	1874	7	「民撰議院設立建白書」に旧徳島藩士小室信夫が連署。自助社が設立される
	1875	8	鷲の門をのぞいて徳島城が取り壊される。自助社による通論書

			事件おこる
	1876	明治9	名東県が廃止され，阿波は高知県，淡路は兵庫県に合併される
	1879	12	久次米銀行設立が許可される
	1880	13	徳島県再設置
	1881	14	徳島立憲改進党が結成される
	1882	15	自由党阿波部が結成される。徳島銀行設立が許可される
	1884	17	ヨハネス・デ・レーケ，吉野川改修のため徳島県に来訪
	1886	19	古川橋開通
	1887	20	阿波国共同汽船設立
	1889	22	市町村制施行
	1890	23	第1回衆議院議員選挙で，井上高格・守野為五郎・川真田徳三郎・橋本久太郎・曽我部道夫が当選
	1891	24	郡制施行，10郡に郡役所が設置される
	1898	31	『徳島毎日新聞』創刊
	1899	32	徳島・鴨島間で鉄道開業。小松島・和歌山間の定期航路開通
	1905	38	日露戦争の戦勝記念として「徳島公園」開設
	1908	41	麻名用水・板名用水が通水
大正時代	1913	大正2	ポルトガル人文豪モラエス，徳島市伊賀町に移住
	1914	3	ドイツ人俘虜，徳島俘虜収容所へ収容
	1917	6	ドイツ人俘虜，徳島俘虜収容所から板東俘虜収容所に移る（～1920）
	1918	7	新居村・小松島町・撫養町・見能林村で米騒動発生
	1922	11	鳥居龍蔵，城山貝塚を発見
	1924	13	徳島水平社結成
昭和時代	1927	昭和2	撫養高島塩田争議発生
	1928	3	吉野川橋開通
	1930	5	徳島紡績株式会社設立
	1932	7	秋田清，参議院議長就任
	1933	8	NHK徳島放送局がラジオ放送開始
	1934	9	丸新百貨店開店
	1935	10	高徳線開通
	1938	13	前年の日中戦争勃発により，阿波おどりが自粛中止される
	1939	14	眉山山頂に防空監視所設置
	1940	15	大政翼賛会徳島県支部発足
	1942	17	松茂村に徳島海軍航空隊開設
	1943	18	官立徳島師範学校・県立徳島医学専門学校開学
	1945	20	徳島大空襲
	1946	21	南海大地震発生
	1947	22	国立徳島大学設置
	1950	25	鳴門が瀬戸内海国立公園に指定される

	1957	昭和32	眉山ロープウェイ開通
	1959	34	徳島県博物館・物産斡旋所開設
	1961	36	徳島女子短期大学・四国女子短期大学開学。小鳴門橋開通
	1964	39	徳島地区，新産業都市の指定を受ける
	1966	41	徳島女子大学・四国女子大学開学
	1972	47	鳴門塩田廃止。吉野川大橋開通
	1973	48	早明浦ダム完成
	1974	49	三木武夫，内閣総理大臣に就任
	1977	52	鳴門市北灘沖に赤潮異常発生
	1978	53	第1回「阿波の狸まつり」開催
	1981	56	国立鳴門教育大学開学
	1982	57	池田高校，夏の全国高等学校野球大会で全国制覇
	1983	58	池田高校，春の全国選抜高等学校野球大会で全国制覇。アミコ・徳島そごうが開店
	1985	60	大鳴門橋が開通する
平成時代	1990	平成2	徳島県文化の森総合公園開設
	1992	4	徳島市立徳島城博物館開館
	1993	5	第48回国民体育大会東四国国体開催される
	1994	6	四国縦貫自動車道藍住・脇町間開通
	1995	7	阪神淡路大震災発生。丸新百貨店閉店
	1998	10	明石海峡大橋開通。とくしま動物園開園
	1999	11	阿波おどり会館開館
	2000	12	第十堰可動堰化の是非を問う徳島市の住民投票実施。徳島自動車道全通
	2001	13	勝瑞城館跡(板野郡藍住町)，国史跡に指定される。観音寺遺跡から古代の木簡が出土
	2002	14	徳島藩主蜂須賀家墓所(徳島市)，国史跡に指定される。県立文学書道館開館
	2005	17	東祖谷山村落合地区，国の重要伝統的建造物群保存地区に選定される。徳島城跡(徳島市)，国史跡に指定される
	2006	18	瀬戸内寂聴，文化勲章受章
	2009	21	渋野丸山古墳(徳島市)が国史跡に指定される

【索引】

―ア―

藍住町歴史館「藍の館」(奥村家住宅)
....52, 53
藍染庵..78
愛染院..78
粟飯原家住宅......................................105
阿王塚..74
青木家住宅..151
青木城跡..118
赤羽根大師のエノキ............................159
赤松神社..255
安藝家バラッケ・柿本家バラッケ............71
秋月城跡......................................132, 133
秋元和泉守盛貞の墓............................206
秋山伊助の墓....................................220
鮎喰遺跡..28, 91
阿佐家住宅..185
麻名用水..114
葦稲葉神社・鹿江比売神社・殿宮神社....79
足利義稙・義冬・義栄の墓..................209
足代八幡神社................................165, 166
足代東原遺跡....................................166
安宅役所(安宅御殿)跡............................15
金磯のアコウ....................................202
穴吹川..152
穴不動古墳..29
阿南市立阿波公方・民俗資料館......209, 210
蟹井の碑..60
雨乞いの滝..104
あま(尼)塚..61
天石門別八倉比売神社..........................91
天河別神社古墳群................................65
天椅立神社..166
新野のクスの群生................................238
阿波池田たばこ資料館(旧真鍋家住宅)
....177
阿波井神社..58
阿波沖海戦小公園........................253, 254
阿波おどり会館・阿波おどりミュージアム
....22, 23, 31
阿波国造墓碑出土地..............................94
阿波国分寺跡..................................87, 89
阿波国分尼寺跡..............................88, 93
淡路街道..48
阿波史跡公園..90
阿波市立市場歴史民俗資料館..............134
阿波市立土成歴史館......................131, 133
阿波神社..68
粟田徳蔵の碑....................................231
阿波の土柱................................120, 134, 136
阿波和紙伝統産業館......................118, 119
安楽寺(板野郡上板町)....................80, 129
安楽寺(美馬市)................................149
安楽寺(三好市)................................182

―イ―

生きがい工房「太布庵」......................250
医家神社..178
池田城跡..176
池谷宝幢寺古墳....................................65
伊沢城跡・伊沢神社..........................126
石井城ノ内遺跡..............................91, 95
石井廃寺跡....................................88, 95, 96
石川神社..85
石の博物館ラピス大歩危....................181
伊島の観音堂................................229, 230
石園(石濃)駅推定地..............................66
板野犬伏蔵佐谷瓦経塚..........................77
板野町歴史文化公園..............................77
板野の愛宕山古墳............................65, 74
一宇街道..156
一宇峡..158
市杵島姫神社..63
一宮城跡..88, 89
一宮神社................................88, 89, 102
市楽の板碑群..85
一里松の跡..48

一宿寺	223, 226
井戸寺	84
稲田氏会所跡	142
稲田氏屋敷跡	144
稲田植元	140, 143, 144
稲持遺跡	172
犬飼の舞台	41, 42
井上城跡	120
茨ヶ岡城跡	244
稲妻塚	197
祖谷・三名含礫片岩	181
祖谷の蔓橋	182, 183
岩倉城跡	144, 146
岩津	113, 127, 128
岩脇城跡	213
忌部神社(徳島市)	34, 117, 158
忌部山古墳群	117

―ウ―

上桜城跡	114
上野八幡神社	143
宇佐八幡神社(鳴門市)	63
宇佐八幡神社(名西郡神山町)	105
牛岐城(富岡城)跡	214
牛田九郎の墓	14
宇志比古神社	67
打越寺	258
内田のエドヒガン・内田のヤマザクラ	152
内田弥八之碑	174
内原成松窯跡群	219, 235
宇奈為神社	248, 250
海野十三文学碑	6
雲辺寺	109, 178, 181

―エ―

江川の水温異常現象	111
恵解山古墳群	35, 92
榎渡し	181
宅宮神社	38
江ノ脇古墳	157
蛭子神社の百度石	16, 17
夷山城跡	35
円徳寺	23
円福寺(阿南市)	239
圓福寺(徳島市)	36

―オ―

皇子神社	217
王子神社(阿南市)	221
王子神社(板野郡藍住町)	53
王子山古墳群	217
大麻比古神社	69, 72
大池(シラタマモ自生地)	260
大柿遺跡	166
大川原高原	190
大国魂古墳	151
大毛島	54-56
大坂峠	56, 76
大里古銭出土地の碑	261
大里古墳	261, 262
大里八幡神社	262-264
大里松原	262, 263
大島	259
大代古墳	64, 65
大谷川堰堤	142
大谷焼本山窯(旧納田丈五郎窯)・森窯・大西窯	67
大塚国際美術館	55
大月のオハツキイチョウ	182
大鳴門橋架橋記念館(エディ)	55
大野寺	124, 125
大歩危渓谷(大歩危・小歩危)	180-182
大宮八幡神社(阿南市)	232, 234
大宮八幡神社(那賀郡那賀町)	245
大御和神社	85, 86
大山神社	269, 272
岡上神社	75
岡砦跡	220
岡花座	238
お亀磯	13
岡本監輔(韋庵)の生家	147
小川錦司の墓所	14

奥大野のアカマツ	159
奥谷1号墳	92
お玉大明神	201
音坊塁跡	239
小原春造の墓	16
お松権現社	223
織本屋(旧折目家住宅主屋)	156
恩山寺	202-204

― カ ―

海正八幡神社	230, 232
海部閑六顕彰碑	267
海部城(鞆城)跡	268, 269
海陽町立博物館	261, 262, 266
加賀須野橋	21
覚成寺	264, 265
学原剣塚古墳	217
鶴林寺	191, 193
賀島氏一族の墓碑	216
賀島政慶の墓	218
春日神社(板野郡藍住町)	51
春日神社(徳島市)	24, 31
葛城神社	58
金磯砲台跡	201, 202
金丸八幡神社	169
鎌村家住宅	148
上池	135
上板町立歴史民俗資料館	79
上一之宮大粟神社	102
上大野城跡	222
上喜来遺跡	134
神山町郷土資料館	103, 104
神山町辰ノ宮の大クス	106
瓶浦神社	55
亀山神社	74
加茂谷川岩陰遺跡群	169, 171
加茂の大クス	171, 172
加茂山騒動の供養塔	169, 171
川島城跡	112-114
川島神社	113, 114
川田八幡神社	119, 120

川俣の農村舞台	247
願行寺	272
観正寺	90
願勝寺	148
願成寺	167
勧善寺	101, 102
観音寺遺跡	77, 86, 87, 95
観音寺(徳島市国府町)	86, 87, 93
観音寺(徳島市勢見町)	33, 199
観音山古墳	210
神原杜堂	225

― キ ―

北岡古墳	126
木津城跡	63
吉祥寺(阿南市)	220
吉祥寺(鳴門市)	58
気延山古墳群	65, 90, 93
貴布禰神社	136
木村家住宅	185
旧大磯家住宅	47
旧樫野家住宅	47
旧徳島キリスト教センター(ローガン記念館)	7
旧永井家庄屋屋敷	156
旧長岡家住宅	142, 143
旧山瀬郵便局	117
旧脇町農協倉庫	141
玉林寺	108
清成遺跡	91, 95
吉良のエドヒガン	158
切幡寺	110, 133, 134
金長大明神	195
錦竜水	24, 31

― ク ―

空海(弘法大師)	72, 74, 84, 86, 90, 95, 97, 107, 109, 120, 131, 133, 162, 168, 175, 178, 191, 193, 200, 203, 204, 213, 226, 256, 258, 271
櫛淵八幡神社	206
国高山古墳	235

国瑞彦神社	31
国中神社	89
熊谷寺	130, 131
熊野十二所神社	157
熊野神社	129
黒谷川郡頭遺跡	76
桑平のトチノキ	159
桑野塁(栗栖城)跡	237

―ケ―

景岩寺	205, 206
桂国寺	217, 218, 239
螢山禅師の墓塔	265
景徳寺	215
敬諭碑	46
桂林寺	196
還国寺	23
見性寺	49, 50
拳正寺	210, 211
源田遺跡	88, 91
現福寺	207

―コ―

興源寺	17, 18, 25, 26
庚午事変(稲田騒動)	11, 14, 18, 103, 145, 267
光勝院	69
光照寺	266
郡頭駅跡の碑	75
高清の大スギ	160
光泉寺	147
高越鉱山跡	121
高越山	112, 120, 125, 127, 225
高越寺・高越神社	120
小采家住宅	185
光福寺	48
河辺寺跡	110, 111
光明寺	225
康暦の碑	251, 252
五王神社	41
郡里廃寺跡	148, 150
郡八幡神社	219
小勝島	227, 228
黒沢の湿原植物群落	178, 179
國分寺	87, 88, 90
極楽寺	72
小宰相局の墓	57
五社大明神	201
五条城跡・五条神社	123
御所神社(忌部神社, 美馬郡つるぎ町)	34, 117, 157-159
五所神社の大スギ	182
後世山・後世神社	239, 240
五滝	42
答島浜(南斎田塩田跡)	228
金刀比羅神社(徳島市川内町)	20
金刀比羅神社(徳島市勢見町)	20, 33, 34
金刀比羅神社(鳴門市木津)	20, 62
小松島港	194
金剛光寺跡	37
建治寺	89
金勝寺古墳	117
金泉寺	74
金刀比羅神社(阿南市)	234

―サ―

西行雨宿り岩	55
西光寺	208, 225
西光屋敷跡(ヒロナカ城跡)	123
西条城跡	123
最明寺	143
境谷古墳	117
境目のイチョウ	134
坂州の舞台	248, 249
桜間の池跡・石碑	84, 85
佐田神社	235
貞光前田遺跡	157
沢谷のタヌキノショクダイ発生地	249
三社の森(馬岡新田神社・八幡神社・武大神社)	173
三村用水	163
三頭越	151
三王堤	157

三部神社	183

—シ—

椎ケ丸遺跡	130
椎宮八幡神社	27
塩竈神社	228, 229
敷地遺跡	87
重清城跡	150, 151
慈眼寺	193
慈光寺	10, 11, 109
宍喰浦の化石漣痕	272
宍喰古墳	271
四所神社	9, 13
地蔵院	29
地蔵寺(阿南市)	228
地蔵寺(板野郡板野町)	78
地蔵寺(小松島市)	200, 201, 210
舌洗池	75, 86
篠原長房	64, 115, 126
四宮神社	228
芝遺跡	267
芝の掘り抜き	268
持福寺	110
地福寺(名西郡石井町)	93
地福寺(三好市)	173
渋野丸山古墳	41
芝生城跡	164
四方原開拓の碑	261
島田島	55, 58
十二神社	60, 61
十楽寺	129
十郎兵衛一家の墓	20
取星寺	212, 213
寿量寺	23
庄遺跡	28, 91
成願寺	196, 197
将軍塚[伝足利義稙の墓]	59
焼香庵跡(無縁寺)	34, 35
正興寺	62
焼山寺	102, 106, 107, 110
貞治の碑	251
勝瑞義家碑	50
勝瑞城館跡	47, 49, 50
浄智寺	23
正通寺	48
浄土寺(阿南市)	215
浄土寺(名西郡石井町)	95, 96
正福寺	216
正法寺	50, 51
城満寺	265
松林寺	230, 232
青蓮院	42
青蓮寺	162, 164
丈六寺	38, 41, 218
白人神社	247
次郎銅山跡	103
城山貝塚	6
新開式部少輔の墓	216
新開(城山)神社	214
神宮寺(阿波市)	129, 130
神宮寺(美馬郡つるぎ町)	159
新宮本宮神社	97
真光寺	157
神明神社	194
真楽寺	146

—ス—

水井水銀鉱山跡	223
瑞巌寺	31, 32
水神社	48
栖養の森(松木殿跡)	78
杉尾神社	264
杉尾大明神	128
住吉神社(板野郡藍住町)	51, 75
住吉神社(板野郡松茂町)	44
住吉神社(海部郡海陽町)	270
住吉神社(徳島市)	11, 12
諏訪神社(板野郡藍住町)	52
諏訪神社(徳島市)	25
諏訪神社(三好市)	176, 177
諏訪神社古墳(板野郡板野町)	74

—セ—

- 勢玉酒造の建物群 ･･････････････････ 10
- 清玄坊神社 ･･････････････････････････ 6
- 清水寺 ･････････････････････････････ 25
- 聖パウロ三木・カトリック徳島教会 ･･ 6-8
- 勢見山古墳 ･･････････････････････････ 34
- 関寛斎邸宅跡 ･････････････････････････ 7
- 石門公園 ･･････････････････････ 221, 227
- 節句山古墳群 ････････････････････ 29, 30
- 瀬戸内海国立公園 ･･･････････････････ 56
- 善覚寺 ････････････････････････････ 102
- 善学寺 ･････････････････････････････ 23
- 千光寺 ･････････････････････････････ 53
- 善入寺島 ･････････････････ 113, 114, 124

―ソ―

- 左右内の一本スギ ･･････････････････ 107
- 曽我氏神社 ･･････････････････････････ 96
- 十河(三好)存保 ･･････････････ 53, 64, 237

―タ―

- 大安寺 ･････････････････････････････ 26
- 田井遺跡 ･･････････････････････････ 253
- 大山寺 ････････････････････････ 78, 79, 97
- 第十堰 ･･････････････････････････ 47, 99
- 大聖寺 ･････････････････････････････ 80
- 大日寺(板野郡板野町) ･･･････････････ 78
- 大日寺(海部郡海陽町) ･･････････････ 271
- 大日寺(徳島市) ･･････････････ 88, 89, 100, 107
- 太龍寺 ･････････････････････ 191, 223, 224, 226
- 田岡城跡 ･････････････････････････ 167, 167
- 田尾城跡 ･････････････････････････ 182
- 高開の石積み段々畑 ･･･････････････ 122
- 高橋赤水 ･････････････････････ 209, 225
- 高原ビル ･･･････････････････････････ 32
- 瀧寺 ･･････････････････････････････ 162
- 滝の宮経塚 ･････････････････････ 149, 150
- 武知家の藍寝床 ･･････････････････ 97, 98
- 建布都神社 ･･････････････････････････ 125
- 太刀野の中央構造線 ･･･････････ 164, 165
- 太刀野用水 ････････････････････････ 163
- 多智花家住宅・花乃春酒造 ････････ 61, 62
- 立江寺 ････････････････････ 204, 205, 213
- 立江城跡 ･････････････････････････ 205
- 立江八幡神社 ････････････････････････ 207
- 建島神社 ････････････････････ 197, 198
- 田中家住宅(勝浦郡上勝町) ･･･････････ 193
- 田中家住宅(名西郡石井町) ･･････････ 97, 98
- 谷貞之丞の顕彰碑 ･･････････････････ 159
- 谷の四つ足堂 ･････････････････････ 122
- 田の浦古墳群 ･･･････････････････････ 55
- 多聞寺 ････････････････････････ 159, 160
- 丹田古墳 ････････････････････････ 169, 170
- 壇の大クス ･･････････････････････ 109
- 段の塚穴(太鼓塚古墳・棚塚古墳) ･･････････････････ 146-149, 157

―チ―

- 近松カメの墓 ････････････････････････ 11
- 竹林院 ･･･････････････････････････ 35, 197
- 潮音寺 ･････････････････････････････ 23
- 長谷寺 ･････････････････････････････ 62
- 長善寺(徳島市) ･･････････････････････ 23
- 長善寺(三好郡東みよし町) ･･････････ 168
- 長宗我部元親 ････ 4, 35, 40, 49, 53, 56, 59, 64, 177, 178, 181, 205, 206, 215, 237, 253, 257, 268, 270
- 潮明寺 ･････････････････････････････ 56
- 長楽寺(勝浦郡上勝町) ･･････････････ 193
- 長楽寺(三好市) ･････････････････････ 175

―ツ―

- 樋口遺跡・樋口古墳群 ･･･････････････ 38
- 塚守古墳 ････････････････････････ 236
- 月見ヶ丘海浜公園 ･･･････････････････ 44
- 津島暖地性植物群落 ･･･････････････ 259
- 土御門帝火葬塚 ･･････････････････････ 69
- 津峯神社 ････････････････････････ 227
- 椿泊遺跡(阿波水軍森甚五兵衛屋敷跡) ･･････････････････ 234
- 礫神社 ････････････････････････････ 247
- 剣山 ･･････････････････ 125, 152, 154-157, 161, 184
- 剣神社・劔神社 ･･･････････････････ 154

― テ ―

貞真寺 144
出羽島 259
寺山古墳跡 267
天神社(阿南市) 236
天神社(海部郡牟岐町) 258
天神のイチョウ 97
天王社 204
天満神社(名西郡石井町) 97
天満神社(三好市) 183
天文山 15

― ト ―

ドイツ橋 70
童学寺 96, 97
東光寺 23
刀匠海部氏吉之碑 265
東照寺 14
東条関之兵衛 64, 215, 219, 237
當所神社 229, 231
東福寺 157, 158
道明寺 235
東林院 66, 67
東林寺 144
遠坂古墳 264
土釜 158, 159
徳円寺 190
徳島県郷土文化会館・阿波木偶資料館 24, 25
徳島県文化の森総合公園 36, 60
徳島県立阿波十郎兵衛屋敷 19, 20
徳島県立神山森林公園 100
徳島県立鳥居龍蔵記念博物館 36, 37, 60
徳島県立博物館 36, 37, 42, 96, 105, 143, 149, 153, 234, 246
徳島県立文学書道館 17
徳島県立埋蔵文化財総合センター 16, 65, 77, 78, 87, 182
徳島航空基地記念館 43, 44
徳島市水道局佐古配水場 27, 28
徳島城跡 4
徳島市立考古資料館 35, 92
徳島市立徳島城博物館 6, 12, 114, 225
徳島市立木工会館 12
徳島藩主蜂須賀家墓所 17, 25
徳島飛行場(徳島空港) 43, 44
土佐泊城跡 56
鳥坂城跡 93
土々呂の滝 161
轟神社(阿南市) 238
轟神社(海部郡海陽町) 266
轟神社(那賀郡那賀町) 247
轟の滝 266
土成丸山古墳 129
飛島のイブキ群落 54
富岡八幡神社 216, 217
富田八幡神社 32
鞆浦 263, 269, 270
豊岡神社 45
豊国神社 199
呑海寺 46

― ナ ―

長生古銭出土地 221
長生の暖地性樹林 221
中王子神社 94, 95
中喜来春日神社 46
中庄東遺跡 168
中田城跡 198
那賀町立相生森林美術館 246
那賀町立木沢歴史民俗資料館 248
中津峰森林公園 42
中富川の合戦の古戦場 53
中庄城(湯浅城)跡 210
長峰古墳 127
鳴滝 159, 225
鳴門・板野古墳群 65
鳴門海峡 54-56
鳴門ガレの森美術館 60
鳴門市賀川豊彦記念館 71
鳴門市ドイツ館 70, 71

索引 315

―ニ―

新居水竹の詩碑 … 103
新見嘉次郎の功績碑 … 48
仁宇城跡 … 244
仁宇谷百姓一揆義民供養塔 … 245
西麻植八幡神社 … 111
西方城跡 … 219, 220
西宮古墳 … 111
西宮神社 … 215
西山谷2号墳 … 65, 77, 78, 90
二之宮八幡神社 … 100, 101
若一王子神社 … 53
入田の瓦窯跡(内ノ御田瓦窯跡群) … 88
如意輪寺 … 42

―ヌ・ノ―

貫名菘翁 … 225
能満寺 … 48
野上の大センダン … 125
野々島塁跡 … 229
野村八幡古墳 … 146

―ハ―

拝宮谷の農村舞台 … 247
拝宮の農村舞台 … 247
梅谷寺 … 216, 236
萩原1号墓 … 65, 77
「博学狸金比羅三本足松雲斎」の祠 … 234
白山神社のモミ … 159
白地城跡 … 177, 178
箸蔵県立自然公園 … 167
箸蔵寺 … 179, 180
旗見窯跡 … 118
旗山 … 75, 202, 203
蜂須賀家政(蓬庵) … 4, 6, 11, 13, 27, 29, 31, 39, 56, 59, 100, 135, 143, 176, 198, 199, 204, 214, 215, 218, 236, 256, 268
蜂須賀重喜 … 25
蜂須賀忠英 … 18, 39, 51, 107, 135, 178, 256, 269
蜂須賀斉裕 … 7, 26
蜂須賀斉昌 … 26, 84, 101, 181, 183, 245, 272
蜂須賀治昭 … 16, 26, 29
蜂須賀正勝(小六) … 4, 6, 25, 26, 31, 80, 112, 199
蜂須賀茂韶 … 25, 27, 31, 33, 69, 145
蜂須賀至鎮 … 6, 10, 51, 53, 199, 204, 249, 256
八人塚古墳 … 29, 30
八幡神社(板野郡北島町) … 48
八幡神社(徳島市八万町) … 36
羽浦神社 … 211
原田家住宅 … 32, 33
板西城跡 … 77
板東俘虜収容所跡(ドイツ村公園) … 70
般若院 … 23

―ヒ―

日出遺跡・日出古墳群 … 58
東祖谷の社叢群 … 184
東寺遺跡 … 37, 105
東八幡神社 … 198, 199
東昼間城跡 … 167
東みよし町立歴史民俗資料館 … 169
東山城跡 … 167, 168
眉山 … 22-25, 29, 31, 33-35
人丸神社 … 61
日峰神社 … 194, 195
平等寺 … 237
平島公方一族の墓 … 209
平島公方館跡 … 209, 210
蛭子神社 … 244, 245
日和佐うみがめ博物館カレッタ … 258
日和佐御陣屋跡 … 257
日和佐城跡 … 256, 257

―フ―

深瀬八幡神社 … 224
福島橋 … 8, 9
福蔵寺 … 235
福永家住宅 … 57
袋井用水水源地 … 27-29
藤井寺 … 106, 109, 110
伏拝八幡神社 … 75
船窪のオンツツジ群落(船窪ツツジ公園)

……………………………………………… 121	前山古墳群………………………………… 95
船本家牧舎(旧富田畜産部牧舎)………… 71	曲り銅鐸出土地………………………… 234
古宮嶽…………………………………… 182	正広古墳………………………………… 136
古屋岩陰遺跡…………………………… 246	松茂招魂社………………………………… 45
豊後様(伝益田豊後長行の墓)………… 269	松茂町歴史民俗資料館・人形浄瑠璃芝居資料館……………………………………… 43

―ヘ―

別所の大クス…………………………… 146	馬宮家武家門…………………………… 178
別埜池…………………………………… 136	丸山徳弥の顕彰碑………………………… 80
弁慶の岩屋………………………… 202, 203	万年山………………………………… 25, 26
弁天島熱帯性植物群落………………… 227	萬福寺(阿南市)………………………… 237
弁天山(小松島市)……………………… 202	万福寺(徳島市)…………………………… 18
弁天山(徳島市)…………………………… 41	萬福寺(那賀郡那賀町)…………… 245, 246

―ホ―

―ミ―

蓬庵堤……………………………………… 29	三河家住宅………………………………… 32
報恩寺…………………………………… 110	三木ガーデン歴史資料館………………… 47
宝殊寺……………………………………… 61	三木家住宅………………………… 152, 153
宝生寺……………………………………… 20	三木宗圭の墓……………………………… 46
鳳翔水……………………………………… 31	三木文庫(三木與吉郎邸)…………… 45, 46
法泉寺…………………………………… 206	御﨑神社………………………………… 266
法輪寺…………………………………… 132	美郷ほたる館…………………………… 121
鉾神社…………………………………… 182	三島古墳群……………………………… 147
星河内美田遺跡……………………… 38, 91	三島神社……………………………… 24, 25
細川真之………………… 39, 40, 45, 239, 244	三谷遺跡…………………………………… 26
細川持常…………………………… 38, 196	三谷城跡………………………………… 147
細川頼春…………………………… 69, 196	密蔵院…………………………………… 219
細川頼之……………………… 4, 69, 196	南庄遺跡…………………………………… 28
法華寺…………………………………… 270	源義経……………… 35, 51, 74-76, 79, 86, 202, 203
堀田正信の墓……………………………… 11	見ノ越……………………………… 154, 155
ぽっぽマリン・郷土資料展示室……… 254	美濃田の淵……………………………… 166
堀越寺(延命院)………………………… 199	美馬郷土博物館…………………… 148, 149
母衣暮露滝……………………………… 122	美馬順三墓所…………………………… 212
本覚寺(阿南市)………………………… 216	美馬市脇町南町………………… 140, 142, 143, 177
本覚寺(徳島市)…………………………… 23	三宅速の墓……………………………… 147
本願寺……………………………………… 27	宮谷古墳……………………………… 90, 92
本家松浦酒造場…………………………… 68	妙見神社……………………………… 59, 60
本庄城跡………………………………… 218	明現神社………………………………… 213
本福寺……………………………………… 14	三好市井川ふるさと交流センター・民俗資料室……………………………………… 173

―マ―

舞子島古墳群…………………………… 229	三好市東祖谷山村落合…………… 184, 185
舞中島…………………………………… 146	三好市三野総合支所(旧三野町役場)

………………………………………	164, 165
三好氏歴代の墓………………………	50
三好長治………	45, 50, 64, 115, 162, 239
三好長慶………………	63, 143, 164, 265
三好義賢(実休)……………………	50, 214
弥勒庵………………………………	233, 234

―ム・モ―

牟岐城跡……………………………	258
撫養城(岡崎城)跡…………………	59
室古墳………………………………	55
モラエス館…………………………	23
森家住宅……………………………	141
森家歴代の墓所……………………	235
森崎貝塚……………………………	66
森志摩守村春と「判形人」の墓……	268
森遠城跡……………………………	153

―ヤ―

館山城跡……………………………	164
矢神のイチョウ……………………	97
矢上の大クス………………………	51
薬王寺……………………………	255, 256
八坂神社(阿南市)…………………	238
八坂神社(板野郡板野町)…………	78
八坂神社(海部郡海陽町)……	270-272
八坂神社(小松島市)……………	200, 201
八坂神社(徳島市)…………………	24
八坂神社(美馬郡つるぎ町)………	156
矢武八幡神社………………………	78
八石城跡……………………………	174
矢野遺跡……………………	77, 91, 92
矢野の古墳…………………………	92
八鉾寺・八鉾神社………………	220, 221
山崎忌部神社(吉野川市)……	34, 116, 117
山の神古墳群………………………	93, 94
八幡古墳群…………………………	151

―ユ・ヨ―

由宇の九州型板碑…………………	252
由岐城跡……………………………	253
横須の松原………………………	201, 202
吉田家住宅…………………………	141

吉田城跡……………………………	265
吉野城跡……………………………	264
吉野神社……………………………	270
米田甚八屋敷跡……………………	252
寄井座………………………………	104

―リ―

龍王寺………………………………	266
柳後亭其雪の句碑…………………	263
隆禅寺……………………………	218, 219
霊山寺………………………………	66, 72
旅館たおか…………………………	141
臨江寺………………………………	26

―レ―

蓮花寺…………………………	9, 11, 12
蓮華寺………………………………	177
蓮華谷古墳群(Ⅱ)…………………	78

―ワ―

若杉山遺跡…………………	38, 76, 223
脇城跡……………………………	143, 144
脇人神社……………………………	144
脇町郷土資料館……………………	141
脇町劇場(オデオン座)……………	142
和三盆資料館………………………	79
鷲敷ラインおよび氷柱観音………	245
和奈佐意富曽神社…………………	263

【執筆者】(五十音順)

監修
高橋啓 たかはしはじめ(鳴門教育大学)

編集・執筆者
石尾和仁 いしおかずひと(県教育委員会人権教育課)
菅原康夫 すがはらやすお(公益財団法人徳島県埋蔵文化財センター)
根津寿夫 ねづひさお(徳島市立徳島城博物館)
長谷川賢二 はせがわけんじ(県立博物館)
山下知之 やましたともゆき(県立海部高校)

執筆者
石井伸夫 いしいのぶお(県立鳴門渦潮高校)
金原祐樹 きんばらひろき(県立文書館)
下川清 しもかわきよし(祖谷山研究会)
須藤茂樹 すどうしげき(四国大学)
辻佳伸 つじよしのぶ(県教育委員会教育文化政策課)
徳野隆 とくのたかし(県立文書館)
早渕隆人 はやぶちたかひと(県教育委員会教育文化政策課)
板東英雄 ばんどうひでお(県立文書館)
松下師一 まつしたのりひと(松茂町歴史民俗資料館・人形浄瑠璃芝居資料館)
松山隆博 まつやまたかひろ(県教育委員会教職員課)
宮本和宏 みやもとかずひろ(県立文書館)
湯浅利彦 ゆあさとしひこ(県教育委員会教育文化政策課)
結城孝典 ゆうきたかのり(県立文書館)

【写真所蔵・提供者】(五十音順, 敬称略)

阿南市産業部商工観光労政課
石井町教育委員会
大谷焼陶業協会
海陽町教育委員会
賀川豊彦記念松沢資料館
上板町役場
極楽寺
正興寺
東林院
徳島県観光協会
徳島県教育委員会
徳島県農林水産部農山村政策局農山村整備課
徳島県立博物館
徳島県立埋蔵文化財総合センター
徳島市観光課
徳島市教育委員会
徳島市都市整備部
中王子神社
西田茂雄 口絵＊印, p.40, 41, 42, 64, 68左・右, 70, 73, 89, 142, 149, 152, 156, 159, 161, 179, 181, 182, 184
鳴門市役所
美馬市教育委員会
吉野川市商工観光課

本書に掲載した地図の作成にあたっては, 国土地理院長の承認を得て, 同院発行の2万5千分の1地形図, 5万分の1地形図及び20万分の1地勢図を使用したものである(承認番号 平21業使, 第35-M042849号 平21業使, 第36-M042849号 平21業使, 第37-M042849号)。

歴史散歩㊱
とくしまけん　れきしさんぽ
徳島県の歴史散歩

2009年7月25日　1版1刷発行　　2013年12月30日　1版2刷発行

編者―――徳島県の歴史散歩編集委員会
　　　　とくしまけん　れきしさんぽへんしゅういいんかい
発行者―――野澤伸平
発行所―――株式会社山川出版社
　　　　〒101-0047　東京都千代田区内神田1-13-13
　　　　電話　03(3293)8131(営業)　　03(3293)8135(編集)
　　　　http://www.yamakawa.co.jp/　振替　00120-9-43993
印刷所―――図書印刷株式会社
製本所―――株式会社ブロケード
装幀―――菊地信義
装画―――岸並千珠子
地図―――株式会社昭文社

Ⓒ　2009　Printed in Japan　　　　　ISBN 978-4-634-24636-2
・造本には十分注意しておりますが，万一，落丁・乱丁などがございましたら，
　小社営業部宛にお送りください。送料小社負担にてお取り替えいたします。
・定価は表紙に表示してあります。

徳島県全図
都道府県界
市郡界
町村界
JR線
高速道路
有料道路
国道
県庁
11
綾歌郡
宇多津町
さかいで
坂出市
まるがめ
丸亀市
坂出Jct
仲多度郡
多度津町
193
木田郡
三木町
高松市
綾歌郡
綾川町
377
高松空港
善通寺市
319
琴平町
ことひら
香川県
三豊市
32
土讃線
仲多度郡
まんのう町
438
観音寺市
377
美馬市
三好市
徳島自動車道
11
あわいけだ
192
あなぶき
予讃線
かわのえ
192
三好郡
東みよし町
美馬郡
つるぎ町
川之江Jct
川之江東Jct
三好市
穴吹川
徳島県
四国中央市
319
492
銅山川
438
438
愛媛県
高知自動車道
祖谷川
吉野川
おおぼけ
1954
剣山
三嶺
1893
32
439
長岡郡
土讃線
大豊町
本山町
195
土佐郡
土佐町
甚吉森
1423
高知県
物部川
香美市
32
南国市
馬路村
高知市
香南市
安芸市
安芸郡
安芸郡
北川村
芸西村
高知龍馬空港
55
安田町